Philip Kiefer

iPhone 6s und 6s Plus

Einfach alles können

Dieses Werk einschließlich aller Inhalte ist urheberrechtlich geschützt. Alle Rechte vorbehalten, auch die der Übersetzung, der fotomechanischen Wiedergabe und der Speicherung in elektronischen Medien.

Bei der Erstellung von Texten und Abbildungen wurde mit größter Sorgfalt vorgegangen. Trotzdem sind Fehler nicht völlig auszuschließen. Verlag, Herausgeber und Autoren können für fehlerhafte Angaben und deren Folgen weder eine juristische Verantwortung noch irgendeine Haftung übernehmen. Für Anregungen und Hinweise auf Fehler sind Verlag und Autoren dankbar.

Die Informationen in diesem Werk werden ohne Rücksicht auf einen eventuellen Patentschutz veröffentlicht. Warennamen werden ohne Gewährleistung der freien Verwendbarkeit benutzt. Nahezu alle Hard- und Softwarebezeichnungen sowie weitere Namen und sonstige Angaben, die in diesem Buch wiedergegeben werden, sind als eingetragene Marken geschützt. Da es nicht möglich ist, in allen Fällen zeitnah zu ermitteln, ob ein Markenschutz besteht, wird das ®-Symbol in diesem Buch nicht verwendet.

ISBN 978-3-95982-036-3

© 2015 by Markt+Technik Verlag GmbH
      Espenpark 1a
      90559 Burgthann

Produktmanagement Christian Braun, Burkhardt Lühr
Herstellung Jutta Brunemann
Einbandgestaltung David Haberkamp
Coverfotos © Mariusz Blach – Fotolia.com, Tanja Binder
Satz Thorsten Schlosser, Kreuztal (www.buchsetzer.de)
Druck Media-Print, Paderborn
Printed in Germany

Inhaltsverzeichnis

1. Die neuen iPhones & iOS 9 – alle wichtigen Funktionen 7

Neuerungen beim iPhone 6s und iPhone 6s Plus 8
Die wichtigsten Neuerungen in iOS 9 10
Eine kleine Vorschau auf die Inhalte dieses Buches 13

2. Ihr iPhone in Betrieb nehmen, einrichten und perfekt bedienen 19

Das Äußere des iPhones im Überblick 19
Schützen und pflegen Sie Ihr iPhone, um seinen Wert zu erhalten 22
Nano-SIM-Karte einlegen 26
Ihr iPhone aktivieren und für den ersten Gebrauch einrichten 27
Mit dem Home- und dem Sperrbildschirm vertraut machen 35
Mit dem iPhone eine WLAN-Verbindung herstellen 37
Tippen, Kneifen, 3D Touch: Lernen Sie die Bedienfunktionen des iPhones kennen 39
Auf wichtige Funktionen im Kontrollzentrum zugreifen 43
Zoomen, Texte vorlesen lassen und weitere clevere Bedienungshilfen einsetzen 47
Die iPhone-Tastatur gekonnt einsetzen 54
Für Ihre Mails nach Frankreich oder China: weitere Tastaturen hinzufügen 55
Per Bluetooth eine richtige Tastatur verbinden 57
Die iPhone-Grundeinstellungen 59
Ihr iPhone als WLAN- oder Bluetooth-Hotspot einsetzen 65
Die Spotlight-Suche ganz nach Ihren Bedürfnissen einrichten 66

3. Alles über Apps 69

Die besten Apps sofort finden 69
App-Rezensionen richtig interpretieren 74
So laden Sie neue Apps aufs iPhone 75

Zahlungsmethoden für App-Käufe im Überblick.. 77
Auf Ihre einmal gekauften Apps jederzeit erneut zugreifen............................... 81
Ihre iPhone-Apps gekonnt verwalten.. 83
Die 20 besten Apps für den Start mit Ihrem iPhone 88

4. Ihr iPhone als Kommunikationsgenie 93

Einen Anruf entgegennehmen – oder auch nicht 93
Weitere wichtige Telefonfunktionen im Überblick.. 97
Klingel- und Hinweistöne einrichten.. 100
Damit Sie nachts nicht geweckt werden: der Nicht-stören-Modus 102
Mit dem iPhone eine SMS oder MMS versenden 103
Kostenlose Kurznachrichten und weitere Funktionen:
iMessage nutzen 105
In einer Kurznachricht Ihren Standort freigeben... 108
Einzelne Nachrichten in einer Konversation löschen 108
Telefonate übers Internet – auch mit Videoübertragung................................... 109
Die sozialen Netzwerke Facebook und Twitter mit Bordmitteln
nutzen... 113

5. Stets gut organisiert: Kontakte & Termine
im Griff 117

Dank Mitteilungszentrale alle Neuigkeiten und Informationen
stets im Blick 117
Alle Kontakte auf dem iPhone speichern und verwalten 123
Mit dem iPhone clever Ihre Termine verwalten... 130
Zeit- oder ortsbasiert an anstehende Aufgaben erinnern lassen 138
Die App Uhr: Weltuhr, Wecker, Stoppuhr und Timer in einem......................... 143
Notizblätter anlegen und Sprachmemos aufnehmen 146

6. Ihr persönlicher Assistent: Siri 151

Von Sprecherstimme bis »Hey Siri«: die Spracherkennung
perfekt einrichten.. 151
Siri – erste Annäherung 154
Siri-Befehle und -Fragen: die große Übersicht... 156
Dank Diktierfunktion eine Menge Tipparbeit sparen... 186

7. Mit dem iPhone jederzeit und überall ins Internet 189

Mit dem intelligenten Suchfeld Webadressen öffnen
und das Internet durchsuchen.. 189
Dank Favoriten, Leseliste und Verlauf: Webseiten später aufrufen 197
Sicherheit und Datenschutz beim mobilen Surfen 203

8. E-Mails senden und empfangen 205

So legen Sie E-Mail-Konten auf dem iPhone an 205
E-Mails automatisch abrufen, ohne die App Mail zu öffnen............................. 209
Auf dem iPhone neue E-Mails erstellen und versenden 210
Mails auf dem iPhone übersichtlich verwalten 217

9. Musik, Filme und andere Medieninhalte auf dem iPhone 223

Musikalben kaufen oder Spielfilme ausleihen – direkt auf dem iPhone 223
Musik und Videos auf dem iPhone wiedergeben... 227
Interessante Medieninhalte zum Nulltarif: Podcasts und iTunes U................. 234
Auf dem PC gespeicherte Videodateien betrachten 238
Musik und Filme vom iPhone auf die Stereoanlage oder
das TV-Gerät übertragen... 240
Webradio und Web-TV auf dem iPhone nutzen.. 244

10. Die iPhone-Kamera für geniale Fotos und Videos 247

Das iPhone als vollwertige Kamera nutzen 247
Ihre Fotos direkt auf dem iPhone bearbeiten 255
Ihre Aufnahmen in der App Fotos verwalten 260
Ihre Aufnahmen auf den PC übertragen 267
Ihre Aufnahmen mit anderen teilen 270

11. Das iPhone als idealer Begleiter für unterwegs ... 277

Gesundheitsdaten verwalten, Notfallpass bereithalten:
die App Health.. 277
Die aktuelle Wetterprognose stets mit dabei: die App Wetter 281

Hotelsuche, Routenplanung und Navigation mit Bordmitteln:
die App Karten 283
Tickets, Bordkarten und Coupons auf einen Blick: die App Wallet 293
Die besten Reise-Apps für Sie zusammengestellt 295

12. So funktionieren die Apps iBooks und News 299
So lesen Sie kostenlose Klassiker oder aktuelle Bestseller in iBooks 299
News-Apps nutzen und Nachrichten mit der App News personalisieren 306

13. Apps für jeden Zweck und Anlass 309
Shopping-Apps 309
Finanzen-Apps 311
Büro-Apps 314
Spiele-Apps 316
Sonstige Apps 318

14. Mit iCloud & iTunes Daten sichern und austauschen 321
iCloud: Datensicherung und Datenaustausch übers Internet 321
Datensicherung, Datenaustausch und Medienverwaltung mit iTunes 336

15. Von Akku bis Zurücksetzen: Wartung und Sicherheit 359
So hält der Akku möglichst lange durch 359
Den iPhone-Speicher voll unter Kontrolle 362
Mit den mobilen Daten sparsam umgehen 363
Schützen Sie Ihr iPhone vor unbefugten Zugriffen 364
Die Touch ID zum Entsperren und für Einkäufe verwenden 365
Ein verloren geglaubtes iPhone übers Internet orten 369
Versehentliche In-App-Käufe von vornherein ausschließen 372
iOS jederzeit auf dem aktuellsten Stand halten 374
Für den Verkauf oder einen Neuanfang: das iPhone zurücksetzen 375

Stichwortverzeichnis 377

Kapitel 1

Die neuen iPhones & iOS 9 – alle wichtigen Funktionen

Seit das amerikanische Unternehmen Apple im Jahr 2007 das erste iPhone einführte, wurden bereits rund eine Dreiviertelmilliarde dieser Smartphones verkauft. Die aktuellen iPhone-Versionen – das im September 2015 veröffentlichte iPhone 6s und dessen großer Bruder iPhone 6s Plus – sollen diese Erfolgsgeschichte fortsetzen. In diesem Buch erfahren Sie, mitten in der Praxis, alles Wichtige über das iPhone 6s und 6s Plus sowie über das fast zeitgleich veröffentlichte Betriebssystem iOS 9.

Das iPhone 6s und das iPhone 6s Plus sehen äußerlich fast genauso aus wie die Vorgängermodelle iPhone 6 und iPhone 6 Plus, haben aber eine Menge neuer Hightech zu bieten (Bildquelle: Apple).

Ist das iPhone 6s oder das iPhone 6s Plus Ihr erstes iPhone? Dann wird dieses Buch für Sie eine spannende Entdeckungsreise voller Überraschungen und faszinierender Erkenntnisse sein. Denn mit einem iPhone können Sie so ziemlich alles machen, was Sie sich vorstellen können. Ich selbst nutze es zum Telefonieren, zum Austauschen von Kurznachrichten und E-Mails sowie zum Aufrufen von Webseiten, zum Anhören von Musik und Hörbüchern, zum Fotografieren und zum Aufnehmen von Videoclips, für die Gewichtskontrolle, fürs Onlinebanking, als TV-Programm, als mobiles Büro und noch für eine ganze Menge Zwecke mehr. Und ich nutze das iPhone überall und zu jeder Zeit!

Neuerungen beim iPhone 6s und iPhone 6s Plus

Die neuen iPhone-Modelle enthalten im Vergleich zu den Vorgängermodellen iPhone 6 und iPhone 6 Plus eine ganze Reihe deutlicher Verbesserungen. Beispielsweise sind sie mit dem A9 Chip sowie dem M9 Motion Coprozessor noch schneller geworden. Die integrierte iSight-Kamera verfügt nun über 12 statt vorher 8 Megapixel, und statt nur HD-Videos (1080p) lassen sich sogar 4K-Videos (2160p) aufzeichnen, und es wird ein Zoomen bei der Videowiedergabe ermöglicht. Speziell das iPhone 6s Plus bietet jetzt auch eine optische Bildstabilisierung bei der Videoaufnahme. Panoramafotos lassen sich nun mit bis zu 63 Megapixeln statt wie zuvor mit bis zu 43 Megapixeln aufnehmen.

Bei der FaceTime-Kamera auf der Frontseite wurde die Auflösung sogar noch deutlicher aufgestockt, und zwar von vorher 1,2 auf nun 5 Megapixel. Neu ist auch der »Retina Flash«, bei dem das Display als Blitz für Aufnahmen mit der FaceTime-Kamera eingesetzt wird.

Eine Neuerung bei der Kamera sind auch die Live Photos – kurze Videosequenzen inklusive Ton. Apple besteht darauf, dass es sich nicht um Videos, sondern um Fotos handelt, zum Betrachten der animierten Live Photos ist allerdings ein Apple-Gerät erforderlich, entweder ein iPhone, ein iPad, ein Mac oder eine Apple Watch.

Die Abmessungen des iPhones haben sich nur marginal verändert. Sowohl in der Höhe, in der Breite als auch in der Tiefe sind die neuen iPhones gegenüber den Vorgängermodellen um 0,1–0,2 mm gewachsen. Das iPhone 6s misst 138,3 x 67,1 x 7,1 mm (iPhone 6: 138,1 x 67,0 x 6,9 mm), das iPhone 6s Plus 158,2 x 77,9 x 7,3 mm (iPhone 6 Plus: 158,1 x 77,8 x 7,1 mm). Gravierender sind die Änderungen beim Gewicht. Während das iPhone 6 noch 129 g wog, ist das iPhone 6s mit 143 g deutlich schwerer geworden, das Gewicht des iPhone 6s Plus ist von 172 g auf 192 g ebenfalls deutlich angewachsen.

Der Grund für die Gewichtszunahme ist hauptsächlich das neue 3D-Touch-Display, das unterschiedliche Berührungsgrade erkennt und dadurch zusätzliche Auswahloptionen bieten kann. Das Display ist beim iPhone 6s gegenüber dem iPhone 6 rund 17 g schwerer geworden (29 statt 12 g), beim iPhone 6s Plus gegenüber dem iPhone 6 Plus sind es rund 21 g (40 statt 19 g). Neu hinzugekommen ist außerdem eine Taptic Engine, die ein haptisches Feedback ermöglicht – das iPhone 6s bzw. 6s Plus kann Sie damit anstupsen, um Ihnen Hinweise zu geben.

Die Auflösung der neuen iPhones entspricht der Auflösung der Vorgängermodelle. Das iPhone 6s verfügt wie das iPhone 6 über ein 4,7-Zoll-Display mit 1.334 x 750 Pixeln und das iPhone 6s Plus wie das iPhone 6 Plus über ein 5,5-Zoll-Display mit 1.920 x 1.080 Pixeln.

Das 3D-Touch-Display des iPhone 6s und iPhone 6s Plus ermöglicht zusätzliche Auswahloptionen (Bildquelle: Apple).

Verbessert wurde auch der – erstmals beim iPhone 5s – in die Home-Taste integrierte Fingerabdrucksensor (Touch ID), der bis zu doppelt so schnell reagieren soll wie der in die Vorgängermodelle eingebaute Sensor. So gelingt das Entsperren des iPhones bzw. bestimmter Apps sowie das Bestätigen von Käufen bei iTunes noch komfortabler.

Schließlich gibt es auch noch eine neue Farbe. Während das iPhone 6 und das iPhone 6 Plus in den Farben Space Grau, Silber und Gold erhältlich waren, steht für das iPhone 6s und das iPhone 6s Plus die zusätzliche Farbe Roségold zur Verfügung – passend zur roségoldenen Apple Watch.

Die wichtigsten Neuerungen in iOS 9

Auch das Betriebssystem, das auf dem iPhone 6s und iPhone 6s Plus zum Einsatz kommt (aber auch auf älteren iPhones ab dem iPhone 4s nachgerüstet werden kann), hat eine Vielzahl von Neuerungen zu bieten. Lassen Sie mich Ihnen an dieser Stelle nur die wichtigsten Highlights vorstellen – Sie werden die einzelnen Funktionen in diesem Buch noch ausführlich kennenlernen:

- Verbesserungen bei der Tastatur: Wenn Sie unter iOS 9 einen Text eintippen, wird auf der Tastatur dargestellt, ob ein Groß- oder ein Kleinbuchstabe eingegeben wird. Zuvor war dies nur durch die Hervorhebung der ⇧-Taste erkennbar.

Auf der Tastatur unter iOS 9 sehen Sie sofort, ob Sie einen Groß- oder einen Kleinbuchstaben eintippen.

- Geänderte Suchfunktion: Die eingebaute Suchfunktion Spotlight lässt sich unter iOS 9 auf zweierlei Weise aufrufen, zum einen durch eine Streichbewegung auf dem Home-Bildschirm von oben nach unten, zum anderen auf einer Suchseite links neben der ersten Seite des Home-Bildschirms. Zudem wurde die Suchfunktion erweitert, beispielsweise lassen sich mit Spotlight nun auch Rechenaufgaben lösen oder Sportergebnisse abfragen. Wenn Sie einen Kontakt suchen, kann die Kontaktaufnahme direkt aus den Suchergebnissen heraus erfolgen. Außerdem werden Ihnen Siri-Vorschläge präsentiert.

- Erweiterte Notizen-App: Die Notizen-App war ursprünglich die simpelste App auf dem iPhone. Mit iOS 9 möchte man nun aber wohl zu Konkurrenten wie OneNote oder Evernote aufschließen. So erlaubt die Notizen-App jetzt das Erstellen von Checklisten, das direkte Aufnehmen von Fotos oder Videos aus der Notizen-App heraus sowie das Einfügen von Skizzen mithilfe verschiedener Zeichentools. Die neue Notizen-App kann außerdem auf einfache Weise Inhalte aus anderen Apps übernehmen.

Die wichtigsten Neuerungen in iOS 9

- Besserer Zugriff auf iCloud Drive: Der mit einer Apple-ID verknüpfte iCloud-Speicherplatz wird unter iOS 9 deutlich besser zugänglich, um Dateien nicht nur in iCloud zu speichern, sondern auch schnell darauf zuzugreifen. Diesem Zweck dient eine neue iCloud Drive-App, die optional auf dem Home-Bildschirm eingeblendet werden kann.

Die iCloud Drive-App macht die in iCloud gespeicherten Dateien schnell zugänglich.

- Erweiterungen bei der Spracherkennung Siri: Die Spracherkennung Siri kann unter iOS 9 nun auch Fotos aufrufen, die zu einer bestimmten Zeit oder an einem bestimmten Ort geschossen wurden. Auch eine Suche nach Kontakten in der App *Meine Freunde suchen* wurde eingebaut. Erinnerungen lassen sich mit Siri unter iOS 9 mit der eventuell vorhandenen CarPlay-Technologie im Auto verknüpfen oder auf der Basis gerade geöffneter Apps wie *Safari*, *Mail*, *Notizen* oder *Nachrichten* erstellen. Des Weiteren lassen sich Routen mit öffentlichen Verkehrsmitteln anfordern.

- Neuer App-Umschalter: Wenn die Home-Taste des iPhones zweimal schnell hintereinander gedrückt wird, erhalten Sie unter iOS 9 eine gefächerte Darstellung der zuletzt geöffneten Apps, die ein schnelleres Durchblättern und damit einen schnelleren App-Wechsel erlaubt; es können nun auch

1 ▪ Die neuen iPhones & iOS 9 – alle wichtigen Funktionen

mehrere Apps gleichzeitig beendet werden. Die zuletzt verwendeten Kontakte wurden aus dem App-Umschalter auf die Suchseite links neben der ersten Seite des Home-Bildschirms verlagert.

- News: Auf der Suchseite links neben der ersten Seite des Home-Bildschirms lassen sich auch News aufrufen. Später soll die in den USA bereits verfügbare News-App auch hierzulande eingeführt werden – sie ermöglicht eine Personalisierung der News nach den eigenen Interessen. Bei Redaktionsschluss konnte man die News-App auf dem iPhone einblenden, indem man die Region auf *Vereinigte Staaten* umstellte (in den iPhone-Einstellungen unter *Allgemein* und dort unter *Sprache & Region*) und das iPhone anschließend neu startete.

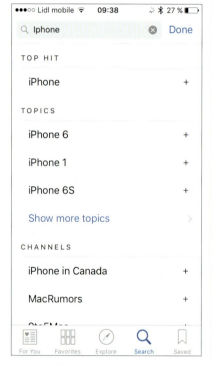 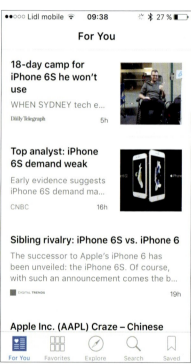

Nur noch Themen, die Sie interessieren: Mit der News-App lassen sich die täglichen Nachrichten personalisieren – bei Redaktionsschluss stand die App hierzulande allerdings noch nicht zur Verfügung.

- Stromsparmodus: Wünschen Sie sich eine längere Laufzeit des iPhone-Akkus? Mit iOS 9 wird dieser Wunsch dank des neu eingeführten Stromsparmodus Wirklichkeit. Bei einer Batterieladung von 20 Prozent wird Ihnen der Stromsparmodus automatisch angeboten, er lässt sich aber in den iPhone-Einstellungen unter *Batterie* auch manuell aktivieren.

- Weitere App-Verbesserungen: Es gibt noch eine ganze Reihe weiterer Neuerungen, die einzelne Apps betreffen. So wurden in die App *Karten* unter anderem öffentliche Verkehrsmittel und Wikipedia-Informationen integriert, bei der App *Mail* wurden die Suchfunktion erweitert und das Markieren von Texten ermöglicht, die App *Passbook* wurde in *Wallet* umbenannt und auch für Kundenkarten ausgelegt, die App *Podcasts* wurde verschönert etc.

- Einfacher Umstieg von Android-Smartphones: Wer von einem Android-Smartphone auf das iPhone umsteigen möchte, erhält von Apple mit der App *Move to iOS* Hilfe von einem Migrationsassistenten. Dieser kann kostenlos auf das Android-Smartphone geladen werden und dann mit dem iPhone Verbindung aufnehmen.

Als Einsteiger machen Sie sich bitte keine Gedanken, wenn Sie den einen oder anderen Begriff in dieser Aufzählung noch nicht verstanden haben sollten. In den folgenden Kapiteln werden Ihnen alle wichtigen Begriffe auf verständliche Art und Weise erklärt.

Eine kleine Vorschau auf die Inhalte dieses Buches

Bevor Sie mit der perfekten Nutzung Ihres iPhones richtig loslegen, verschaffen Sie sich zunächst noch einen schnellen Überblick über die Inhalte dieses Buches. Sie erhalten dadurch einen motivierenden Eindruck von der Funktionsvielfalt Ihres iPhone 6s bzw. iPhone 6s Plus und wissen, worauf Sie sich bei der Lektüre des Buches freuen können.

Beginnen Sie in Kapitel 2 mit der Inbetriebnahme Ihres iPhones. Ich stelle Ihnen das Äußere Ihres Gerätes vor und zeige Ihnen, wie Sie Ihr iPhone mühelos aktivieren, optimal einrichten und per 3D Touch, Fingergesten, Kopfbewegung, Kontrollzentrum und Co. effizient bedienen. Sie erfahren in Kapitel 2 außerdem, wie Sie eine WLAN-Verbindung herstellen, eine Bluetooth-Tastatur verbinden und die praktische Suchfunktion Spotlight verwenden, um alle Inhalte auf dem iPhone – und im Internet – sofort aufzuspüren.

Die auf dem iPhone bereits verfügbaren Standard-Apps sind nur der Anfang! In Kapitel 3 lernen Sie den App Store kennen, in dem Hunderttausende weiterer nützlicher, smarter und verrückter Apps auf ihre Entdeckung durch Sie warten. Sie erfahren ausführlich, wie Sie Apps herunterladen, kostenpflichtige Apps sicher bezahlen und auch bei vielen auf Ihrem iPhone installierten Apps den Überblick behalten. Auch eine App-Sammlung für den gelungenen Start mit Ihrem iPhone halte ich für Sie parat.

 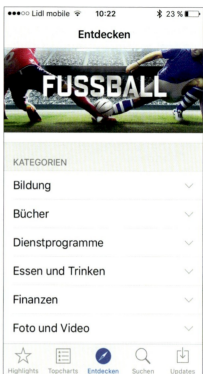

Im App Store finden Sie Apps (iPhone-Programme) zu allen denkbaren Themen.

Zwar ist das iPhone ein fast alles könnender kleiner Computer – aber es ist doch auch immer noch ein Handy. In Kapitel 4 erhalten Sie die besten Tipps und Tricks rund um das Telefonieren und Versenden von Kurznachrichten mit Ihrem iPhone. Auch die Funktion FaceTime für Videotelefonate sowie das Veröffentlichen von Beiträgen bei Facebook oder Twitter stelle ich Ihnen in Kapitel 4 vor.

Mit Ihrem iPhone sind Sie stets gut organisiert. In Kapitel 5 erfahren Sie, wie Sie Ihr iPhone zur Verwaltung Ihrer Kontakte, Termine und Aufgaben optimal einsetzen und wie Sie sich pünktlich an ein anstehendes Meeting oder an einen Geburtstag erinnern lassen. Auch den Wecker, das Notizbuch sowie Ihr Diktiergerät ersetzt das iPhone, was ich Ihnen in Kapitel 5 ebenfalls zeigen werde.

Die aktuelle Wetterprognose liefern, Wissensfragen beantworten, Einstellungen ändern, Musikstücke erkennen, Restaurants empfehlen, Fußballergebnisse abrufen – das alles und noch viel mehr kann die Spracherkennung Siri, die ich Ihnen in Kapitel 6 ausführlich vorstelle. Lernen Sie die Befehle kennen, die Sie Ihrer ganz persönlichen iPhone-Assistentin erteilen können, und richten Sie Siri für die Verwendung in Ihrem iPhone-Alltag ideal ein.

Eine kleine Vorschau auf die Inhalte dieses Buches

Auch das Surfen im Internet macht mit dem iPhone richtig Spaß – nicht zuletzt dank des großen Displays beim iPhone 6s und erst recht beim iPhone 6s Plus. Egal, wo Sie sich gerade aufhalten mögen: Lesen Sie Onlinenachrichten, rufen Sie in der Internetenzyklopädie Wikipedia interessante Artikel auf oder suchen Sie bei Google nach Webseiten zu Ihren Wunschthemen. Die besten Tipps und Tricks zum mobilen Surfen erhalten Sie in Kapitel 7.

Zum Surfen im Internet steht die App Safari auf Ihrem iPhone bereits zur Verfügung.

Eine im Zusammenhang mit dem Internet ebenfalls sehr wichtige Funktion ist das Senden und Empfangen von E-Mails. Das komplette Kapitel 8 dreht sich um dieses Thema, also um das Einrichten eines E-Mail-Kontos auf dem iPhone und das clevere Senden, Empfangen und Verwalten von elektronischer Post. Zukünftig müssen Sie zu diesem Zweck nicht mehr extra Ihren PC einschalten!

Ihr iPhone ist auch ein genialer Unterhaltungskünstler, mit dem Sie Musik und Hörbücher anhören, Filme und TV-Sendungen wiedergeben, Podcasts abonnieren oder an Univorlesungen teilnehmen können. In Kapitel 9 erhalten Sie die besten Tipps und Tricks dazu – vom Herunterladen Ihrer Lieblingssongs im iTunes Store über das gekonnte Organisieren Ihrer Mediathek auf dem iPhone bis hin zum Übertragen Ihrer Musik- und Filmdateien aufs TV-Gerät. Auch dem kostenlosen Empfangen von Webradio und Web-TV werden Sie sich in Kapitel 9 widmen.

Die Kamera des iPhones wird selbst von professionellen Fotografen gelobt und genutzt. In Kapitel 10 stelle ich Ihnen die besten Funktionen der iPhone-Digitalkamera vor. Damit können Sie nicht nur exzellent fotografieren, sondern auch Videoclips aufzeichnen. Praktisch: Ihre Aufnahmen lassen sich direkt auf dem iPhone bearbeiten oder vom iPhone auf diverse Seiten im Internet laden.

Gerade dann, wenn Sie viel unterwegs sind, werden Sie Ihr iPhone zukünftig nicht mehr missen wollen. Setzen Sie Ihr iPhone ein, um sich per Satellit zu Ihren Zielorten führen zu lassen, fragen Sie Bahnverbindungen oder das aktuelle Wetter ab, finden Sie in jeder Stadt das beste Hotel, organisieren Sie Bordkarten, Tickets und Co. mit der App *Wallet* oder zählen Sie mit der App *Health* die gelaufenen Schritte. Alles dazu in Kapitel 11.

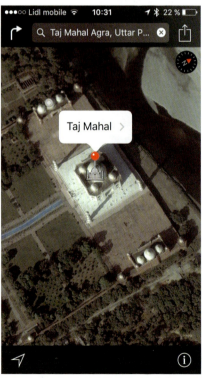

Routen planen, navigieren, Straßenkarten oder Satellitenaufnahmen anzeigen – mit der App Karten steht auf dem iPhone ein intelligenter Globus zur Verfügung.

Dank des iPhones haben Sie auch stets eine komplette Bibliothek in der Tasche mit dabei. Kostenlose Klassiker und aktuelle Bestseller lassen sich genauso darauf speichern und lesen wie aktuelle Nachrichten. In Kapitel 12 zeige ich Ihnen, wie Sie mit E-Books als Ergänzung zu gedruckten Büchern viel Freude haben werden und wie Sie die App *News* nutzen, um Ihre Nachrichten zu personalisieren.

Mit Ihrem iPhone Dokumente bearbeiten, shoppen, Finanzen verwalten, Sport treiben und noch ganz viel mehr: Kapitel 13 widmet sich weiteren beliebten und genialen Funktionen Ihres iPhones, die Sie ganz einfach per App nachrüsten. Meine Auswahl wird ganz sicher auch Ihren Geschmack treffen!

In Kapitel 14 lesen Sie, wie Sie mithilfe der Software iTunes Daten zwischen Ihrem iPhone und dem Computer austauschen. Sie machen sich außerdem gründlich mit Apples Internetspeicher iCloud vertraut, der die Datenübertragung und -sicherung im Internet ermöglicht. Wenn Sie sich für die iCloud-Nutzung entscheiden, können Sie auch von der Familienfreigabe Gebrauch machen und Ihre Einkäufe auf einfache Weise mit Familienmitgliedern teilen. Auch dazu alles in Kapitel 14.

Daten synchronisieren und Daten sichern – dank iCloud kann dies ohne zusätzliches Gerät im Internet erfolgen.

In Kapitel 15 halte ich schließlich noch wichtige Ratschläge vom iPhone-Experten für Sie bereit. Sie finden darin alles beschrieben, was Sie über die Wartung und den Schutz Ihres iPhones wissen müssen.

Übrigens: Das Buch richtet sich zwar speziell an die Nutzer eines iPhone 6s oder iPhone 6s Plus. Aber auch dann, wenn Sie ein älteres iPhone mit iOS 9 verwenden, wird das Buch für Sie eine wertvolle Hilfe darstellen, selbst wenn Sie in diesem Fall zwar auf die meisten, aber nicht auf alle dargestellten Funktionen zugreifen können. Sie können iOS 9 auf einem iPhone 4s, einem iPhone 5, einem iPhone 5c, einem iPhone 5s sowie einem iPhone 6 oder iPhone 6 Plus installieren. Auf Ihrem iPhone 6s oder iPhone 6s Plus steht iOS 9 schon bereit.

Gehen Sie nun mitten rein in die iPhone-Praxis! Ich hoffe, dass Ihnen dieses Buch ein ansprechender und nützlicher Ratgeber in Sachen iPhone sein wird, und ich wünsche Ihnen viel Freude beim Lesen und Umsetzen der Inhalte!

Ihr Autor Philip Kiefer

Kapitel 2

Ihr iPhone in Betrieb nehmen, einrichten und perfekt bedienen

Nachdem Sie Ihr neues iPhone 6s oder iPhone 6s Plus erworben haben, möchten Sie es natürlich sofort in Betrieb nehmen. In diesem Kapitel nehme ich Sie dabei an die Hand. Zunächst stelle ich Ihnen das Äußere des iPhones vor, um Ihnen anschließend Schritt für Schritt bei der Inbetriebnahme Ihres iPhones, beim Herstellen einer Internetverbindung, beim Einrichten wichtiger Funktionen und bei der Bedienung des iPhones zu assistieren. Lernen Sie außerdem clevere Bedienungshilfen kennen, die Möglichkeit, drahtlos eine Tastatur zu verbinden, und noch vieles Nützliche mehr!

Das Äußere des iPhones im Überblick

Zu Beginn möchte ich Sie mit dem Äußeren Ihres iPhone 6s bzw. iPhone 6s Plus näher vertraut machen. Die Fotos zeigen mein iPhone 6s – beim iPhone 6s Plus finden Sie die einzelnen Tasten, Anschlüsse und Co. aber jeweils an der gleichen Stelle.

Die Vorderseite des iPhone 6s und iPhone 6s Plus wird dominiert vom Retina-Display, wobei der von Apple geprägte Begriff Retina-Display schlicht bedeutet, dass man die einzelnen Bildpunkte mit bloßem Auge nicht mehr ausmachen kann.

Unterhalb des Displays befindet sich die Home-Taste, mit der Sie jederzeit zum Home-Bildschirm gelangen. In die Home-Taste ist außerdem ein Fingerabdrucksensor (Touch ID) integriert.

Oberhalb des Displays sehen Sie einen Receiver für Telefonate, der gleichzeitig als Frontmikrofon dient. Daneben befindet sich die FaceTime-Kamera des iPhones, insbesondere gedacht für Videotelefonate. Oberhalb des Receivers schließlich sehen Sie den Annäherungssensor, der dafür sorgt, dass das Display automatisch abgeschaltet wird, wenn Sie das iPhone beim Telefonieren ans Ohr halten.

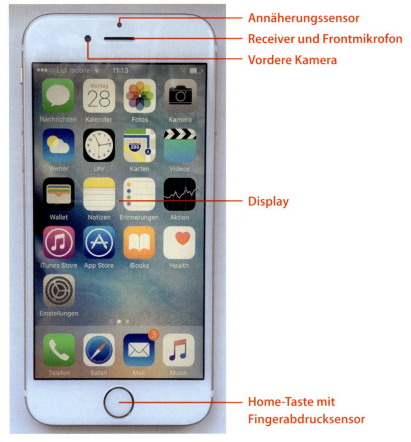

Diese Elemente sehen Sie auf der Vorderseite des iPhones.

Auf der (bei Draufsicht) linken Seite des iPhone 6s und iPhone 6s Plus ist oben der „Stummschalter" angebracht. Darunter befinden sich Tasten, um die Lautstärke leiser oder lauter zu stellen. Gut zu wissen: Die Antenne des iPhones ist in dessen Rahmen integriert.

Auf der (bei Draufsicht) rechten Seite des iPhones ist der Ein-/Ausschalter des iPhones angebracht. Er dient gleichzeitig dem Sperren des iPhones. In der Mitte der rechten Seite sehen Sie die SIM-Lade, in die zur Inbetriebnahme eine Nano-SIM-Karte eingelegt werden muss. Warten Sie damit aber noch einen kleinen Moment, falls Sie Ihr iPhone nicht ohnehin schon in Betrieb genommen haben sollten!

Das Äußere des iPhones im Überblick

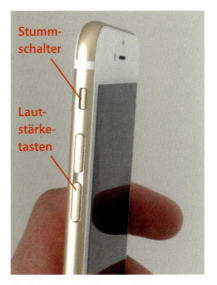

Die linke Seite des iPhones mit Stummschalter und Lautstärketasten.

Auf der rechten Seite des iPhone 6s und iPhone 6s Plus befinden sich der Ein-/Ausschalter sowie die SIM-Lade.

Die Rückseite des iPhone 6s und iPhone 6s Plus wartet mit der iSight-Kamera auf, außerdem mit einem weiteren Mikrofon sowie einem LED-Blitz für Aufnahmen bei schlechten Lichtverhältnissen. Auf der Rückseite sind ferner einige Produktnummern eingeprägt.

So sieht die Rückseite des iPhones aus.

Bleibt noch die Unterseite des iPhones, und die hat es in sich: Verbinden Sie das iPhone hier – per Lightninganschluss (»lightning« ist das englische Wort für Blitz) – mit dem Computer und weiteren Geräten. Sie finden außerdem einen Kopfhöreranschluss, zudem ein drittes Mikrofon sowie den eingebauten Lautsprecher.

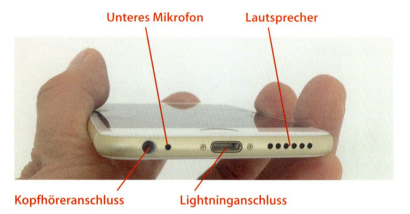

Das hat die Unterseite des iPhones zu bieten.

Unter der Haube hat das iPhone noch allerlei mehr zu bieten: weitere Sensoren, Bluetooth, WLAN, GPS … Sie sehen: Das iPhone ist wirklich bestens ausgestattet, und es wird so zu einem echten Multitalent für alle möglichen Einsatzzwecke.

Schützen und pflegen Sie Ihr iPhone, um seinen Wert zu erhalten

Der Anschaffungspreis eines iPhones ist recht happig. Aber der hohe Preis relativiert sich, wenn man bedenkt, was sich mit einem iPhone alles anstellen lässt. Außerdem hat das iPhone einen relativ hohen Wiederverkaufswert – sofern es sich in gutem Zustand befindet. Ihr iPhone ist zwar recht robust, aber es ist natürlich nicht unkaputtbar, und Kratzer oder andere Mängel würden aufgrund des edlen Designs doppelt schwer wiegen. Damit Sie möglichst lange Freude an dem Hightechgerät haben und seinen Wert erhalten, sollten Sie einige wichtige Empfehlungen beherzigen.

Aufladen

Vor der ersten Nutzung laden Sie den iPhone-Akku am besten erst noch mal voll auf, indem Sie es mithilfe des mitgelieferten Kabels und Netzsteckers mit der Steckdose verbinden. Das iPhone lässt sich alternativ auch via USB-Anschluss am PC aufladen, allerdings dauert das etwas länger. Der Akku wird zwar schon vor der Auslieferung geladen, aber eine gewisse Entleerung findet auch dann statt, wenn das iPhone nicht eingeschaltet ist.

Zukünftig nutzen Sie das iPhone möglichst oft, bis es sich von selbst abschaltet. Laden Sie es nur in Ausnahmefällen, wenn der Akku noch eine Kapazität von über 20 % aufweist. Wenn Sie das iPhone aufladen, dann grundsätzlich, bis der Akku eine Kapazität von 100 % aufweist. So bleibt der iPhone-Akku mehrere Jahre lang fit.

Hier halte ich Lightningstecker und Netzstecker (im Lieferumfang des iPhones enthalten) in meiner Hand.

Gehäuse- und Displayschutz

Um das iPhone-Gehäuse vor Kratzern und sonstigen Macken zu schützen, empfehle ich die Verwendung einer Silikon- oder Lederhülle, wie sie – mit entsprechenden Öffnungen für Tasten und Anschlüsse – auch speziell für das iPhone 6s oder iPhone 6s Plus erhältlich ist.

Apple selbst hat entsprechende Hüllen (Cases) in unterschiedlichen Farben im Angebot, wobei diese allerdings nicht ganz billig sind: Bei Redaktionsschluss musste man für die Silikonhülle 39 Euro (iPhone 6s) bzw. 45 Euro (iPhone 6s Plus) berappen, für die Lederhülle sogar 55 Euro (iPhone 6s) bzw. 59 Euro (iPhone 6s Plus). Natürlich gibt es auch alternative Anbieter mit günstigeren Preisen – schauen Sie sich doch mal im örtlichen Elektronikfachmarkt um.

Diese Abbildung zeigt eine Silikonhülle in Blau, wie sie im Apple Store erworben werden kann (Bildquelle: Apple.com).

Für den Schutz des iPhone-Displays können Sie den Gebrauch einer speziellen Schutzfolie in Erwägung ziehen. Im Apple Store war eine solche bei Redaktionsschluss sowohl für das iPhone 6s als auch für das iPhone 6s Plus zum Preis von 29,95 Euro erhältlich. Natürlich gibt es auch deutlich kostengünstigere No-Name-Produkte. Beachten Sie aber, dass es gerade bei Billigprodukten zu Blasenbildungen kommen kann.

Generell gilt es, Kratzer auch durch einen behutsamen Umgang mit dem iPhone zu vermeiden. Wenn Sie es in die Hosen- oder Handtasche stecken, dann sollten nicht Ihre Schlüssel dagegenschlagen. Wenn Sie Ihr iPhone auf den Tisch legen, tun Sie dies, als ob das iPhone ein rohes Ei wäre. Vermeiden Sie jeden unnötigen Kratzer!

> **Männer, aufgepasst!**
>
> Der Transport des iPhones – oder eines anderen Handys – sollte nur in Ausnahmefällen in der Hosentasche erfolgen. Wissenschaftler einer britischen Universität haben nämlich herausgefunden, dass das die männliche Fruchtbarkeit deutlich reduzieren kann.

Richtige Säuberung

Hin und wieder bedarf das iPhone einer Säuberung. Verwenden Sie zu diesem Zweck ausschließlich ein handelsübliches Mikrofasertuch. Damit lassen sich sowohl das Display als auch das Gehäuse reinigen. Damit eine Säuberung nicht allzu oft erforderlich ist, verwenden Sie das iPhone niemals, wenn Sie sich gerade die Hände eingecremt oder Kartoffelchips gegessen haben. Versuchen Sie dies, und Sie wissen, was ich meine!

Manchmal kann es auch vorkommen, dass sich im Lightninganschluss Staub und Flusen ansammeln. Dies bemerken Sie, wenn das iPhone nicht mehr auflädt, obwohl Sie es mit dem Stromnetz bzw. mit dem USB-Anschluss Ihres PCs verbunden haben. In einem solchen Fall verwenden Sie einen Zahnstocher oder eine aufgebogene Büroklammer, um den Schmutz aus dem Anschluss zu entfernen. Gehen Sie dabei äußerst vorsichtig zu Werke (wie beim Mikado) und scharren Sie nicht am Innenleben des iPhones herum!

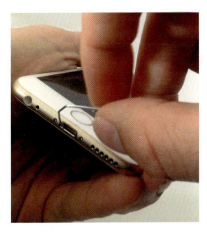

Wenn der Lightninganschluss mal verstopft ist: Verwenden Sie einen Zahnstocher oder eine aufgebogene Büroklammer zum vorsichtigen Reinigen.

Vermeiden Sie extreme Temperaturen!

Setzen Sie das iPhone weder großer Hitze noch großer Kälte aus! Das Handschuhfach im Auto ist deshalb kein guter Ablageplatz für das Gerät. Die iPhone-Nutzung unter 0 °C sowie über 35 °C kann zu diversen Problemen führen. Für die Aufbewahrung sind Temperaturen zwischen –20 °C und 45 °C vorgesehen.

Für Ihr iPhone gibt es noch viele weitere Zubehörprodukte, z. B. Sportarmbänder, Musikstationen oder Kfz-Ladekabel. Gute Anlaufstellen zum Einkaufen von iPhone-Zubehör sind der Apple Store unter der Webadresse *store.apple.com/de*, aber auch der Internetversandhändler Amazon unter der Webadresse *www.amazon.de*.

Nano-SIM-Karte einlegen

Nun machen Sie Ihr iPhone empfangsbereit, indem Sie die von Ihrem Mobilfunkanbieter erhaltene Nano-SIM-Karte in die SIM-Lade einlegen. Die Nano-SIM-Karte dient dazu, eine Verbindung zum Mobilfunknetz des Netzbetreibers herzustellen – um mit dem iPhone telefonieren und mobil im Internet surfen zu können. Das Einlegen der Nano-SIM-Karte ist schnell erledigt:

1. Sie finden in der iPhone-Verpackung – in der Papphülle mit den Kurzanleitungen – einen kleinen Metallpiekser. Entnehmen Sie diesen.

2. Drücken Sie den Metallpiekser in die kleine Öffnung der SIM-Lade auf der rechten Seite des iPhones. Die SIM-Lade springt daraufhin ein Stück heraus, und Sie können sie entnehmen. Sollten Sie den Metallpiekser einmal verlieren, erfüllt eine aufgebogene Büroklammer den gleichen Zweck.

3. Legen Sie die Nano-SIM-Karte in die Lade ein, und zwar mit dem Chip nach unten. Wie Sie feststellen werden, gibt es zum richtigen Einlegen sowieso nur eine Möglichkeit.

Ihr iPhone aktivieren und für den ersten Gebrauch einrichten

4. Führen Sie die nun bestückte SIM-Lade wieder in die dafür vorgesehene Öffnung ein.

5. Werden Sie zum Entsperren der Nano-SIM-Karte aufgefordert, tippen Sie auf *Entsperren* und geben – über die auf dem Display eingeblendeten Zifferntasten – den zusammen mit der Nano-SIM-Karte erhaltenen PIN-Code ein. Bestätigen Sie mit *OK*.

> **Ach du Schreck, meine SIM-Karte ist viel zu groß!**
>
> Für das iPhone 6s bzw. das iPhone 6s Plus benötigen Sie eine sogenannte Nano-SIM-Karte, eine kleinere Variante der Micro-SIM-Karte, die wiederum kleiner ist als eine herkömmliche SIM-Karte. Die meisten Anbieter stellen eine Nano-SIM-Karte kostenlos oder gegen einen geringen Betrag zur Verfügung. Theoretisch können Sie Ihre SIM-Karte selbst auf Nanogröße zuschneiden. Das empfehle ich Ihnen jedoch nur, wenn Sie ein sehr versierter Bastler sind – im schlimmsten Fall machen Sie nämlich eine SIM-Karte durch das Zuschneiden unbrauchbar. Wenn Apple vom Einsatz einer selbst zugeschnittenen Nano-SIM-Karte Wind bekommt, könnten außerdem unter Umständen Garantieleistungen verweigert werden.

Ihr iPhone aktivieren und für den ersten Gebrauch einrichten

Mit dem Einlegen der Nano-SIM-Karte ist es noch nicht getan. Sie müssen Ihr neues iPhone einmalig »aktivieren« und einrichten, um es verwenden zu können. Dies gelingt ganz ohne Computer, wenn eine Internetverbindung entweder übers Mobilfunknetz oder in einem WLAN besteht. Falls Sie eine Aktivierung am Computer bevorzugen, benötigen Sie die kostenlose Software iTunes, die Sie unter der Webadresse *www.apple.com/de/itunes* herunterladen (auf einem Mac steht iTunes bereits zur Verfügung). Diese Software verwenden Sie später auch zum Austauschen von Daten zwischen Ihrem iPhone und dem PC, sodass ich die Installation in jedem Fall empfehle. Zur Nutzung von iTunes auf dem PC lesen Sie noch viel mehr in Kapitel 14.

Für die Aktivierung und das Einrichten des iPhones schalten Sie dieses zunächst ein, indem Sie den Ein-/Ausschalter auf der rechten Seite des iPhones einen Moment lang gedrückt halten. Folgen Sie nun den Hinweisen auf dem iPhone-Display, wobei Sie jeweils durch Antippen mit dem Finger eine Option auswählen bzw. bestätigen. Zunächst werden Sie von Ihrem iPhone begrüßt. Streichen Sie mit dem Finger auf dem Display von links nach rechts, um mit der Einrichtung zu starten. Die nachfolgend genannten Angaben sind erforderlich.

Sprache und Land

Das iPhone beherrscht eine Menge Sprachen. Wählen Sie Ihre eigene Sprache aus und bestimmen Sie anschließend das Land, in dem Sie leben.

Wählen Sie Ihre Sprache und Ihr Land aus.

Internet und Aktivierung

Nun stellen Sie eine Internetverbindung her. Wenn Sie hierzu das Mobilfunknetz verwenden möchten, tippen Sie auf die Option *Mobiles Netzwerk verwenden*. In diesem Fall entscheide ich mich für ein WLAN, gebe das zugehörige Passwort ein und tippe auf *Verbinden*. Sobald die Internetverbindung besteht, wird die Aktivierung des iPhones durchgeführt.

Stellen Sie eine Verbindung mit dem Internet her.

Ortungsdienste

Im Anschluss an die Aktivierung werden Sie gefragt, ob Sie die Ortungsdienste verwenden möchten, mit deren Hilfe jederzeit die genaue Position Ihres iPhones ermittelt werden kann.

Aktivieren Sie die Ortungsdienste, um eine Standortbestimmung zu ermöglichen.

Ich empfehle Ihnen, diese sehr nützliche Funktion zu aktivieren; später legen Sie im Einzelnen fest, welche Apps auf die Ortungsdienste zugreifen dürfen.

Wiederherstellung aus Backup oder Neuanfang

Im nächsten Schritt haben Sie die Möglichkeit, die Daten aus einem bestehenden Backup wiederherzustellen, das Sie entweder mit der Software iTunes oder im Internet mit iCloud durchgeführt haben. Sofern Sie nicht über ein Backup verfügen, den Umstieg zum gründlichen Ausmisten nutzen möchten oder einfach zum ersten Mal ein iPhone verwenden, wählen Sie die Option *Als neues iPhone konfigurieren*. Neu unter iOS 9: Auch für Umsteiger von einem Android-Smartphone wird eine Option angeboten.

Entscheiden Sie, ob Sie Daten aus einem bestehenden Backup übernehmen möchten.

Apple-ID einrichten

Eine Apple-ID benötigen Sie unbedingt. Sie dient beispielsweise dazu, Apps aus dem App Store zu laden, iCloud zu nutzen und für die Verwendung einer ganzen Reihe weiterer Funktionen.

Um zunächst eine Apple-ID zu erstellen, wählen Sie *Sie haben keine Apple-ID oder haben sie vergessen?* und machen die geforderten Angaben. Akzeptieren Sie schließlich noch die Nutzungsbedingungen. Ein kleiner Tipp: Im Browser am PC erfolgt das Anlegen einer Apple-ID komfortabler, und zwar unter der Webadresse *appleid.apple.com*.

Ihr iPhone aktivieren und für den ersten Gebrauch einrichten

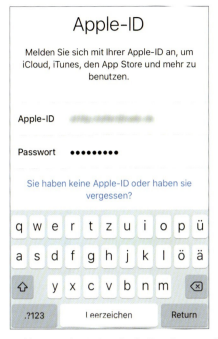 

Melden Sie sich mit einer Apple-ID an bzw. erstellen Sie eine neue Apple-ID.

Sicherheit

Da Sie auf Ihrem iPhone viele persönliche und sensible Daten speichern werden, sollten Sie die angebotenen Schutzfunktionen nutzen. Erstellen Sie zunächst einen sechsstelligen Code, der dann jeweils beim Starten oder Entsperren des iPhones abgefragt wird. Und nein: Sie sollten nicht Ihr Geburtsdatum verwenden, sondern eine willkürliche Ziffernkombination!

Zum Entsperren kann auch der Fingerabdrucksensor (die Touch ID) dienen, beim Starten wird dennoch einmalig der Code abgefragt. Um einen ersten Finger anzulegen – Sie können für die Touch ID später insgesamt bis zu fünf Finger anlegen –, legen Sie den gewünschten Finger, z. B. den rechten Daumen, auf die Home-Taste. Folgen Sie den anschließenden Anweisungen, deren Ausführung darin besteht, den Finger mehrfach auf den Fingerabdrucksensor zu legen, um den Fingerabdruck einzuscannen.

Mit der Touch ID können auch Einkäufe im iTunes Store, im App Store sowie im iBooks Store bestätigt werden. Auch hier gilt allerdings, dass beim ersten Mal zunächst das zur Apple-ID gehörende Passwort eingegeben werden muss. Erst für die folgenden Käufe kann die Touch ID verwendet werden. Auch anderen Apps ist es möglich, auf den Fingerabdrucksensor zuzugreifen. Apple verspricht, dass der Fingerabdruck auf dem Gerät verbleibt.

Verwenden Sie Code und Touch ID, um Ihr iPhone vor unbefugten Zugriffen zu schützen.

Verwenden Sie den iCloud-Schlüsselbund, um Ihre Passwörter und Kreditkartendaten im Internet zu sichern und mit anderen Geräten zu synchronisieren.

Ihr iPhone aktivieren und für den ersten Gebrauch einrichten

Mit Apples Cloud-Speicherdienst iCloud lassen sich nicht nur Dokumente, Termine und Co. im Internet sichern, sondern auch Passwörter und Kreditkartendaten, um diese dann auf mehreren Geräten zu synchronisieren. Diese Funktion kann Ihnen zukünftig die Eingabe vieler Passwörter und Daten ersparen. Wenn Sie den iCloud-Schlüsselbund verwenden möchten, aktivieren Sie diese Option bzw. bestätigen einen bereits vorhandenen iCloud-Schlüsselbund.

Siri

Auch die Spracherkennung Siri muss eingerichtet werden. Sprechen Sie dazu einfach die vorgegebenen Sätze ins Mikrofon.

Aktivieren Sie die Spracherkennung Siri.

Anzeigezoom

Um dem vergrößerten Display beim iPhone 6s und iPhone 6s Plus gerecht zu werden, werden Ihnen zwei Anzeigeoptionen angeboten: die Standardansicht mit eher kleinen Symbolen sowie eine gezoomte Ansicht mit vergrößerten Symbolen. Treffen Sie Ihre Auswahl hier ganz nach Ihrem Geschmack und Ihrer Sehkraft. Der Vorteil der Standardansicht besteht schlicht darin, dass mehr Symbole auf einer Seite Platz haben.

Der Anzeigezoom bietet neben der Standardansicht eine gezoomte Ansicht mit größeren Symbolen.

> **Diagnosedaten nicht senden!**
>
> Sie werden gefragt, ob Sie Diagnose- und Nutzungsdaten zu Analysezwecken an Apple senden möchten. Hier entscheiden Sie sich aus Gründen des Datenschutzes in jedem Fall für die Option *Nicht senden*.

Nach diesem kleinen Marathon haben Sie Ihr iPhone nun eingerichtet. Tippen Sie auf *Los geht's*, um Ihr iPhone ab sofort in vollem Umfang nutzen zu können.

iCloud Drive

Schon mit iOS 8 wurde iCloud Drive eingeführt und nun mit iOS 9 durch eine eigene App besser nutzbar gemacht. iCloud Drive (»drive« ist in diesem Zusammenhang das englische Wort für Laufwerk) ermöglicht es auch Apps, die nicht von Apple herausgegeben wurden, Daten im Internet zu speichern. Zu beachten ist, dass Apple bei Redaktionsschluss nur 5 GByte iCloud-Speicher kostenlos zur Verfügung stellte. Zum Vergleich: Bei Google Drive und bei Microsofts OneDrive sind es jeweils 15 GByte kostenloser Speicher. Sie werden nach der Einrichtung des iPhones gefragt, ob Sie die App *iCloud Drive* installieren wollen.

iCloud Drive ermöglicht Apps das Speichern von Daten im iCloud-Speicher.

Mit dem Home- und dem Sperrbildschirm vertraut machen

Auf dem Home-Bildschirm, der Ihnen nach dem Einrichten des iPhones angezeigt wird, sind bereits einige Standard-Apps vorhanden, mit denen ich Sie im Laufe des Buches noch vertraut machen werde. Die Apps lassen sich auf mehreren Seiten anordnen – wie viele Seiten mit Apps gefüllt sind, wird durch eine kleine Seitenanzeige dargestellt.

Oben auf dem Home-Bildschirm sehen Sie eine Statusleiste mit der Bezeichnung Ihres Mobilfunkbetreibers, der aktuellen Uhrzeit, einer Info zum aktuellen Akkuladestand und einer Reihe von Symbolen für WLAN, Bluetooth, Ortungsdienste, Nicht-stören-Modus etc. Unten auf dem Home-Bildschirm sehen Sie das Dock, in dem sich besonders wichtige Apps befinden, die auf allen App-Seiten zu sehen sind.

Der Home-Bildschirm des iPhones.

2 ▪ Ihr iPhone in Betrieb nehmen, einrichten und perfekt bedienen

> **Woher kommt das Wort App?**
>
> Das Wort App für Programme auf dem iPhone sowie anderen Geräten kommt vom englischen Wort »application«, was so viel wie Anwendung bedeutet.

Im gesperrten Zustand wird statt des Home-Bildschirms der Sperrbildschirm angezeigt, wenn Sie im Stand-by-Modus entweder den Ein-/Ausschalter oder die Home-Taste kurz drücken. Zum Sperren des iPhones drücken Sie kurz den Ein-/Ausschalter, nach einer bestimmten Zeit der Nichtnutzung wird es aber auch automatisch gesperrt.

Zum Entsperren des iPhones streichen Sie auf dem Display mit dem Finger von links nach rechts. Alternativ können Sie das iPhone per Fingerabdrucksensor entsperren, indem Sie den entsprechenden Finger darauf legen.

Rechts unten auf dem Sperrbildschirm sehen Sie das Symbol . Ziehen Sie dieses mit dem Finger nach oben, um die iPhone-Kamera zu starten und auch im gesperrten Zustand Aufnahmen zu machen.

Der Sperrbildschirm des iPhones im Überblick.

Auch die vom Home-Bildschirm her bekannte Statusleiste wird Ihnen auf dem Sperrbildschirm angezeigt. Das in der Statusleiste platzierte Symbol bedeutet, dass Sie die Mitteilungszentrale mit einem Finger vom oberen Bildschirmrand nach unten ziehen können. In der Mitteilungszentrale werden Sie über anstehende Termine, das aktuelle Wetter sowie Börsenkurse informiert und erhalten außerdem Meldungen von verschiedenen Apps.

Unterhalb der Statusleiste wird neben der aktuellen Uhrzeit auch das aktuelle Datum eingeblendet. Wenn Sie Musik abspielen, können Sie das Cover des gerade wiedergegebenen Musiktitels auf dem Sperrbildschirm betrachten. Außerdem werden Funktionen zum Steuern der Wiedergabe eingeblendet.

Auf dem Sperrbildschirm unten in der Mitte finden Sie ebenfalls das vom oberen Displayrand bekannte Symbol . Hier zeigt es an, dass Sie das Kontrollzentrum mit einem Finger vom unteren Displayrand nach oben ziehen können. Das Kontrollzentrum bietet den Schnellzugriff auf wichtige iPhone-Funktionen – ich werde es Ihnen an anderer Stelle noch näherbringen.

Mit dem iPhone eine WLAN-Verbindung herstellen

Wie bereits erwähnt, können Sie mit Ihrem iPhone entweder übers Mobilfunknetz oder über ein WLAN ins Internet gehen. Der Internetzugang übers Mobilfunknetz bietet den Vorteil, dass Sie fast überall ins Internet kommen und dass Sie den Zugang nicht extra einrichten müssen – das Ganze ist über Ihren Mobilfunkvertrag geregelt.

Allerdings macht der Internetzugang übers Mobilfunknetz nur dann Spaß, wenn Sie über eine Datenflatrate mit unbegrenztem Übertragungsvolumen verfügen. Ansonsten machen Sie es so wie ich: Suchen Sie sich einen preisgünstigen Mobilfunkanbieter, um auch unterwegs eine Internetverbindung herstellen zu können, zu Hause gehen Sie jedoch per WLAN ins Internet. Voraussetzung ist auch hier ein entsprechender Vertrag mit dem Telefonanbieter oder Kabelnetzbetreiber sowie ein WLAN-Gerät, das vom Anbieter in vielen Fällen kostenlos zur Verfügung gestellt wird.

Im Zusammenhang mit dem WLAN-Gerät – dem WLAN-Router – ist insbesondere wichtig, dass dieser mit dem Internet verbunden ist und dass Sie das WLAN mit einem Passwort absichern. Bei mehreren WLANs in der Umgebung müssen Sie außerdem wissen, wie Ihr eigenes WLAN heißt. Falls Ihr WLAN-Gerät über eine Zugriffsliste verfügt, müssen Sie das iPhone dort gegebenenfalls zunächst hinzufügen, um eine WLAN-Verbindung herstellen zu können.

Wenn Sie eine Verbindung in einem fremden WLAN, z. B. in einem Hotel oder am Flughafen, herstellen möchten, ist die Vorgehensweise die gleiche wie zu Hause. Was Sie auf dem iPhone benötigen, ist der Name des WLANs sowie das zugehörige Passwort.

Sie kennen die Zugangsdaten? Dann ist das Herstellen einer WLAN-Verbindung auf dem iPhone eine Sache nur noch weniger Handgriffe.

1. Tippen Sie auf dem Home-Bildschirm des iPhones auf das graue Zahnradsymbol, das zum Öffnen der *Einstellungen* dient.

2. Wählen Sie in den *Einstellungen* – wiederum per Fingertipp – den Eintrag *WLAN*.

3. Die Option *WLAN* ist standardmäßig bereits aktiviert (wenn sie nicht aktiviert ist, dann aktivieren Sie sie). Warten Sie einen Augenblick, bis das WLAN vom iPhone erkannt und angezeigt wird. Tippen Sie dann auf den entsprechenden Eintrag.

4. Geben Sie das Passwort ein, mit dem das WLAN verschlüsselt ist. Bestätigen Sie mit *Verbinden*. Die WLAN-Verbindung wird daraufhin hergestellt. Wichtig ist: Groß- und Kleinschreibung beachten und nicht vertippen!

5. Dass die WLAN-Verbindung hergestellt wurde, erkennen Sie zum einen am Häkchen ✓ neben dem WLAN-Namen und zum anderen am Symbol 🛜 rechts neben dem Netzbetreiberlogo.

HINWEIS: Wenn das iPhone Zugang zu einem WLAN hat, nutzt es dieses automatisch für die Datenverbindung und lässt das Mobilfunknetz außen vor.

Tippen, Kneifen, 3D Touch: Lernen Sie die Bedienfunktionen des iPhones kennen

Die Bedienung des iPhones erfolgt recht intuitiv. Dennoch wird Ihnen der folgende Überblick über die wichtigsten Bedienfunktionen sicherlich hilfreich sein, damit Sie auch ganz sicher keine der Funktionen verpassen. Ich unterscheide dabei zwischen solchen Bedienfunktionen, die Sie mit den Tasten des iPhones durchführen, und solchen, die Sie auf dem Touchscreen ausführen.

Bedienung mit den Tasten

Mit den Funktionen des Ein-/Ausschalters habe ich Sie teilweise bereits vertraut gemacht: Sie halten diese Taste etwas länger gedrückt, um das iPhone einzuschalten, und auch, um es wieder auszuschalten. Drücken Sie die Taste hingegen nur kurz, um das iPhone zu sperren und um bei gesperrtem iPhone den Sperrbildschirm anzuzeigen.

Das Anzeigen des Sperrbildschirms bei gesperrtem iPhone kann alternativ mit der Home-Taste erfolgen. Mit dieser Taste wechseln Sie außerdem jederzeit von einer geöffneten App zurück zum Home-Bildschirm. Wenn Sie sich auf einer anderen Seite des Home-Bildschirms befinden, gelangen Sie durch Drücken der Home-Taste zurück zur ersten Seite. Und die Home-Taste hat noch mehr Funktionen zu bieten:

- Per Touch ID entsperren: Legen Sie den eingescannten Finger auf die Home-Taste, während Sie sich im Sperrbildschirm befinden, um das iPhone zu entsperren.

- Einhandmodus verwenden: Tippen Sie mit einem beliebigen Finger zweimal schnell hintereinander auf die Home-Taste (nicht drücken!), um den Einhandmodus zu verwenden. In diesem Modus werden die Displayinhalte nach unten verschoben, sodass Sie sie mit den Fingern einer Hand besser erreichen.

Tippen Sie zweimal schnell hintereinander auf die Home-Taste, um den Einhandmodus zu verwenden.

- Siri aktivieren: Halten Sie die Home-Taste gedrückt, um die Spracherkennung Siri zu aktivieren – Ihr iPhone hört Ihnen ab sofort zu und folgt Ihren Spracheingaben. Sollten Sie Siri abgeschaltet haben, wird durch das Gedrückthalten der Home-Taste eine einfache Sprachsteuerung aktiviert. Drücken Sie die Home-Taste einmalig, um die Spracherkennung bzw. Sprachsteuerung wieder zu beenden, ohne einen Befehl zu erteilen.

Die Abbildung links zeigt Siri, die Abbildung rechts die einfache Sprachsteuerung bei abgeschalteter Siri-Funktion. Die Aktivierung erfolgt jeweils durch Gedrückthalten der Home-Taste.

- **App-Umschalter einblenden:** Wenn Sie sich auf dem Home-Bildschirm befinden oder eine App geöffnet haben, drücken Sie zweimal schnell hintereinander auf die Home-Taste (nicht tippen!), um den App-Umschalter, die Multitasking-Ansicht, einzublenden. Multitasking bedeutet einfach, dass Sie mehrere Apps gleichzeitig verwenden und eben den App-Umschalter für den App-Wechsel nutzen. Der App-Umschalter enthält eine Übersicht der zuletzt geöffneten Apps, wobei Sie eine App durch Antippen auswählen. Zahlreiche Apps können selbst dann im Hintergrund weiterlaufen, wenn Sie sie geschlossen haben und eine andere App verwenden. Dies ist beispielsweise bei Apps für die Musikwiedergabe sowie bei Apps für die Navigation in der Regel der Fall.

Drücken Sie die Home-Taste zweimal schnell hintereinander, um zwischen den zuletzt geöffneten Apps zu wechseln.

- **Schnellzugriff auf Bedienungshilfen:** Durch dreimaliges Drücken der Home-Taste schnell hintereinander kann schließlich eine von Ihnen bestimmte Bedienungshilfe aktiviert werden, beispielsweise das Umkehren der Farben. Diese Funktion muss allerdings zunächst in den *Einstellungen* unter *Allgemein/Bedienungshilfen* und dort unter *Kurzbefehl* aktiviert werden.

Die Funktionen von Stummschalter und Lautstärketasten sind sowieso klar. Wenn Sie die Kamera verwenden, bieten die Lautstärketasten eine zusätzliche Option, um eine Foto- oder Videoaufnahme zu starten sowie eine Videoaufnahme auch wieder zu beenden.

> **Zum Widerrufen schütteln**
>
> Sie haben sich beim Schreiben vertippt oder möchten eine sonstige Eingabe widerrufen? Schütteln Sie Ihr iPhone (halten Sie es dabei gut fest, damit es Ihnen nicht aus der Hand gleitet) und Ihnen wird ein kleines Auswahlfenster angezeigt, in dem Sie sich für *Widerrufen* entscheiden.

Bedienung auf dem Touchscreen

Bei der Verwendung von Apps spielen die Tasten nur eine untergeordnete Rolle. Meistens erfolgt die Bedienung ausschließlich auf dem Touchscreen. Auch dazu ein kleiner Überblick:

- Mit dem Finger tippen: Diese Bedienfunktion kennen Sie bereits. Sie tippen auf ein App-Symbol, um die entsprechende App zu starten. Innerhalb einer App tippen Sie auf einen Menüpunkt oder in ein Formular, um die entsprechende Auswahl zu treffen.

- Tippen und Gedrückthalten (3D Touch): Durch das Tippen und Gedrückthalten lassen sich die verschiedensten Optionen aufrufen. Speziell das iPhone 6s und das iPhone 6s Plus erkennen dabei auch die Druckstärke und können dadurch gegenüber den anderen iPhones eine weitere Option anbieten. Ein Beispiel: Halten Sie auf einer Webseite einen Link leicht gedrückt, öffnen Sie damit ein Optionsmenü; drücken Sie den Link hingegen fest, wird das Linkziel in einem Pop-up-Fenster angezeigt (»Peek und Pop«). Und bei verschiedenen App-Symbolen auf dem Home-Bildschirm öffnen Sie durch festes Gedrückthalten ein Kontextmenü, beispielsweise bei der App *Telefon*, der App *Safari*, der App *Mail* etc. Das Tippen und Gedrückthalten bietet noch weitere Möglichkeiten: Halten Sie auf der iPhone-Tastatur eine Taste gedrückt, um weitere Zeichenvarianten einzublenden. Halten Sie Text gedrückt, um ihn zu markieren und gleichzeitig Copy-and-paste- sowie gegebenenfalls weitere Optionen einzublenden.

- Mit dem Finger doppeltippen: Auch das Doppeltippen dient in einigen Apps dem Markieren von Text, in anderen Apps, etwa der App *Karten*, bewirkt es eine Zoomfunktion, also ein Vergrößern der angetippten Inhalte.

> **Doppeltipp für die Tastatur**
>
> Auch auf der iPhone-Tastatur ist der Einsatz des Doppeltipps sehr nützlich. Vermissen Sie auf der Tastatur die Feststelltaste zur Eingabe mehrerer Großbuchstaben hintereinander? Doppeltippen Sie zum Feststellen auf die ⇧-Taste; ein erneuter Fingertipp auf die Taste löst die Feststellung wieder. Und wenn Sie Texte noch schneller eintippen möchten: Doppeltippen Sie am Satzende auf die Leerzeichen-Taste, um einen Punkt mit anschließendem Leerzeichen einzufügen.

- In eine Richtung streichen: Auch diese Bedienfunktion kennen Sie bereits. Streichen Sie mit dem Finger nach links, rechts, unten oder oben, um die entsprechenden Inhalte innerhalb einer Seite anzuzeigen bzw. um eine Seite zu wechseln. Übrigens: In einigen Fällen kann es von Bedeutung sein, ob Sie mit nur einem oder mit mehreren Fingern streichen.

Auf wichtige Funktionen im Kontrollzentrum zugreifen

Halten Sie auf der iPhone-Tastatur eine Taste gedrückt, um Zeichenvarianten einzublenden; halten Sie in einer App Text gedrückt, um diesen zu markieren.

- Daumen und Zeigefinger auseinanderbewegen: Diese Geste dient in vielen Apps dem Vergrößern der Displayinhalte; durch Zueinanderbewegen von Daumen und Zeigefinger auf dem Display werden die Inhalte wieder verkleinert.

Keine Bange: Sie müssen diese Bedienfunktionen nicht auswendig lernen – die meisten Funktionen entsprechen der intuitiven Anwendung, und bereits nach kurzer Zeit, die Sie mit Ihrem iPhone umgehen, werden sie Ihnen in Fleisch und Blut übergegangen sein. In den verschiedenen Apps können noch eine Reihe weiterer Gesten dazukommen, etwa das Drehen eines Elements durch eine Drehbewegung mit Daumen und Zeigefinger.

Auf wichtige Funktionen im Kontrollzentrum zugreifen

Für den Schnellzugriff auf wichtige Funktionen steht Ihnen auf Ihrem iPhone ein Kontrollzentrum zur Verfügung. Streichen Sie dieses mit dem Finger vom unteren Displayrand nach oben aufs Display – dies gelingt auf dem Home-Bildschirm genauso wie auf dem Sperrbildschirm. Der Zugriff auf dem Sperrbildschirm sowie von Apps aus lässt sich in den *Einstellungen* unter *Kontrollzentrum* auch abschalten.

Das Kontrollzentrum wird vom unteren Displayrand auf das Display gezogen; es bietet auf dem Home-Bildschirm und auf dem Sperrbildschirm identische Funktionen.

Im Kontrollzentrum finden Sie oben Symbole zum Aktivieren bzw. Deaktivieren folgender Funktionen:

- Aktivieren bzw. deaktivieren Sie mit diesem Symbol den Flugmodus. Im Flugmodus werden alle Datenverbindungen gekappt und auch die Telefoniefunktionen des iPhones deaktiviert. Der eingeschaltete Flugmodus wird auch durch das Symbol in der Statusleiste angezeigt.

- Aktivieren bzw. deaktivieren Sie mit diesem Symbol die WLAN-Verbindung. Eine bestehende WLAN-Verbindung wird, wie Sie bereits wissen, durch das Symbol in der Statusleiste angezeigt.

- Aktivieren bzw. deaktivieren Sie mit diesem Symbol die Bluetooth-Verbindung. Wenn eine Bluetooth-Verbindung – für die drahtlose Verbindung mit Bluetooth-Headsets, Bluetooth-Tasta-

Auf wichtige Funktionen im Kontrollzentrum zugreifen

turen, Bluetooth-Stereoanlagen etc. – besteht, wird dies durch das Symbol in der Statusleiste angezeigt.

- Aktivieren bzw. deaktivieren Sie mit diesem Symbol den Nicht-stören-Modus, den Sie beispielsweise nachts verwenden, um nicht von Klingel- und Signaltönen aufgeweckt zu werden. Der eingeschaltete Nicht-stören-Modus wird durch das Symbol in der Statusleiste angezeigt.

- Wenn Sie das iPhone im Quer- statt im Hochformat halten, wird in vielen Apps die Ausrichtung automatisch entsprechend angepasst. Falls Sie dies einmal nicht wünschen, aktivieren Sie mit diesem Symbol die Ausrichtungssperre. Diese wird durch das Symbol in der Statusleiste angezeigt.

Hier halte ich mein iPhone im Querformat, aber dank der Ausrichtungssperre bleiben die Displayinhalte im Hochformat.

> **Wie kann ich die mobilen Daten deaktivieren?**
>
> Was Sie im Kontrollzentrum nicht gesondert deaktivieren können, sind die mobilen Daten, sprich: der Datenaustausch übers Mobilfunknetz. Um diesen abzuschalten, gehen Sie in die *Einstellungen*. Wählen Sie dort den Eintrag *Mobiles Netz* und schalten Sie die Option *Mobile Daten* aus. Sie können dann weiterhin telefonieren und SMS schreiben, aber beispielsweise nicht mehr ohne WLAN-Verbindung E-Mails und iMessages austauschen oder Telefonate mit FaceTime durchführen.

Unterhalb der genannten Symbole sehen Sie einen Schieberegler zum Einstellen der Displayhelligkeit sowie verschiedene Funktionen zum Steuern der Musikwiedergabe. Außerdem erhalten Sie Zugriff auf die Funktionen AirDrop (zum direkten Datenaustausch mit anderen AirDrop-Nutzern) sowie AirPlay (zum Übertragen von Inhalten auf ein Zusatzgerät wie das Apple TV).

Ganz unten im Kontrollzentrum erhalten Sie mit vier weiteren Symbolen Zugriff auf Funktionen, die Sie im Alltag immer wieder gut gebrauchen können:

- Funktionieren Sie den in Ihr iPhone eingebauten LED-Blitz mit einem Fingertipp auf dieses Symbol in eine Taschenlampe um. Wichtig: Deaktivieren Sie die Taschenlampe durch einen erneuten Fingertipp auf das Symbol wieder, bevor Sie das iPhone wegstecken.

- Tippen Sie auf dieses Symbol, um Ihr iPhone zu verschiedenen Anlässen als Timer zu verwenden, etwa beim Backen einer Pizza. Wie der Timer genau funktioniert, werde ich Ihnen noch zeigen, wenn ich Ihnen die auf Ihrem iPhone bereits verfügbare Uhr-App vorstelle.

- Rufen Sie mit einem Fingertipp auf dieses Symbol die Standard-App *Rechner* auf. Ihr iPhone wird damit im Hochformat zu einem einfachen Taschenrechner für die Grundrechenarten – im Querformat erhalten Sie einen talentierten wissenschaftlichen Rechner mit erweiterten Funktionen.

Im Querformat bietet die App Rechner auch wissenschaftliche Rechenfunktionen.

- Schließlich finden Sie auch im Kontrollzentrum ein Symbol, um auf die Schnelle die App *Kamera* zu öffnen und keinen Schnappschuss zu verpassen. Sie erhalten sogar Zugriff auf die aufgenommenen Fotos, ohne das iPhone extra entsperren zu müssen.

Um das Kontrollzentrum zu schließen, schieben Sie es mit einem Finger einfach wieder zum unteren Displayrand oder Sie drücken alternativ die Home-Taste.

Zoomen, Texte vorlesen lassen und weitere clevere Bedienungshilfen einsetzen

Wie bereits erwähnt, lassen sich viele Inhalte in einer App größer anzeigen, indem Sie Daumen und Zeigefinger auf dem Display auseinanderbewegen, auf das Display doppeltippen oder auch, indem Sie das iPhone ins Querformat drehen, um die Displayinhalte auf diese Weise vergrößert darzustellen.

Wenn das einmal nicht funktionieren sollte, nutzen Sie die allgemeine Zoomfunktion, die das iPhone – nebst einer ganzen Reihe weiterer nützlicher Bedienungshilfen – bietet. Gerne würde ich Ihnen diese Funktionen im Folgenden vorstellen. Das Aktivieren einer Bedienungshilfe erfolgt jeweils in den *Einstellungen*, indem Sie sich dort für *Allgemein/Bedienungshilfen* entscheiden und dann die entsprechende Bedienungshilfe auswählen. Die Bedienungshilfen wurden zwar für Personen mit körperlichen Einschränkungen unterschiedlicher Art konzipiert, werden aber auch anderen Nutzern in vielfacher Hinsicht nützlich sein.

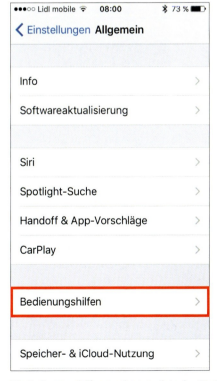 

Die Bedienungshilfen werden jeweils in den Einstellungen aktiviert bzw. wieder deaktiviert.

47

Wenn Sie sich in den *Einstellungen* für die *Bedienungshilfen* entscheiden, werden Ihnen folgende Funktionen angeboten:

Bedienungshilfe	Funktion
VoiceOver	Lassen Sie sich mit dieser Bedienungshilfe die Menüführung und Ihre sämtlichen Eingaben vorlesen. Sogar Blindenschriftgeräte lassen sich verbinden. Aber aufgepasst: Das Aktivieren von VoiceOver verändert die Bedienfunktionen des iPhones!
Zoom	Wenn Sie diese Funktion aktivieren, wird auf dem iPhone-Display eine Lupe eingeblendet, die Sie mit dem Finger nach oben und unten ziehen können. Zum Aus- und erneuten Einblenden der Lupe doppeltippen Sie mit drei Fingern auf das Display.
Farben umkehren	Auch diese Funktion ist in erster Linie als Bedienungshilfe bei Sehproblemen gedacht, sie kann jedoch auch bei starker Sonneneinstrahlung nützlich sein. Wenn Sie die Option *Farben umkehre*n aktivieren, werden die Displayinhalte prompt invertiert dargestellt.

Zoomen, Texte vorlesen lassen und weitere Bedienungshilfen einsetzen

Bedienungshilfe	Funktion
Graustufen	Diese Funktion aktivieren Sie, um das iPhone-Display in einen Schwarz-Weiß-Monitor zu verwandeln.
Sprachausgabe	Sie möchten sich von Ihrem iPhone E-Mails und weitere Texte vorlesen lassen? Dann aktivieren Sie unter *Sprachausgabe* die Option *Auswahl sprechen*. Wenn Sie anschließend in einer App Text markieren, wird Ihnen das Sprechen des markierten Textes angeboten. Aktivieren Sie hingegen die Option *Bildschirminhalt sprechen*, ziehen Sie mit zwei Fingern vom oberen Displayrand nach unten, um sämtliche Displayinhalte vorzulesen.
Größerer Text	Sie möchten die Textgröße in verschiedenen Apps wie z. B. Mail, Kontakte oder Kalender generell erhöhen? Hierzu entscheiden Sie sich einfach unter *Größerer Text* für die gewünschte Textgröße.
Fetter Text	Für noch bessere Lesbarkeit der Texte aktivieren Sie in den Bedienungshilfen zusätzlich diese Option.
Tastenformen	Wenn Sie diese Option einstellen, werden Menüpunkte in den *Einstellungen* sowie in den verschiedenen Apps etwas deutlicher dargestellt.
Kontrast erhöhen	Dieser Eintrag bietet Ihnen drei Optionen zur Erhöhung des Kontrastes, nämlich *Transparenz reduzieren*, *Farben abdunkeln* sowie *Weißpunkt reduzieren*.

Bedienungshilfe	Funktion
Bewegung reduzieren	Mit dieser Funktion werden unnötige Bewegungen auf dem Display abgeschaltet.
Ein/Aus-Beschriftungen	Mit dieser Option blenden Sie zur besseren Erkennbarkeit zusätzliche Symbole auf den Ein-/Ausschaltern in den *Einstellungen* ein.
Schaltersteuerung	Dank der Schaltersteuerung lässt sich das iPhone auf vielfältige Weise bedienen – unter anderem auch durch Kopfbewegungen. Aktivieren Sie dazu in den Bedienungshilfen unter *Schaltersteuerung* die Option *Schaltersteuerung*. Tippen Sie dann auf *Schalter* und wählen Sie *Neuen Schalter hinzufügen*. Entscheiden Sie sich für die »Quelle« *Kamera* und bestimmen Sie anschließend, welche Aktion bei einer Kopfbewegung nach links oder rechts ausgeführt werden soll.
AssistiveTouch	Sie möchten Ihr iPhone lediglich durch Tippen mit dem Finger bedienen? Dank AssistiveTouch lässt sich auch das problemlos bewerkstelligen. Nachdem Sie diese Bedienungshilfe aktiviert haben, erscheint links oben auf dem Display das Symbol . Tippen Sie dieses Symbol an, um unter den verschiedenen Bedienfunktionen auswählen zu können. Mit einem Fingertipp auf *Neue Geste erstellen* lassen sich benötigte Gesten individuell festlegen.

Zoomen, Texte vorlesen lassen und weitere Bedienungshilfen einsetzen

Bedienungshilfe	Funktion
Touch-Anpassungen	Wenn Sie Probleme mit der Bedienung auf dem Touchscreen haben, nehmen Sie mit dieser Bedienungshilfe Anpassungen vor, etwa die Zeit, die vergehen muss, damit das Antippen mit dem Finger als solches erkannt wird.
3D Touch	Legen Sie hier die Druckempfindlichkeit für den 3D Touch fest, falls Ihnen die Standard-Druckempfindlichkeit nicht zusagt.
Tastatur	Gefällt Ihnen die neue Tastatur mit den Kleinbuchstaben nicht? Hier können Sie diese abschalten und auch Einstellungen für eine über Bluetooth verbundene Tastatur vornehmen.
Zum Widerrufen schütteln	Diese Funktionen kennen Sie bereits: Sie schütteln das iPhone, um eine Fehleingabe zu korrigieren. Wenn Sie die Funktion nicht nutzen möchten, lässt sie sich an dieser Stelle deaktivieren.
Vibration	Das iPhone kann Hinweise auch durch Vibrationen ausgeben. Entscheiden Sie per Schalter, ob Sie die Vibrationen nutzen möchten oder nicht.
Anrufaudioausgabe	Unter diesem Eintrag können Sie festlegen, ob die Anrufannahme immer auf einem Headset oder dem Lautsprecher erfolgen soll.

Bedienungshilfe	Funktion
Home-Taste	Wie schnell muss das doppelte oder dreifache Drücken der Home-Taste erfolgen, um als Doppel- bzw. Dreifachtipp erkannt zu werden? Hier passen Sie die Geschwindigkeit an Ihre Bedürfnisse an.
Einhandmodus	Möchten Sie den Einhandmodus per Doppeltipp auf die Home-Taste aufrufen können oder nicht? Auch dies bestimmen Sie per Schalter in den Bedienungshilfen.
Hörgeräte	Wenn Sie über ein Hörgerät mit entsprechender Funktion verfügen, lässt sich dieses unter *Hörgeräte* mit dem iPhone verbinden.
LED-Blitz bei Hinweisen	Aktivieren Sie diese Option, wenn Ihnen der Hinweiston und die Vibration beim Eingehen von neuen E-Mails und Co. nicht ausreichen und Sie sich zusätzlich noch einen Hinweis durch den eingebauten LED-Blitz wünschen.
Mono-Audio	Schalten Sie mit dieser Option vom Stereoklang auf Monoklang um, falls Sie mit dem Stereoklang Probleme haben sollten.
Geräuschunterdrückung	Diese Funktion dient dem Ausblenden von Hintergrundgeräuschen während Telefonaten, sofern Sie nicht die Freisprechfunktion nutzen.
Lautstärkebalance	Per Schieberegler sorgen Sie für eine perfekte Lautstärkebalance zwischen dem linken und rechten Gehörgang.
Untertitel & erweiterte Untertitel	Diese Möglichkeit dient dem Einblenden von Untertiteln bei der Videowiedergabe.

Zoomen, Texte vorlesen lassen und weitere Bedienungshilfen einsetzen

Bedienungshilfe	Funktion
Audiobeschreibungen	Sofern in einem Medium Audiobeschreibungen enthalten sind, können Sie mit dieser Option deren Wiedergabe aktivieren.
Geführter Zugriff	Verwenden Sie den geführten Zugriff, um das Aktivieren nicht gewünschter Funktionen von vornherein auszuschließen oder bei bestimmten Funktionen eine »Kindersicherung« für andere Nutzer einzubauen. Wenn der geführte Zugriff aktiviert ist, öffnen Sie eine beliebige App und drücken dreimal schnell hintereinander die Home-Taste, um nun einzelne Funktionen der App durch Einkreisen zu deaktivieren. Unter der *Optionen*-Schaltfläche links unten lassen sich außerdem allgemeine Bedienfunktionen deaktivieren.
Kurzbefehl	Hier schließlich entscheiden Sie, welche Bedienungshilfe Sie durch dreimaliges Drücken der Home-Taste schnell hintereinander aufrufen möchten. Wenn Sie nur eine Bedienungshilfe auswählen, wird diese direkt aktiviert, bei mehreren ausgewählten Bedienungshilfen erhalten Sie beim Dreifachklick ein entsprechendes Auswahlmenü.

Einige der Bedienungshilfen erfordern eine gewisse Einarbeitung, doch die kann sich für Sie in jedem Fall lohnen!

Die iPhone-Tastatur gekonnt einsetzen

Machen Sie sich nun noch etwas näher mit der iPhone-Tastatur vertraut. Das Tippen auf der iPhone-Tastatur erfolgt recht komfortabel. Ihnen werden oberhalb der Tastatur während des Eintippens jeweils Wortvorschläge unterbreitet, die Sie einfach durch Antippen auswählen können. Um beim Eintippen auf der iPhone-Tastatur größere Tasten zu erhalten, drehen Sie das Gerät ins Querformat. Wenn Sie nicht die vergrößerte Ansicht gewählt haben, bietet Ihnen die Tastatur im Querformat zudem einige zusätzliche Tasten.

Die Tastatur wird jeweils automatisch aktiviert, wenn Sie in ein Eingabefeld oder in ein Dokument tippen. Je nach App kann sich die Tastatur leicht unterscheiden, sie bietet aber grundsätzlich vier Ebenen:

- **Buchstaben:** Diese Tastaturebene wird in den allermeisten Fällen automatisch aktiviert. Sie dient der Eingabe von Text, aber z. B. auch zur Eingabe von E-Mail-Adressen in der App *Mail* oder von Webadressen in der App *Safari*. Von der Zahlen- und Zeichen-Tastaturebene wechseln Sie per ABC-Taste zurück zur Buchstaben-Tastaturebene.

- **Zahlen:** Zu dieser Tastaturebene gelangen Sie durch Drücken der Taste 123 links unten auf der Buchstaben- sowie der Zeichen-Tastaturebene. Geboten werden Ihnen hier die Ziffern 0–9 und die wichtigsten Sonderzeichen.

- **Zeichen:** Diese Tastaturebene, die Sie über die Taste #+= auf der Zahlen-Tastaturebene aufrufen, bietet weitere Zeichen, die hin und wieder, aber nicht ganz so häufig benötigt werden.

Für Ihre Mails nach Frankreich oder China: weitere Tastaturen hinzufügen

- **Symbole:** Möchten Sie Smileys oder andere Emoticons in eine Nachricht einbauen? Dann entscheiden Sie sich auf der iPhone-Tastatur für die ☺-Taste. Wählen Sie ein Symbol per Fingertipp aus. Um wieder zu den anderen Tastaturebenen zurückzukommen, tippen Sie auf die ABC-Taste.

Wie bereits im Zusammenhang mit den Bedienfunktionen erwähnt: Durch das Gedrückthalten einiger Tasten erhalten Sie eine Auswahl zusätzlicher Zeichenvarianten.

Für Ihre Mails nach Frankreich oder China: weitere Tastaturen hinzufügen

Die iPhone-Tastatur kann noch viel mehr Zeichen! Aktivieren Sie mit wenigen Handgriffen weitere Tastaturen, wenn Sie E-Mails und andere Texte in fremden Sprachen versenden möchten. Das geht so:

1. Öffnen Sie auf dem Home-Bildschirm die *Einstellungen* und entscheiden Sie sich unter *Allgemein* relativ weit unten für den Eintrag *Tastatur*.

2. Wählen Sie im nächsten Schritt den Eintrag *Tastaturen*.

3. Die bereits vorhandene Standardtastatur sowie die unter iOS 9 standardmäßig aktivierte Emoji-Tastatur werden Ihnen angezeigt. Tippen Sie darunter auf *Tastatur hinzufügen*.

4. Wählen Sie die gewünschte zusätzliche Tastatur aus. Hier z. B. entscheide ich mich für das Hinzufügen einer französischen Tastatur.

> **HINWEIS:** Seit iOS 8 lassen sich im Menü aus Schritt 4 auch Tastaturen von Drittanbietern auswählen – Sie müssen nur die entsprechende App installiert haben. Auf diese Weise lässt sich das Tastaturlayout Ihres iPhones ganz individuell anpassen.

5. Tippen Sie auf der iPhone-Tastatur auf die nun angezeigte Taste 🌐, halten Sie diese gedrückt und wählen Sie im Menü die gewünschte Tastatur aus.

> **So löschen Sie auf dem iPhone**
>
> Sie benötigen eine Tastatur nicht mehr und möchten diese wieder löschen? Tippen Sie die Tastatur in der Übersicht aus Schritt 3 an und ziehen Sie den Finger auf dem Eintrag nach links. Es erscheint eine *Löschen*-Schaltfläche, die Sie antippen, um die Tastatur zu entfernen. Diese Option zum Löschen steht nicht nur in den iPhone-Einstellungen, sondern auch in vielen Apps zur Verfügung. Eine alternative, ebenfalls häufige Methode zum Löschen: Wählen Sie *Bearbeiten* und tippen Sie dann auf das erscheinende Symbol ⊖.

Per Bluetooth eine richtige Tastatur verbinden

Das Eintippen von Texten auf der Touchscreen-Tastatur sagt Ihnen nicht zu? Dann können Sie Ihrem iPhone die Texte auch diktieren, wie ich es in Kapitel 6 noch detailliert beschreiben werde. Oder Sie schließen per Bluetooth-Technologie drahtlos eine externe Tastatur an. Solche Bluetooth-Tastaturen sind – in verschiedenen Formen, etwa auch zum Zusammenrollen – bereits für etwa 20 Euro erhältlich.

Wie das Verbinden mit dem iPhone erfolgt, zeige ich Ihnen am Beispiel einer Bluetooth-Mini-Tastatur des Herstellers GeneralKeys:

1. Achten Sie zunächst darauf, dass auf Ihrem iPhone Bluetooth aktiviert ist. Falls dies nicht der Fall sein sollte, aktivieren Sie es im Kontrollzentrum bzw. in den *Einstellungen* unter *Bluetooth*.

2. Schalten Sie die Bluetooth-Tastatur ein. Bei meiner Tastatur befindet sich der Ein-/Ausschalter auf der Rückseite des Gerätes. Aktivieren Sie außerdem die Bluetooth-Verbindung. Bei meiner Tastatur muss ich hierzu mit einer aufgebogenen Büroklammer in ein kleines Loch rechts hinten in der Tastatur drücken.

3. Das iPhone erkennt automatisch, dass ein Bluetooth-Gerät in der Nähe zur Verfügung steht. Tippen Sie die angezeigte Tastatur in den *Einstellungen* unter *Bluetooth* an.

4. Nun muss das Herstellen der Verbindung noch bestätigt werden, in diesem Fall durch einen vierstelligen Code, der auf der Tastatur eingetippt und per ⏎-Taste bestätigt wird. Anschließend steht die Verbindung und Sie können Ihre Texte ab sofort auch mit der Bluetooth-Tastatur eingeben.

Auf die gleiche Weise lassen sich auch weitere Geräte wie Bluetooth-Headsets, Bluetooth-Stereoanlagen oder Bluetooth-Freisprecheinrichtungen mit dem iPhone verbinden. Bluetooth taugt allerdings nur für einen relativ geringen Geräteabstand von ca. 10 m ohne Mauer dazwischen.

Die iPhone-Grundeinstellungen

Nehmen Sie an dieser Stelle einige Grundeinstellungen für das iPhone vor. Öffnen Sie dazu auf dem Home-Bildschirm die *Einstellungen*. Nehmen Sie anschließend die gewünschten Änderungen vor – diese Einstellungen sind optional, Sie entscheiden selbst, welche davon Sie festlegen möchten.

Hintergrundbild ändern

Der Standardhintergrund auf dem iPhone ist Ihnen zu dunkel oder Sie wünschen sich einfach etwas Abwechslung auf dem Display? Richten Sie mit wenigen Fingertipps ein anderes Hintergrundbild ein – dabei kann es sich um einen auf dem iPhone bereits verfügbaren Standardhintergrund handeln oder aber um ein selbst aufgenommenes Foto. Für den Home-Bildschirm und den Sperrbildschirm lassen sich zudem verschiedene Hintergrundbilder festlegen.

Zum Ändern des Hintergrundbildes entscheiden Sie sich in den iPhone-Einstellungen für den Eintrag *Hintergrundbild* und tippen dann auf *Neuen Hintergrund wählen*.

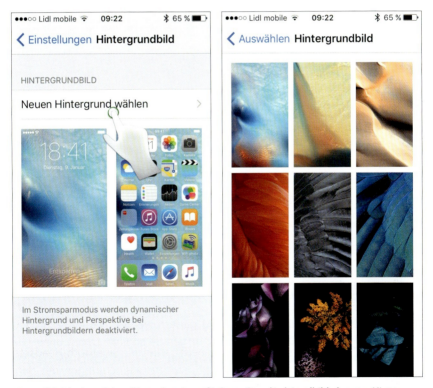

Hier wähle ich ein auf dem iPhone bereits verfügbares Standardeinzelbild als neues Hintergrundbild aus.

Suchen Sie nun entweder einen dynamischen Hintergrund (mit Bewegung) aus, ein Standardeinzelbild oder eine auf dem iPhone gespeicherte Aufnahme. (Wie Sie mit dem iPhone 6s bzw. iPhone 6s Plus erstklassige Fotos aufnehmen, lesen Sie in Kapitel 10.)

Bestätigen Sie, nachdem Sie ein Hintergrundbild ausgewählt haben, mit *Sichern* und entscheiden Sie anschließend per Menüauswahl, ob Sie das Bild nur auf dem Home-Bildschirm, nur auf dem Sperrbildschirm oder aber auf beiden Bildschirmen einsetzen möchten. Das neue Hintergrundbild wird anschließend wie von Ihnen gewünscht dargestellt.

 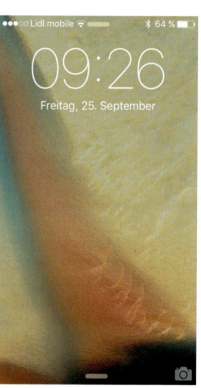

In diesem Fall soll das neue Hintergrundbild nur auf dem Sperrbildschirm dargestellt werden – was prompt erfolgt.

Wichtige Einstellungen zum Datenschutz vornehmen

Damit Sie als iPhone-Nutzer nicht völlig gläsern werden, legen Sie großen Wert auf den Datenschutz und geben nur gerade so viele Daten preis, wie es für bestimmte Zwecke unbedingt notwendig ist. Grundsätzlich werden Sie bei der Nutzung einer App gefragt, wenn die App auf Ihren Standort, auf Ihre Kontakte und auf weitere Daten zugreifen möchte. Die entsprechende Erlaubnis lässt sich selbstverständlich auch wieder entziehen.

Die iPhone-Grundeinstellungen

Für die Konfiguration des Datenschutzes tippen Sie in den *Einstellungen* auf den Eintrag *Datenschutz*. Tippen Sie nun die einzelnen Einträge an, um herauszufinden, welche Apps auf welche Daten zugreifen, also auf *Ortungsdienste*, *Kontakte*, *Kalender*, *Erinnerungen*, *Fotos*, *Bluetooth-Freigabe*, *Mikrofon*, *Kamera*, *Health*, *HomeKit* sowie *Aktivitätsdaten*, aber auch auf Ihren Twitter- oder Facebook-Account.

Um einer App den Zugriff auf die entsprechenden Daten zu verbieten, deaktivieren Sie einfach den zugehörigen Schalter bzw. aktivieren wie bei den Ortungsdiensten die Zugriffsoption *Nie*.

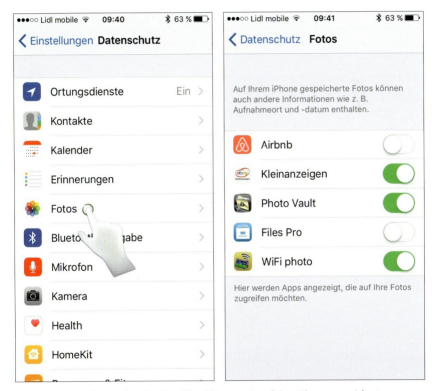

Hier verweigere ich einer App den Zugriff auf die von mir auf dem iPhone gespeicherten Aufnahmen.

In den *Einstellungen* unter *Datenschutz* finden Sie auch noch zwei verstecktere Optionen, die für den Datenschutz aber nicht ganz unwesentlich sind. Die erste Einstellung betrifft das Ad-Tracking, das dazu dienen soll, dass Sie von Werbetreibenden maßgeschneiderte Werbung erhalten – dass dies eine gewisse Beobachtung voraussetzt, ist klar.

Um die diesbezüglichen Einstellungen zu prüfen, tippen Sie ganz unten unter *Datenschutz* auf den Eintrag *Werbung*. Achten Sie darauf, dass der Schalter

61

Kein Ad-Tracking aktiviert ist. Mit der Schaltfläche *Ad-ID zurücksetzen* lassen sich bislang über Sie gesammelte Daten löschen.

Auf Ad-Tracking durch Werbetreibende verzichten Sie zugunsten des Datenschutzes.

Die zweite verstecktere Einstellung betrifft den Zugriff von Systemdiensten auf Ihren Standort. Wählen Sie unter *Datenschutz* den Eintrag *Ortungsdienste* und tippen Sie unten auf *Systemdienste*, um eine Übersicht zu erhalten. Die Option *Ortsabhängige iAds* sollten Sie beispielsweise in jedem Fall deaktivieren – sie dient dazu, Ihnen standortbasierte Werbung unterzujubeln.

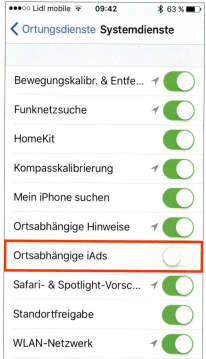

Die Systemdienste greifen heimlich auf Ihren Standort zu, ohne dass Sie darüber informiert werden – werfen Sie deshalb einen genauen Blick darauf!

Die iPhone-Grundeinstellungen

> **Diagnose- und Nutzungsdaten einsehen**
>
> Dass Sie auf das Senden Ihrer Diagnose- und Nutzungsdaten lieber verzichten sollten, habe ich Ihnen bereits empfohlen. Die entsprechenden Daten können Sie sich auch selbst ansehen, und zwar unter *Datenschutz*, indem Sie dort unten *Diagnose & Nutzung* wählen und sich dann für den Eintrag *Diagnose- & Nutzungsdaten* entscheiden. Sie werden mit diesen Daten zwar nicht viel anfangen können, aber interessant ist das Betrachten derselben allemal.

Weitere nützliche Grundeinstellungen im Überblick

Hier noch ein paar weitere kleinere Grundeinstellungen, die Ihnen bei der Verwendung Ihres iPhones nützlich sein könnten:

- **Batterieladung in %:** Standardmäßig wird die Akkuladung in der Statusleiste durch ein Batteriesymbol dargestellt, das je nach Ladestand mehr oder weniger gefüllt ist. Eine zusätzliche Prozentangabe erhalten Sie, wenn Sie sich in den *Einstellungen* unter *Allgemein* für den Eintrag *Batterie* entscheiden und anschließend den Schalter *Batterieladung in %* aktivieren. Bei einem Akkuladestand von 20 %, 10 % sowie 5 % erhalten Sie so oder so jeweils Warnmeldungen und das Angebot, in den Stromsparmodus zu  wechseln. Frühestens, wenn Sie eine solche Warnmeldung erhalten, sollten Sie Ihr iPhone wieder (voll) aufladen.

- **iPhone-Name ändern:** Möchten Sie Ihrem iPhone einen anderen Namen geben? Entscheiden Sie sich dazu in den *Einstellungen* unter *Allgemein* für *Info*. Tippen Sie den standardmäßig vergebenen Namen an und geben Sie den ge-  wünschten neuen Namen ein. Unter *Info* finden Sie übrigens auch viele wichtige Daten zu Ihrem iPhone: die IMEI, die Seriennummer, die WLAN-Adresse, eine Angabe zum verfügbaren Speicher etc.

- **Automatische Sperre einrichten:** Nach welchem Zeitraum der Nichtnutzung soll das iPhone gesperrt und das Display abgeschaltet werden? Wählen Sie in den *Einstellungen* unter *Allgemein* den Eintrag *Automatische Sperre*, um Ihren Wunschzeitraum festzulegen. Um den Akku nicht unnötig zu belasten, sollte der Zeitraum möglichst kurz gewählt werden, allerdings kann es für die optimale Nutzung einiger Apps hilfreich sein, die automatische Sperre zu verhindern.

- **Auto-Korrektur abschalten:** Wenn Sie sich in den *Einstellungen* unter *Allgemein* für den Eintrag *Tastatur* entscheiden, sehen Sie, dass die Optionen für die Rechtschreibprüfung und -korrektur standardmäßig bereits aktiviert sind. Besonders die Option *Auto-Korrektur* kann sich aber mitunter als störend erweisen, da häufig von Ihnen richtig geschriebene Wörter vom iPhone durch andere Wörter ersetzt werden, ohne dass dies von Ihnen gewünscht ist. Deaktivieren Sie die Option einfach! Zurückhaltender ist da schon die Option *Korrektur*. Bei dieser Option werden (vermeintliche) Fehler lediglich unterstrichen. Wenn Sie ein unterstrichenes Wort antippen, werden Ihnen alternative Wörter vorgeschlagen und Sie können bei Bedarf eines auswählen. Auch die Option *Vorschläge* ist nicht jedermanns Sache. Diese Möglichkeit betrifft die Wortvorschläge, die Ihnen beim Eintippen oberhalb der Tastatur gemacht werden. Wenn Sie die Funktion als störend empfinden, deaktivieren Sie sie ebenfalls!

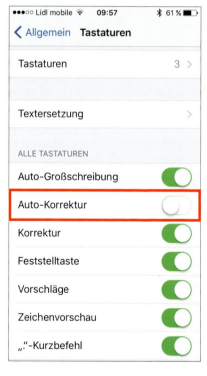

Das iPhone bietet natürlich noch viele weitere Einstellungsmöglichkeiten. Stöbern Sie gerne selbst ein wenig in den iPhone-Einstellungen herum. Weitere wichtige Optionen werden Sie allerdings auch noch im Verlauf dieses Buches kennenlernen.

Ihr iPhone als WLAN- oder Bluetooth-Hotspot einsetzen

Sofern Ihr Mobilfunkanbieter es gestattet, lässt sich das iPhone auch als WLAN-, Bluetooth- oder USB-Hotspot einsetzen. Das bedeutet schlicht, dass Sie die mobile Datenverbindung anderen Geräten, etwa einem Notebook, drahtlos (WLAN bzw. Bluetooth) oder über den USB-Anschluss zur Verfügung stellen: Die Internetverbindung wird zwar mit dem iPhone hergestellt, aber Sie surfen auf dem Notebook im Internet. Und so funktioniert es:

1. Öffnen Sie die iPhone-Einstellungen und entscheiden Sie sich für den Eintrag *Persönlicher Hotspot*.

2. Aktivieren Sie die Option *Persönlicher Hotspot*. Das automatisch erstellte WLAN-Passwort können Sie verwenden oder es durch ein einfacheres Passwort ersetzen. Der persönliche Hotspot ist nun aktiviert.

3. Der Hotspot kann jetzt auf dem anderen Gerät ausgewählt werden, hier stelle ich die Verbindung beispielsweise auf einem Windows-Rechner her. Dazu muss lediglich das iPhone ausgewählt und das auf dem iPhone angegebene WLAN-Passwort eingegeben werden.

> **VPN-Verbindung herstellen**
>
> Mit dem iPhone können Sie eine Verbindung zu einem VPN – einem virtuellen privaten Netzwerk, z. B. einem Firmennetzwerk – herstellen: Entscheiden Sie sich in den *Einstellungen* unter *Allgemein* dazu für den Eintrag *VPN*, wählen Sie *VPN hinzufügen* und geben Sie die vom Systemadministrator mitgeteilten Zugangsdaten ein.

Die Spotlight-Suche ganz nach Ihren Bedürfnissen einrichten

Wenn Sie auf dem iPhone-Display eine Streichbewegung von oben nach unten vollführen oder wenn Sie zur Suchseite links neben dem Home-Bildschirm blättern, werden Ihnen ein Suchfeld sowie diverse Siri-Vorschläge angezeigt.

Mit der Spotlight-Suche durchsuchen Sie nicht nur das iPhone, sondern auch den iTunes Store und das Internet.

Die Spotlight-Suche ganz nach Ihren Bedürfnissen einrichten

Tippen Sie einen Vorschlag an, um diesen aufzurufen. Um eine individuelle Suche zu starten, geben Sie einen Suchbegriff in das Suchfeld ein – die Suche erfolgt sowohl auf dem iPhone als auch im iTunes Store sowie im Internet. Bereits während der Texteingabe werden Ihnen passende Treffer angezeigt. Sie können auch mehrere Wörter eingeben, um die Suche bei vielen Treffern einzugrenzen – die Wörter werden durch ein unsichtbares UND verknüpft. Tippen Sie ein gefundenes Element an, um es zu öffnen.

Wenn Sie die Spotlight-Suche regelmäßig verwenden, beispielsweise um Ihre Apps zu finden und zu öffnen, sollten Sie die Funktion für Sie ideal einrichten. Um festzulegen, welche Elemente in der Spotlight-Suche angezeigt werden, gehen Sie so vor:

1. Tippen Sie in den iPhone-Einstellungen unter *Allgemein* auf den Eintrag *Spotlight-Suche*.

2. Entscheiden Sie zunächst per Schalter, ob Sie die Siri-Vorschläge erhalten möchten oder nicht.

3. Nun bestimmen Sie – wiederum per Schalter – welche Apps in die Spotlight-Suche einbezogen werden sollen.

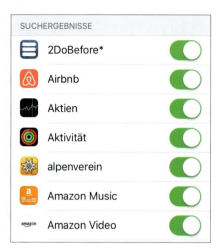

> **Internetsuche vs. Datenschutz**
>
> Noch mal zum Thema Datenschutz: Standardmäßig sind auch die Optionen *Siri-Vorschläge* sowie *Bing-Suchergebnisse* aktiviert, die Ihnen zu Ihrem Suchbegriff passende Treffer aus dem Internet liefern. Beachten Sie jedoch, dass Ihre Eingaben dazu an Apple bzw. Microsoft gesendet werden. Wenn Sie ausschließlich auf dem iPhone suchen möchten, deaktivieren Sie die beiden Optionen.

Kapitel 3
Alles über Apps

Mit Ihrem iPhone können Sie viel, viel mehr machen als nur zu telefonieren, zu kommunizieren, zu organisieren und was Sie sonst noch von einem Smartphone erwarten würden – Sie werden all diese Funktionen in den nachfolgenden Kapiteln noch ausführlich kennenlernen. Dank weit über einer Million im App Store verfügbarer Apps lässt sich der Funktionsumfang des iPhones beinahe beliebig erweitern. Rüsten Sie komplette Wörterbücher und Sprachführer, vollwertige Navigationssysteme, Office-Apps, Instrumente-Apps, Shopping-Apps und viele weitere Apps nach. In diesem Kapitel erfahren Sie ganz genau, wie das richtig geht.

Die besten Apps sofort finden

Voraussetzung für die Nutzung des App Stores ist, dass Sie über eine Apple-ID verfügen. Zum Herunterladen kostenpflichtiger Apps müssen Sie diese mit Zahlungsdaten hinterlegen, Ihre diesbezüglichen Möglichkeiten stelle ich Ihnen gleich noch vor.

Zunächst machen Sie sich mit den Rubriken des App Stores vertraut, um jederzeit die besten Apps zu den von Ihnen gewünschten Themen zu finden. Öffnen Sie den App Store, indem Sie auf dem Home-Bildschirm das entsprechende Symbol antippen.

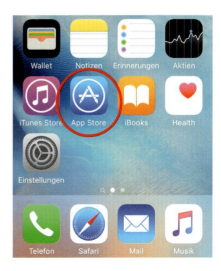

69

Highlights

Diese Rubrik im App Store ist eine spannende Anlaufstelle. Es werden Ihnen zahlreiche interessante Apps aus unterschiedlichen Bereichen vorgestellt, und auch verschiedene App-Sammlungen für Einsteiger sind hier zu finden.

Die Highlights im App Store.

Ebenfalls interessant: Jede Woche wird eine »App der Woche« gratis angeboten. Die Highlights haben allerdings eher Magazincharakter, sodass Sie etwas Zeit zum Stöbern mitbringen sollten. Für die gezielte App-Suche sind die Highlights nicht geeignet.

Topcharts

Eine exzellente Anlaufstelle zum Herunterladen neuer Apps ist die Rubrik *Topcharts*. Während die Highlights von Apple-Mitarbeitern zusammengestellt werden, entscheiden über die Topcharts die iPhone-Nutzer selbst. Hier finden Sie die am häufigsten gekauften Apps, die am häufigsten heruntergeladenen Gratis-Apps sowie die umsatzstärksten Apps. Sie können sicher sein: Tolle App-Angebote landen früher oder später auch in den Topcharts. Werfen Sie deshalb regelmäßig einen Blick in diese Rubrik!

Die besten Apps sofort finden

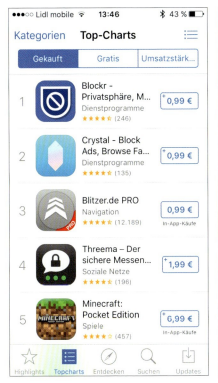

Die Topcharts im App Store.

Kategorien

Wenn Sie die Rubrik *Highlights* oder *Topcharts* aufrufen, finden Sie links oben jeweils die Schaltfläche *Kategorien*. Tippen Sie diese an, wenn Sie sich für Apps zu bestimmten Themen interessieren, etwa Fitness-Apps oder Apps zur Verwaltung Ihrer Finanzen. Ihnen werden dann entweder App-Highlights aus der gewählten Kategorie angezeigt oder eben die Topcharts aus einer Kategorie.

Lassen Sie Highlights und Topcharts aus einer von Ihnen gewählten Kategorie anzeigen.

71

Entdecken

Wenn Sie noch mehr stöbern möchten, entscheiden Sie sich für die Rubrik *Entdecken*. Hier werden Apps ebenfalls nach Kategorien aufgelistet. Gleichzeitig erhalten Sie eine Übersicht über die beliebtesten Apps aus einer Kategorie.

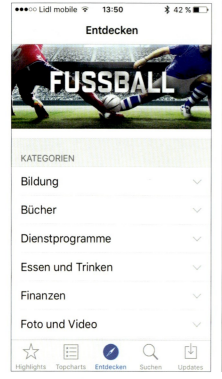 

Die Rubrik »Entdecken« im App Store.

> **Ortsbasierte App-Vorschläge erhalten**
>
> Auf Ihrem iPhone werden Ihnen, wenn Sie dem App Store den Zugriff auf die Ortungsdienste gestattet haben, in der Rubrik *Entdecken* auch ortsbasierte App-Vorschläge angezeigt. Wenn Sie sich in der Nähe einer Örtlichkeit befinden, die eine App anbietet – also z. B. in der Nähe eines großen Fast-Food-Restaurants – wird Ihnen die Verwendung der auf dem iPhone bereits installierten oder im App Store verfügbaren App vorgeschlagen. Wenn Sie diese App-Vorschläge nicht wünschen, deaktivieren Sie sie in den iPhone-Einstellungen, indem Sie unter *App und iTunes Stores* den Schalter im Abschnitt *App-Vorschläge* deaktivieren.

Die besten Apps sofort finden

Suchen

Falls Sie die Kategorien nicht ergiebig finden, suchen Sie einfach nach Apps zu bestimmten Themen bzw. nach dem Namen einer bestimmten App. Hierzu entscheiden Sie sich im App Store für die Rubrik *Suchen*. Tippen Sie Ihren Suchbegriff ein – oder auch mehrere Wörter, die dann durch ein unsichtbares UND verknüpft werden. Wählen Sie entweder einen der Suchvorschläge aus oder tippen Sie auf *Suchen*, um Apps zu finden, die zu Ihrer Suche passen. Die Suchfunktion kann auf dem iPhone 6s oder 6s Plus im Menü ausgewählt werden, das bei Gedrückthalten des *App Store*-Symbols geöffnet wird.

Durchsuchen Sie den App Store nach Ihren Begriffen.

Stöbern Sie eine Zeit lang im App Store herum, bevor Sie loslegen, Apps herunterzuladen. Grundsätzlich gilt: Sämtliche Apps werden von Apple relativ gründlich geprüft, bevor diese im App Store veröffentlicht werden. Das Ganze ist also – im Hinblick auf Schadsoftware oder betrügerische Absichten von App-Anbietern – ziemlich sicher. Wobei es die absolute Sicherheit natürlich auch im App Store nicht gibt, so wurde im September 2015 ein größerer Hackerangriff bekannt, durch den zahlreiche manipulierte Apps Eingang in den App Store fanden.

Was Sie vor dem Herunterladen von Apps ebenfalls wissen sollten: Jeder App-Download wird mit Ihrer Apple-ID verknüpft. Das bietet Ihnen den Vorteil, dass Sie eine einmal gekaufte App später jederzeit erneut herunterladen können, ohne sie erneut kaufen zu müssen. Es bedeutet aber auch, dass die einmal heruntergeladenen Apps immer mit Ihrer Apple-ID verknüpft sein werden. Laden Sie also nicht jeden Käse aus dem App Store!

App-Rezensionen richtig interpretieren

Bevor Sie eine App herunterladen, sollten Sie in jedem Fall die Ihnen dazu präsentierten Sternebewertungen betrachten und die Rezensionen lesen. Tippen Sie dazu eine im App Store gefundene App an und wählen Sie *Rezensionen*. – Wenn Sie hier auf *Bewerten* tippen, können Sie die App auch selbst rezensieren.

Eine hohe Anzahl von Sternen spricht in jedem Fall schon mal für eine ausgezeichnete App. Wenn dann auch noch begeisterte Rezensionen zu lesen sind, was sollte Sie dann noch vom Download abhalten?

Zumindest bei großen Anbietern können Sie sich recht sicher sein, dass die Bewertungen echt sind.

Nun, zunächst mal sollten Sie abwägen, ob die Bewertungen überhaupt repräsentativ, sprich: in ausreichender Zahl vorhanden sind. Beachten Sie außerdem, dass nicht alle Rezensionen zwingend von App-Nutzern abgegeben werden müssen – sie können theoretisch auch von den App-Herstellern selbst bzw. von deren Handlangern stammen. Wenn eine App zu sehr bejubelt wird, und das in erster Linie mit kurzen, ähnlichen Rezensionen, dann sollten Ihre Alarmglocken schrillen! Andererseits muss nicht jede App, die schlecht bewertet wird, tatsächlich schlecht sein. Auf dem älteren iPhone eines anderen Nutzers mag eine App vielleicht nicht perfekt funktionieren, während sie auf Ihrem iPhone 6s oder iPhone 6s Plus toll läuft. In so einem Fall hilft nur Ausprobieren!

> **Weitere Apps eines Entwicklers gewünscht?**
>
> Wenn ein App-Entwickler eine super App herausgebracht hat, ist es nicht unwahrscheinlich, dass auch seine anderen Apps Sie begeistern könnten. Wählen Sie eine gefundene App im App Store aus und tippen Sie auf die Schaltfläche *Zugehörig* – Sie erhalten sowohl eine Übersicht über die weiteren vom Entwickler veröffentlichten iPhone-Apps als auch weitere App-Vorschläge zum Thema.

So laden Sie neue Apps aufs iPhone

Bevor Sie gleich Ihre erste kostenlose App installieren, noch ein paar Worte zum Thema »Gratis«. Viele Apps, die Sie im App Store finden, sind tatsächlich dauerhaft und in vollem Umfang gratis. Andere Apps jedoch sind nur vorübergehend oder nur mit eingeschränktem Funktionsumfang kostenlos – weitere Funktionen lassen sich dann durch sogenannte In-App-Käufe freischalten oder – nach dem Ausprobieren der Lite-Version – durch das Herunterladen der Vollversion auf das iPhone bringen.

Zum Herunterladen einer App aus dem App Store sind nur wenige Schritte erforderlich. Gerne zeige ich Ihnen den genauen Vorgang Schritt für Schritt:

1. Wählen Sie eine beliebige Gratis-App aus. Tippen Sie bei der App, die Sie auf Ihr iPhone herunterladen möchten, auf die Schaltfläche *Laden*. (Bei kostenpflichtigen Apps wird Ihnen auf der Schaltfläche der jeweilige Preis angezeigt.)

2. Entscheiden Sie sich im nächsten Schritt für *Installieren*.

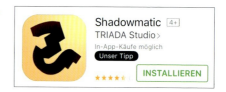

3. Bestätigen Sie den Vorgang durch die Eingabe Ihrer Apple-ID bzw. des zu Ihrer Apple-ID gehörenden Passworts. Nachdem Sie das Passwort einmalig eingegeben haben, können Sie bei den nächsten Downloads auch die Touch ID zur Bestätigung eines Downloads verwenden – bis zum nächsten iPhone-Start. Ach ja, wenn Sie auf

Ihrem iPhone zum ersten Mal einen Kauf tätigen, müssen Sie auch noch die beim Erstellen der Apple-ID angelegten Sicherheitsfragen eingeben.

4. Das Herunterladen der App erfolgt prompt. Wie lange der Download dauert, richtet sich nach der Größe der App und der Geschwindigkeit Ihrer Internetverbindung. Auf dem Home-Bildschirm lässt sich der Lade- und Installationsvorgang verfolgen – bis schließlich das App-Symbol zum Starten der App zur Verfügung steht. Per Fingertipp lässt sich das Laden bei Bedarf pausieren und später wieder fortsetzen.

Sie stellen fest: Das Herunterladen von Apps ist überhaupt kein Hexenwerk. Lediglich das zu Ihrer Apple-ID gehörende Passwort müssen Sie sich unbedingt merken – wenn Sie es für Ihre App-Downloads und weitere Zwecke häufig verwenden, geschieht dies ganz automatisch!

> **Speichergröße beachten!**
>
> Beachten Sie vor dem Herunterladen einer App unbedingt auch deren Speichergröße. Diese Angabe finden Sie bei einer im App Store ausgewählten App unter *Details*. Handelt es sich um ein einfaches Spiel oder Tool, die App verstopft aber mit mehreren Hundert MByte den kostbaren Speicher Ihres iPhones? Dann sollten Sie auf den Download lieber verzichten. Übrigens: Im Mobilfunknetz sind Downloads auf 100 MByte begrenzt.

Zahlungsmethoden für App-Käufe im Überblick

Anfangs werden Sie mit den Gratis-Apps vielleicht genug zu tun haben, aber Sie werden sicherlich auch auf die eine oder andere kostenpflichtige App stoßen, die Sie gerne auf Ihrem iPhone installieren würden. Um kostenpflichtige Apps erwerben zu können, müssen Sie sich zunächst für eine Zahlungsmethode entscheiden.

Guthabenkarte

Sie finden in verschiedenen Supermärkten und Discountern, in Elektronikfachmärkten oder an Tankstellen (natürlich auch direkt bei Apple) Guthabenkarten für den App Store, iTunes Store und iBooks Store. Diese Prepaidkarten in unterschiedlicher Höhe sind sehr empfehlenswert, um Ihre Ausgaben im App Store (sowie im iTunes Store und iBooks Store, dazu später mehr) unter Kontrolle zu behalten. Sie können immer nur so viel Geld ausgeben, wie Guthaben zur Verfügung steht. Wenn Sie mehr Guthaben benötigen, kaufen Sie einfach weitere Guthabenkarten.

Ein weiterer Vorteil: Mittlerweile gibt es regelmäßig Guthabenkarten-Sonderangebote, z. B. lassen sich dann Guthabenkarten im Wert von 25 Euro für 20 Euro erwerben. Halten Sie nach solchen Angeboten Ausschau oder suchen Sie bei Google (*www.google.de*) nach *iTunes Rabatt* – mit dieser Suche werden Sie rasch fündig! Dank der Sonderangebote kaufen Sie Ihre Apps oft mit 20 % Rabatt ein.

Um eine Guthabenkarte im App Store einzulösen, rubbeln Sie den Gutscheincode auf der Guthabenkarte frei. Entscheiden Sie sich dann im App Store für die Rubrik *Highlights*. Tippen Sie dort fast ganz unten auf die

Schaltfläche *Einlösen*. Melden Sie sich mit Ihrer Apple-ID an und entscheiden Sie, ob Sie den auf der Guthabenkarte freigerubbelten Code manuell eintippen oder mit der iPhone-Kamera einscannen möchten. Bestätigen Sie mit *Einlösen*.

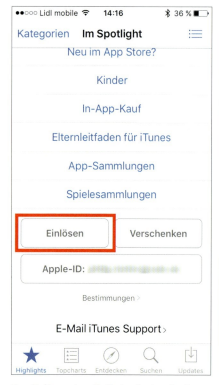 

Das Einlösen einer Guthabenkarte erfordert nur wenige Handgriffe.

Kreditkarte

Am bequemsten ist sicherlich die Zahlung per Kreditkarte. Sie brauchen nur einmal Ihre Kreditkartendaten einzugeben und können anschließend nach Herzenslust Ihre Downloads tätigen. Die Abrechnung erfolgt monatlich per Kreditkartenabrechnung. Unter der Webadresse *www.cardscout.de* finden Sie eine Übersicht von Kreditkartenanbietern – auch solcher ohne Jahresgebühr. Eine Alternative könnten Prepaidkreditkarten sein, die vom Prinzip her wie die iTunes-Guthabenkarten funktionieren, wobei sie aber auch für andere Zwecke eingesetzt werden können – nur ohne Rabatt.

Die Kreditkartendaten lassen sich ebenfalls direkt auf dem iPhone hinzufügen. Hierzu gehen Sie folgendermaßen vor:

Zahlungsmethoden für App-Käufe im Überblick

1. Öffnen Sie auf dem Home-Bildschirm die iPhone-Einstellungen und entscheiden Sie sich für den Eintrag *App und iTunes Stores*.

2. Tippen Sie Ihre Apple-ID an.

3. Im sich öffnenden Menü entscheiden Sie sich für den Eintrag *Apple-ID anzeigen*.

4. Tippen Sie nun auf den Eintrag *Zahlungsdaten*.

5. Geben Sie schließlich Ihre Kreditkartendaten ein und bestätigen Sie mit *Fertig*.

ClickandBuy

Und es gibt noch eine dritte Zahlungsmethode, die allerdings nicht direkt auf dem iPhone eingerichtet werden kann, sondern nur in der Software iTunes auf dem Computer: die Verwendung des Zahlungsanbieters ClickandBuy, eines Tochterunternehmens der Deutschen Telekom. ClickandBuy (die Registrierung erfolgt unter der Webadresse *www.clickandbuy.com*) können Sie als Alternative zur Kreditkarte bemühen. Dieser Anbieter geht dabei wie ein Kreditkartenunternehmen für Sie in Vorkasse und bucht dann die bezahlten Beträge von Ihrem Bankkonto ab.

ClickandBuy lässt sich nicht auf dem iPhone einrichten, sondern nur in iTunes auf dem Computer.

Das Herunterladen kostenpflichtiger Apps erfolgt, nach dem Hinterlegen der Zahlungsdaten, genauso wie das Herunterladen von Gratis-Apps. Einziger Unterschied: Statt auf die *Laden*-Schaltfläche tippen Sie auf den angezeigten Preis und bestätigen anschließend mit *Kaufen*.

> So setzen Sie Apps auf Ihre Wunschliste
>
> Vielleicht möchten Sie erst mal noch weiter stöbern, bevor Sie eine kostenpflichtige App erwerben, aber diese auch nicht aus dem Blick verlieren? Dann verwenden Sie die im App Store verfügbare Wunschliste. Rufen Sie dazu eine kostenpflichtige und noch nicht erworbene App im App Store auf. Tippen Sie oben im App Store auf das Symbol 📤 und wählen Sie *Zur Wunschliste hinzufügen*. Um Ihre Wunschliste aufzurufen, tippen Sie oben im App Store auf das Symbol ☰.

Auf Ihre einmal gekauften Apps jederzeit erneut zugreifen

Wie bereits erwähnt, stehen Ihre einmal gekauften oder auch kostenlos heruntergeladenen Apps jederzeit erneut zum Download bereit. Apps, die Sie bereits einmal heruntergeladen haben, erkennen Sie im App Store am Symbol ☁. Tippen Sie auf das Symbol, um die App erneut zu laden.

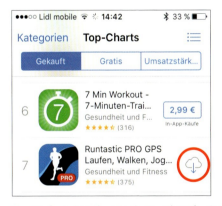

Ihre Käufe sind mit Ihrer Apple-ID verknüpft – Sie können sie dadurch jederzeit erneut laden.

Wenn Sie sich eine Übersicht über Ihre bisherigen App-Käufe wünschen, öffnen Sie den App Store. Entscheiden Sie sich für die Rubrik *Updates*. Dort werden Ihnen in erster Linie Aktualisierungen von auf dem iPhone installierten Apps angezeigt. Sie finden dort aber auch den Eintrag *Käufe*. Tippen Sie diesen an, um sich die Apps anzusehen und eine App gegebenenfalls über das Symbol ☁ erneut herunterzuladen.

Noch ein Tipp: Wenn Sie die App-Liste mit dem Finger nach unten ziehen, wird ein Suchfeld eingeblendet für die Suche nach einer bestimmten App.

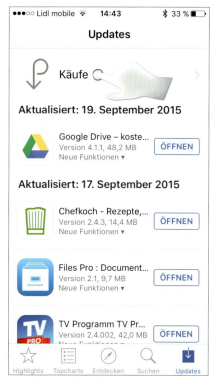

Sie erhalten im App Store unter der Rubrik »Updates« eine Übersicht über Ihre App-Käufe.

Das Prinzip »gekauft ist gekauft« gilt auch für In-App-Käufe. Manchmal finden Sie in den entsprechenden Apps eine Schaltfläche zum Wiederherstellen von Käufen nach einer Neuinstallation. Ansonsten tätigen Sie den In-App-Kauf einfach erneut – Sie werden dann darauf hingewiesen, dass Sie den Kauf bereits einmal getätigt haben, und können den In-App-Download kostenlos vornehmen.

> **Falls eine App nicht wie gewünscht funktioniert**
>
> Falls eine App nicht so funktionieren sollte, wie es in den Informationen zur App versprochen wird, oder falls Sie eine App einfach versehentlich erworben haben, können Sie es mit einer Reklamation versuchen. Apple zeigt sich da häufig kulant. Verfassen Sie unter der Webadresse *reportaproblem. apple.com* eine entsprechende Nachricht an den Apple-Support.

Vielleicht tätigen Sie App-Käufe lieber in iTunes auf dem Computer oder auf einem iPad? Sofern es sich um iPhone-kompatible Apps handelt, lassen sich diese automatisch auf das iPhone laden. Hier öffnen Sie die *Einstellungen* und

Ihre iPhone-Apps gekonnt verwalten

wählen den Eintrag *App und iTunes Stores*. Aktivieren Sie im Abschnitt *Automatische Downloads* den Schalter *Apps*.

Auf anderen Geräten erworbene Apps (sowie Musik und E-Books) lassen sich auf dem iPhone automatisch herunterladen.

Ihre iPhone-Apps gekonnt verwalten

Sowohl das iPhone 6s als auch das iPhone 6s Plus bieten Platz für jede Menge Apps, unabhängig davon, ob Sie sich für die Standardansicht oder die gezoomte Ansicht entschieden haben. Wenn eine Seite auf dem Home-Bildschirm mit Apps gefüllt ist, wird für neue Apps automatisch eine weitere Seite angelegt. Das Problem besteht eher darin, auch bei vielen Apps den Überblick zu behalten. Lassen Sie mich Ihnen alle in diesem Zusammenhang wichtigen Verwaltungsfunktionen vorstellen.

Apps verschieben oder löschen

Die Apps sind nicht am Home-Bildschirm festgeklebt. Sie lassen sich jederzeit verschieben oder auch wieder löschen. Um das zu bewerkstelligen, versetzen Sie die Apps zunächst in den Bearbeitungszustand. Halten Sie hierzu eine beliebige App so lange gedrückt, bis alle Apps auf dem Home-Bildschirm anfangen zu wackeln. Durch das Drücken der Home-Taste wird der Bearbeitungszustand wieder beendet.

Um eine nicht mehr benötigte App zu löschen, tippen Sie im Bearbeitungszustand auf das bei jeder App – außer bei den Standard-Apps – erscheinende Symbol ⊗. Bestätigen Sie mit *Löschen*. Meine Empfehlung: Löschen Sie regelmäßig Apps, die Sie einen Monat oder länger nicht verwendet haben – das können Sie durchaus mit dem Ausmisten Ihres Kleiderschranks vergleichen.

Im Bearbeitungszustand lässt sich eine App mit zwei Fingertipps löschen.

Apps lassen sich innerhalb einer Seite, aber auch auf eine neue Seite verschieben.

Ihre iPhone-Apps gekonnt verwalten

Auch das Verschieben von Apps erfolgt im Bearbeitungszustand. Tippen Sie eine wackelnde App an und ziehen Sie sie mit dem Finger in die gewünschte Position. Um eine App auf einer anderen Seite des Home-Bildschirms zu platzieren, ziehen Sie sie an den linken oder rechten Rand der aktuellen Seite – die Seite wird daraufhin prompt gewechselt.

Übrigens können Sie eine App auch ins Dock ziehen, allerdings müssten Sie zuvor – wiederum im Bearbeitungszustand – eine der Standard-Apps herausziehen, um für die andere App Platz zu schaffen.

Apps in Ordnern sortieren

Besonders nützlich sind die App-Ordner, die es Ihnen erlauben, Ihre Apps thematisch zu sortieren. Um einen neuen App-Ordner zu erstellen, halten Sie zunächst eine beliebige App gedrückt, um den Bearbeitungszustand zu aktivieren. So geht es weiter:

1. Drücken Sie auf eine App, die Sie in den zu erstellenden Ordner aufnehmen möchten, und ziehen Sie sie auf eine andere App, die Sie ebenfalls in den Ordner aufnehmen möchten. Erst dann lassen Sie die App los.

2. Der App-Ordner wird automatisch erstellt und geöffnet. Tippen Sie gegebenenfalls in das Namensfeld, um die automatisch erstellte Bezeichnung für den Ordner anzupassen. Wählen Sie keinen zu langen Namen – dieser wird ansonsten auf dem Home-Bildschirm abgeschnitten. Um den Ordner zu schließen, aber den Bearbeitungszustand zu erhalten, tippen Sie aus dem Ordner heraus auf den Home-Bildschirm.

3. Möchten Sie weitere Apps in den Ordner aufnehmen, ziehen Sie diese wie gehabt im Bearbeitungszustand darauf. Die Platzierung von Apps innerhalb eines Ordners bzw. auf den Ordnerseiten erfolgt wie die Platzierung von Apps auf dem Home-Bildschirm.

Folgendes System zur Ordnung Ihrer Apps würde ich Ihnen empfehlen: Platzieren Sie auf den ersten zwei bis drei Seiten des Home-Bildschirms solche Apps, die Sie praktisch täglich verwenden. Auf weiteren Seiten des Home-Bildschirms bewahren Sie weniger häufig genutzte Apps, thematisch sortiert, in App-Ordnern auf. Dann folgt eine weitere Seite mit neu installierten Apps, die sich erst noch bewähren müssen, um in einen App-Ordner oder gar auf den vorderen Seiten aufgenommen zu werden – andernfalls werden sie nach dem Ausprobieren direkt wieder gelöscht.

Laufende Apps beenden

Eine App läuft im Hintergrund weiter und Sie möchten sie beenden? Dazu verwenden Sie den App-Umschalter: Drücken Sie zweimal schnell hintereinander auf die Home-Taste, um diesen aufzurufen. Streichen Sie seitlich, um die zu beendende App auszuwählen.

Um eine App zu beenden, schieben Sie diese mit dem Finger nach oben, gewissermaßen aus dem Display heraus. Wenn Sie neben Ihrem Zeigefinger auch den Mittelfinger einsetzen, lassen sich auch zwei Apps gleichzeitig beenden.

Das Beenden einer im Hintergrund laufenden App erfolgt im App-Umschalter.

Ihre iPhone-Apps gekonnt verwalten

Apps aktualisieren

Für viele Apps stehen regelmäßige Aktualisierungen (englisch: Updates) zur Verfügung, die neue Funktionen mitbringen oder erkannte Fehler korrigieren. Das Aktualisieren von Apps erfolgt auf Ihrem iPhone standardmäßig automatisch. Allerdings können manche Aktualisierungen Verschlimmbesserungen mit sich bringen, sodass Sie vielleicht manuelle Updates bevorzugen werden.

Wenn dies der Fall ist, deaktivieren Sie in den *Einstellungen* unter *App und iTunes Stores* im Abschnitt *Automatische Downloads* den Schalter *Updates*.

Die Update-Installation kann entweder automatisch oder manuell erfolgen.

Um eine Aktualisierung manuell durchzuführen, öffnen Sie den App Store und entscheiden sich für die Rubrik *Updates*. Hier werden die anstehenden Aktualisierungen aufgelistet und Sie können die Aktualisierungen durchführen. Zuvor tippen Sie bei einem Aktualisierungseintrag auf *Neue Funktionen*, um sich zu informieren, was sich durch die Aktualisierung ändert.

87

App-Einstellungen vornehmen

Das Einrichten der Apps erfolgt meistens in den Apps selbst – und zwar von App zu App unterschiedlich. Einstellungen zum Datenschutz, zum Mitteilungsverhalten, zum Speicherverhalten sowie noch weitere Optionen nehmen Sie in den *iPhone-Einstellungen* vor. Öffnen Sie die *Einstellungen* und wählen Sie eine App aus, um sich die zur Verfügung stehenden Einstellungen anzeigen zu lassen.

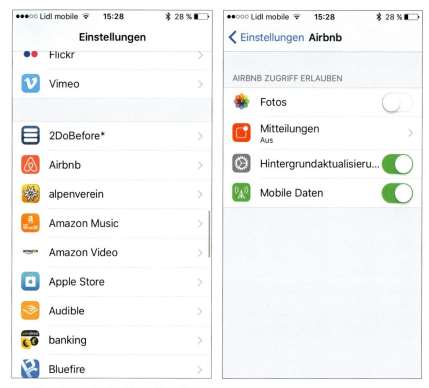

App-Einstellungen in den iPhone-Einstellungen.

Die 20 besten Apps für den Start mit Ihrem iPhone

Sie wissen noch nicht so recht, welche Apps Sie auf Ihrem iPhone installieren sollen? Entnehmen Sie der folgenden Tabelle 20 Apps in einer bunten Mischung, aber alphabetisch sortiert, die Ihnen einen gelungenen Start mit dem iPhone ermöglichen sollen – weitere tolle Apps werden Sie dann auch noch in den folgenden Kapiteln kennenlernen, und natürlich sind auch die von Apple selbst angebotenen Apps eine Installation wert. Gut zu wissen: Alle Apps in der Tabelle waren bei Redaktionsschluss kostenlos zu haben.

App-Name	Symbol	Kurze Beschreibung
Aboalarm		Damit Sie nie wieder vergessen, einen Vertrag (z. B. Zeitschriftenabonnement, Mobilfunkvertrag etc.) rechtzeitig zu kündigen, lassen Sie sich von dieser App rechtzeitig an fällige Kündigungstermine erinnern. Gegen einen geringen Betrag kann die Kündigung sogar direkt aus der App heraus durchgeführt werden. 
Airbnb		Reiselustige machen mit dieser App Privatunterkünfte auf der ganzen Welt ausfindig – und wenn Sie selbst ein Zimmer frei haben, können Sie dieses mit Airbnb bequem an Gäste vermieten. Ein Bewertungssystem hilft dabei, Fehlgriffe zu vermeiden.
Chefkoch.de		Greifen Sie übers Internet auf eine äußerst umfangreiche Rezeptdatenbank zu und finden Sie stets das passende Koch- oder Backrezept für jeden Anlass. Auch eigene Rezepte lassen sich in der App sammeln.
Clever Lotto		Eine geniale App für alle Lottospieler: Verwalten Sie damit Ihre Tippscheine, rufen Sie Statistiken zu Ihren Gewinnen auf und lassen Sie sich nach einer Lottoziehung prompt benachrichtigen, ob Sie gewonnen haben oder nicht.

3 ▪ Alles über Apps

App-Name	Symbol	Kurze Beschreibung
Codecheck		Scannen Sie auf einem Lebensmittel- oder Kosmetikprodukt den Barcode ein, um sich über die Inhaltsstoffe zu informieren. Durch ein Farbensystem wird Ihnen angezeigt, welche Inhaltsstoffe empfehlenswert sind und welche überhaupt nicht.
Dropbox		Dropbox ist ein beliebter Onlinespeicherdienst für Ihre Dokumente, Bilder und sonstigen Dateien. Er ist deshalb besonders interessant, weil zahlreiche Apps eine Verbindung mit Dropbox anbieten. Das ist ideal, um kostbaren Speicherplatz auf dem iPhone zu sparen.
Gesund & Fit		Gesundheitsinformationen, Checklisten, Anleitungen – um gesund und fit zu bleiben, können Sie sich Anregungen unter anderem in dieser App holen.
Google Earth		Google Earth ist ein digitaler Globus für die Jacken- oder Handtasche: Fliegen Sie Ihre Reiseziele mit dieser App vorab an und blenden Sie Informationen und Bilder dazu ein.
iDemonstrate		Diese (allerdings englischsprachige) App zeigt Ihnen, was Ihr iPhone alles kann, und bietet darüber hinaus eine gute Übersicht über wichtige Systeminformationen.

App-Name	Symbol	Kurze Beschreibung
ImmoScout24		Wer eine Wohnung mieten oder ein Haus kaufen möchte, findet in dieser App unzählige Angebote. Ein »Merkzettel« hilft Ihnen beim schnellen Wiederfinden besonders interessanter Objekte. Auch das Anbieten von Objekten ist per App möglich.
Instagram		Instagram ist eine sehr beliebte App, um Ihre Fotos, die Sie mit dem iPhone schießen, durch Effekte, Filter & Co. zu verschönern und anschließend direkt im Internet zu veröffentlichen. Achtung: Anmeldung erforderlich!
Netzkino		Wenn Sie sich übers Internet kostenlos und legal Spielfilme anschauen möchten, bietet sich diese App an. Der Anbieter finanziert sich durch kurze Werbeeinblendungen, das Ausmaß der Werbung ist aber erträglich. Die Filmauswahl kann sich durchaus sehen lassen, auch wenn natürlich viele alte Schinken dabei sind.
QR Code Scanner		Sicher ist Ihnen bereits aufgefallen, dass sich auf vielen Lebensmittelverpackungen, in Zeitschriften etc. vermehrt sogenannte QR-Codes befinden. Mit dieser App lassen sich solche QR-Codes sowie auch Barcodes einlesen.
Rechenknecht		Eine äußerst nützliche App, die zahlreiche verschiedene Rechner vereint, etwa einen Zinsrechner, einen Umsatzsteuerrechner, einen Dreisatzrechner, einen Gehaltsrechner, einen Inflationsrechner und noch mehr.

App-Name	Symbol	Kurze Beschreibung
SkyView Free		Erkunden Sie mit dieser App den Nachthimmel und spüren Sie sofort jedes gesuchte Sternbild auf. Perfekt für Hobbyastronomen!
Skype		Mit dieser App telefonieren Sie – mit anderen Skype-Nutzern – übers Internet. Auch Videotelefonate sind kein Problem. Die App bietet eine gute Alternative bzw. Ergänzung zu Apples FaceTime.
Sports Car Challenge 2		Für gute Unterhaltung zwischendurch: Besteigen Sie auf dem iPhone einen Rennwagen und brettern Sie damit über eine Rennstrecke. Das macht Spaß!
Spotify Music		Diese beliebte App bietet kostenloses Musikstreaming. In der kostenlosen Variante kommt allerdings hin und wieder nervige Werbung; außerdem können Musikalben und Wiedergabelisten lediglich in zufälliger Reihenfolge wiedergegeben werden.
TV Movie		Verwandeln Sie Ihr iPhone mit dieser App in ein talentiertes Fernsehprogramm und lassen Sie sich rechtzeitig vor einer gewünschten Sendung daran erinnern, das TV-Gerät einzuschalten.
Wi-Fi Finder		Unterwegs – über einen sogenannten Hotspot – eine WLAN-Verbindung herstellen: Suchen Sie mit dieser App weltweit nach Hotspots in Ihrer aktuellen Nähe. Tipp: Laden Sie die Datenbank auf Ihr iPhone herunter, um später offline, also ohne Internetverbindung, darauf zugreifen zu können.

Kapitel 4
Ihr iPhone als Kommunikationsgenie

Sie haben in den bisherigen Kapiteln erfahren, wie Sie Ihr iPhone optimal einrichten und perfekt bedienen. Außerdem habe ich Ihnen gezeigt, wie Sie Ihr iPhone per App Store um tolle Funktionen erweitern. Dieses Kapitel widmet sich nun den Kommunikationsfunktionen des Gerätes, also dem Telefonieren (auch mit Videoübertragung), dem Versenden von Kurznachrichten als SMS, MMS oder iMessage sowie dem Pflegen der sozialen Netzwerke Facebook und Twitter.

Einen Anruf entgegennehmen – oder auch nicht

Wenn Sie selbst auf Ihrem iPhone angerufen werden, streichen Sie auf dem Sperrbildschirm mit dem Finger den Schieberegler *Annehmen* von links nach rechts, um den Anruf entgegenzunehmen; auf dem Home-Bildschirm entscheiden Sie sich hingegen für den *Annehmen*-Button. Übrigens werden Ihnen Name und Bild des Anrufers angezeigt, sofern Sie die Rufnummer und das Bild beim entsprechenden Kontakt gespeichert haben; bei einem nicht den Kontakten hinzugefügten Anrufer wird, sofern verfügbar, dessen Rufnummer eingeblendet.

Wenn Sie einen Anruf gerade nicht entgegennehmen können oder wollen, bieten sich Ihnen verschiedene Möglichkeiten:

- Anruf einfach ablehnen: Um einen Anruf auf dem Home-Bildschirm abzulehnen, tippen Sie auf den *Ablehnen*-Button. Auf dem Sperrbildschirm drücken Sie zu diesem Zweck hingegen zweimal hintereinander den Ein-/Ausschalter. (Wenn Sie den Ein-/Ausschalter lediglich einmal betätigen, wird der Anruf stummgeschaltet – das ist praktisch, wenn Sie sich gerade in einem Konzertsaal oder einem Meeting befinden und das Stummschalten des iPhones vergessen haben sollten.)

Einen Anruf können Sie sowohl auf dem Sperrbildschirm als auch auf dem Home-Bildschirm annehmen.

- Anruf ablehnen und Erinnerung erstellen: Auch wenn Sie sich für den Button *Erinnerung* entscheiden, wird der Anruf abgelehnt. Gleichzeitig wird ein Menü geöffnet, mit dessen Hilfe Sie unkompliziert eine Erinnerung für den Rückruf erstellen – entweder beim Verlassen Ihres aktuellen Standorts, bei der Ankunft zu Hause oder eine Stunde später.

Damit Sie den Rückruf nicht vergessen, erstellen Sie eine Erinnerung.

Einen Anruf entgegennehmen – oder auch nicht

- Anruf ablehnen und Nachricht senden: Oder möchten Sie dem Anrufer eine Kurznachricht senden, wenn Sie den Anruf ablehnen? Drücken Sie hierzu auf den Button *Nachricht*. Wählen Sie eine der fertigen Kurznachrichten aus oder tippen Sie auf *Eigene*, um eine individuelle Kurznachricht zu verfassen und zu versenden.

Antworten Sie auf einen Anrufversuch mit einer Kurznachricht.

Andere Antwortnachrichten erstellen

Die vorgeschlagenen Antwortnachrichten beim Ablehnen eines Anrufs sind nicht für jeden Nutzer passend. Ersetzen Sie in so einem Fall die Standard-Antwortnachrichten durch eigene. Öffnen Sie dazu die iPhone-Einstellungen, wählen Sie den Eintrag *Telefon* und dort den Eintrag *Mit SMS antworten*. Tippen Sie in ein Feld, um Ihren eigenen Nachrichtentext einzugeben. Wenn Sie den Text in einem Feld löschen, werden wieder die Standard-Antwortnachrichten verwendet.

Starten Sie auf Ihrem iPhone eine Telefonkonferenz

Möchten Sie selbst einen Anruf tätigen oder eine Telefonkonferenz mit gleich mehreren Teilnehmern starten? Auch das funktioniert mit dem iPhone einfach und komfortabel. Und zwar folgendermaßen:

1. Entscheiden Sie sich auf Ihrem iPhone für das App-Symbol *Telefon*, das Sie standardmäßig links unten im Dock finden.

2. Um eine Rufnummer einzutippen, gehen Sie unten in der App auf *Ziffernblock*. Geben Sie nun wie bei einem herkömmlichen Telefon die Rufnummer ein und tippen Sie auf das grüne Telefonsymbol, um den Anruf zu starten. Wenn Sie Kontakte angelegt haben (vgl. Kapitel 5), können Sie diese unter *Kontakte* bzw. *Favoriten* auswählen, statt die Rufnummer einzutippen.

3. Sobald der Empfänger den Anruf annimmt, wird eine Reihe von Anrufoptionen eingeblendet, z. B. zum Beenden des Anrufs, zum Stummschalten oder für die Nutzung des Lautsprechers. Möchten Sie mit mehreren Personen eine Telefonkonferenz abhalten? Dann tippen Sie auf *Anruf hinzufügen*, um einen weiteren Teilnehmer anzurufen.

4. Der erste Teilnehmer kommt dann kurz in eine Warteschleife. Sobald die zweite Person das Gespräch annimmt, entscheiden Sie sich für *Konferenz*, um die Telefonkonferenz zu starten – ideal, um auf die Schnelle geschäftliche Probleme zu klären, aber auch für das Familiengespräch zwischendurch oder für Verabredungen mit Freunden!

> **Damit die SIM-PIN nicht beim iPhone-Start abgefragt wird**
>
> Die in das iPhone eingelegte Nano-SIM-Karte ist durch eine SIM-PIN, eine vierstellige Geheimzahl, gesichert, um zu verhindern, dass andere Personen die Nano-SIM-Karte zum Telefonieren verwenden können. Um mit dem iPhone telefonieren zu können, muss die SIM-PIN standardmäßig jeweils beim iPhone-Start eingegeben werden. Wenn Sie dies nicht wünschen, gehen Sie in die iPhone-Einstellungen. Wählen Sie den Eintrag *Telefon* und dann *SIM-PIN*. Deaktivieren Sie den Schalter *SIM-PIN* und bestätigen Sie die Änderung durch die Eingabe der SIM-PIN.

Weitere wichtige Telefonfunktionen im Überblick

Das iPhone bietet natürlich noch weitere Telefonfunktionen. Lassen Sie mich Ihnen diese in einem kleinen Überblick vorstellen:

- **Voicemail:** In der Telefon-App unter *Voicemail* greifen Sie auf Ihre Mailbox zu, also Ihren Anrufbeantworter im Mobilfunknetz. Je nach Mobilfunkanbieter werden Sie entweder direkt mit der Mailbox verbunden oder Sie erhalten eine visuelle Auflistung der Sprachnachrichten sowie die Möglichkeit, einen eigenen Begrüßungstext aufzuzeichnen. Die Mailbox steht selbstverständlich auch dann zur Verfügung, wenn das iPhone abgeschaltet ist.

- **Anrufliste:** In der Telefon-App unter *Anrufliste* finden Sie eine Liste der ein- und ausgegangenen Telefonate sowie der entgangenen Anrufe. Um jemanden aus der Liste anzurufen, brauchen Sie nur den jeweiligen Eintrag anzutippen. Für nähere Informationen zum Anruf bzw. Anrufer tippen Sie bei einem Eintrag auf das Symbol ⓘ. Oder möchten Sie die komplette Anrufliste leeren? Dann wählen Sie *Bearbeiten* und anschließend *Löschen*. Alternativ lassen sich auch einzelne Einträge – wie bereits kennengelernt – per ⊖-Symbol entfernen.

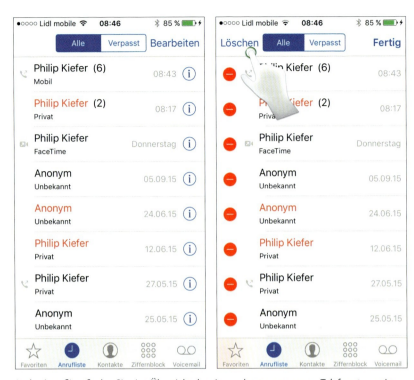

In der Anrufliste finden Sie eine Übersicht der ein- und ausgegangenen Telefonate sowie der entgangenen Anrufe.

- **Anruf weiterleiten:** Wenn Sie auf Ihrem iPhone eingehende Anrufe an eine andere Rufnummer weiterleiten möchten, öffnen Sie die *Einstellungen* und wählen unter *Telefon* den Eintrag *Rufweiterleitung*. Schalten Sie die Option *Rufweiterleitung* ein und geben Sie die gewünschte Rufnummer für die Weiterleitung ein. Besprechen Sie die anfallenden Kosten für die Rufweiterleitung mit Ihrem Mobilfunkanbieter!

Eine Rufweiterleitung lässt sich auf dem iPhone mit wenigen Handgriffen einrichten.

- **Anklopfen und Makeln:** Wenn die Funktionen *Anklopfen* und *Makeln* vom Mobilfunkanbieter unterstützt werden, lassen sie sich in den *Einstellungen* unter *Telefon* und dort unter *Anklopfen/Makeln* aktivieren. Anklopfen be-

Weitere wichtige Telefonfunktionen im Überblick

deutet, dass sich ein Anrufer durch ein Signal bemerkbar machen kann, wenn Sie gerade mit jemand anderem telefonieren. Beim Makeln können Sie zwei Anrufe gleichzeitig annehmen und zwischen den Anrufern hin- und herschalten.

- **Rufnummer unterdrücken:** Soll Ihr Telefongesprächspartner nicht sehen, welche Rufnummer Sie verwenden? Um diese zu unterdrücken, entscheiden Sie sich in den *Einstellungen* unter *Telefon* für den Eintrag *Meine Anrufer-ID senden*. Deaktivieren Sie anschließend die Option *Anrufer-ID senden*.

Wenn Sie nicht wünschen, dass Ihre Rufnummer auf anderen Telefonen angezeigt wird, unterdrücken Sie das Senden der Nummer.

- **Anrufer sperren:** Schließlich können Sie auch ungewünschte Rufnummern sperren. Voraussetzung ist allerdings, dass Sie diese Ihren Kontakten hinzugefügt haben. Zum Sperren entscheiden Sie sich dann in den *Einstellungen* unter *Telefon* für den Eintrag *Gesperrt*. Wählen Sie *Kontakt hinzufügen*, um den zu sperrenden Kontakt zu bestimmen – von diesem Kontakt können Sie dann weder Anrufe noch Kurznachrichten (SMS, MMS, iMessage) empfangen.

Der Versicherungsvertreter nervt? Dann sperren Sie den entsprechenden Kontakt für Anrufe und Nachrichten.

> **Damit Ihr iPhone in Grenznähe nicht den Netzbetreiber wechselt**
>
> Wenn Sie sich in Grenznähe aufhalten, kann es passieren, dass Ihr iPhone automatisch von Ihrem eigentlichen Netzbetreiber zu einem ausländischen wechselt. Um das zu verhindern, entscheiden Sie sich in den iPhone-Einstellungen für den Eintrag *Netzbetreiber*. Deaktivieren Sie die Option *Automatisch*, warten Sie einen Moment, bis die verfügbaren Netzbetreiber aufgeführt werden, und wählen Sie Ihren Netzbetreiber manuell aus.

Klingel- und Hinweistöne einrichten

Falls Ihnen der Standardklingelton bei eingehenden Anrufen nicht zusagt oder Sie einen anderen Hinweiston – z. B. den Hinweiston bei eingehenden Kurznachrichten – ändern möchten: kein Problem! Hierzu gehen Sie wie folgt vor:

1. Entscheiden Sie sich in den *Einstellungen* für den Eintrag *Töne*.

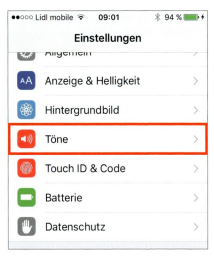

2. Wählen Sie hier im Abschnitt *Vibrieren* aus, ob und wann das iPhone vibrieren soll.

3. Im Abschnitt *Klingel- und Hinweistöne* legen Sie per Schieberegler die Lautstärke für die Töne fest. Wenn Sie die Klingeltonlautstärke manchmal versehentlich ändern, weil Sie beim Betätigen des Ein-/Ausschalters aus Versehen die Lautstärketasten drücken, deaktivieren Sie lieber den Schalter *Mit Tasten ändern*.

4. Im Abschnitt *Töne und Vibrationsmuster* wählen Sie nun einen Eintrag aus, um anschließend einen anderen Ton festlegen zu können sowie gegebenenfalls Einstellungen zur Vibration vorzunehmen.

Klingel- und Hinweistöne einrichten

 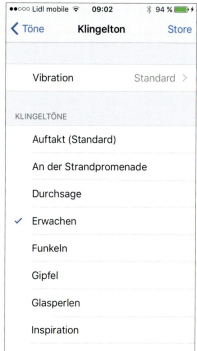

> **HINWEIS:** Jedem Kontakt (zu diesem Thema noch viel mehr in Kapitel 5) lässt sich ein eigener Klingelton bzw. eine eigene Vibration zuweisen – so wissen Sie stets sofort, ob Ihr bester Kumpel oder die liebe Schwiegermama anruft.

Falls Ihnen die bereits verfügbaren Töne nicht zusagen sollten, klicken Sie bei der Klingeltonauswahl rechts oben auf *Store*, um weitere Klingeltöne zu kaufen. In Kapitel 14 zeige ich Ihnen außerdem noch, wie Sie Klingeltöne aus eigener Musik selbst erstellen.

> ### Sperrton und Tastentöne abschalten
>
> Sie verwenden Ihr iPhone in der Univorlesung oder im Großraumbüro? In diesem Fall könnten die Tastentöne sowie der Ton beim Sperren des iPhones störend sein. Um diese Töne abzuschalten, deaktivieren Sie in den *Einstellungen* unter *Töne* ganz unten die beiden Schalter *Ton beim Sperren* sowie *Tastaturanschläge*.

Damit Sie nachts nicht geweckt werden: der Nicht-stören-Modus

Wenn Sie Ihr iPhone auch nachts oder während der Arbeit eingeschaltet lassen, verwenden Sie den Stummschalter auf der linken Seite des iPhones, um die Klingel- und Hinweistöne vollständig zu deaktivieren. Sie können sich dann auf eingehende Anrufe, Nachrichten etc. immer noch durch eine Vibration hinweisen lassen.

Eine Alternative zum Stummschalter bietet der Nicht-stören-Modus, der über erweiterte Einstellungsmöglichkeiten verfügt. So können Sie in diesem Modus z. B. Anrufe durch bestimmte Kontaktgruppen oder einen wiederholten Anruf (genauer gesagt: einen zweiten Anruf innerhalb von drei Minuten) zulassen, während die anderen Anrufe stummgeschaltet bleiben. Den Nicht-stören-Modus aktivieren Sie – wie bereits an anderer Stelle dargestellt – mit dem Symbol ☾ im Kontrollzentrum. Ist der Modus aktiviert, erscheint in der Statusleiste das Symbol ☾.

Aktivieren Sie den Nicht-stören-Modus im Kontrollzentrum.

Weitere Einstellungen zum Nicht-stören-Modus nehmen Sie in den *Einstellungen* unter dem Eintrag *Nicht stören* vor. Dies sind Ihre Optionen:

- *Manuell*: Diese Option entspricht dem Aktivieren bzw. Deaktivieren des Nicht-stören-Modus im Kontrollzentrum.
- *Geplant*: Wenn Sie diese Option aktivieren, sorgen Sie dafür, dass der Nicht-stören-Modus zu einer bestimmten Zeit automatisch aktiviert wird.

- *Anrufe zulassen*: Unter diesem Eintrag legen Sie fest, ob und welche Anrufe Sie auch im Nicht-stören-Modus zulassen möchten – z. B. Anrufe von Ihren Kontaktfavoriten oder einer bestimmten Kontaktgruppe (vgl. Kapitel 5).

- *Wiederholte Anrufe*: Diese Option ist standardmäßig aktiviert, lässt sich aber per Schalter deaktivieren. Sie sorgt dafür, dass ein Anrufer, der es innerhalb von drei Minuten ein zweites Mal bei Ihnen probiert, trotz Nicht-stören-Modus zugelassen wird.

- *Stumm*: In diesem Abschnitt entscheiden Sie schließlich, ob die Stummschaltung immer erfolgen soll oder nur dann, wenn sich das iPhone im Sperrzustand befindet.

Der Nicht-stören-Modus kann zu einer von Ihnen bestimmten Uhrzeit automatisch aktiviert werden.

Mit dem iPhone eine SMS oder MMS versenden

Für eine schnelle Benachrichtigung ist eine Kurznachricht das probate Kommunikationsmittel. Hier ist zu unterscheiden zwischen Kurznachrichten, die über das mobile Telefonnetz übertragen werden, und solchen, die eine Internetverbindung voraussetzen. Die Übertragung über das mobile Telefonnetz kann entweder in Form einer SMS (nur Text) oder einer MMS (Text, Foto, Video) erfolgen. Mit dem iPhone geht das Versenden von SMS oder MMS ganz leicht:

1. Starten Sie per Fingertipp die App *Nachrichten*, die Sie standardmäßig links oben auf der ersten Seite des Home-Bildschirms finden. Auf dem iPhone 6s oder 6s Plus können Sie das Erstellen einer neuen Nachricht per *3D Touch*-Menü

auswählen (Symbol der App *Nachrichten* gedrückt halten und Option *Neue Nachricht* bzw. Kontakt auswählen).

2. Sie erhalten eine Übersicht der bislang erhaltenen Kurznachrichten. Um eine neue Kurznachricht zu verfassen, tippen Sie rechts oben auf das Symbol . Übrigens: Wenn Sie die Liste mit den Kurznachrichten nach unten ziehen, erscheint ein Suchfeld für die Suche nach einer bestimmten Nachricht.

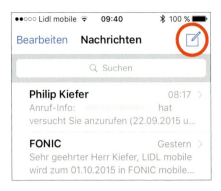

3. Geben Sie die Handynummer des Kurznachrichtenempfängers ein (bzw. wählen Sie den Empfänger per ⊕-Symbol aus Ihren Kontakten aus). Sie können Ihre Kurznachricht auch an mehrere Empfänger richten, indem Sie deren Rufnummern jeweils per [Return]-Taste trennen. Verfassen Sie anschließend Ihre Kurznachricht (160 Zeichen pro SMS, wobei sich die SMS auch verketten lassen) und bringen Sie diese mit *Senden* auf den Weg.

4. Möchten Sie eine MMS mit einem Bild oder einem kurzen Videoclip versenden? Dann tippen Sie vor dem Versenden der Kurznachricht auf das Symbol .

5. Entscheiden Sie, ob Sie das Foto oder Video direkt mit dem iPhone aufnehmen oder auf ein bereits gespeichertes Foto oder Video zugreifen möchten (mehr zu diesem Thema in Kapitel 10).

6. In diesem Fall habe ich ein bereits vorhandenes Foto ausgewählt. Nun kann ich es prompt übers mobile Telefonnetz versenden.

Was die Kosten für SMS und MMS anbelangt: Diese richten sich nach Ihrem Mobilfunkvertrag. Besonders MMS können ziemlich teuer sein, erkundigen Sie sich vor dem Versand bei Ihrem Mobilfunkanbieter, welche Kosten anfallen!

> **Zeichenanzahl der SMS anzeigen lassen**
>
> Sie bezahlen pro SMS? Dann empfehle ich Ihnen, in den *Einstellungen* unter *Nachrichten* die Option *Zeichenanzahl* zu aktivieren. Sie sehen dann beim Verfassen der Nachricht ab der zweiten Zeile, wie viele Zeichen Sie bereits eingegeben haben, und vermeiden auf diese Weise, dass Sie ab dem 161. Zeichen eine weitere SMS bezahlen müssen.

Kostenlose Kurznachrichten und weitere Funktionen: iMessage nutzen

Statt SMS oder MMS können Sie natürlich auch einfach E-Mails versenden, wie ich es Ihnen in Kapitel 8 zeige. Der Vorteil von Kurznachrichten ist jedoch, dass sich ein richtiger Dialog entwickeln kann, quasi eine Art Chat. Falls Sie keine SMS-Flatrate haben, ist das aber natürlich zu teuer. Eine Alternative kann hier der Dienst iMessage sein, mit dem Nutzer von Apple-Geräten (iPhone, iPad, iPod touch, aber auch Mac) Kurznachrichten untereinander austauschen können. Dafür ist dann allerdings eine Internetverbindung erforderlich.

Für iMessage gibt es keine extra App. Achten Sie lediglich darauf, dass in den *Einstellungen* unter *Nachrichten* die Option *iMessage* aktiviert ist. Bestimmen Sie in den *Einstellungen* unter *Nachrichten* außerdem, unter welchen Rufnummern und E-Mail-Adressen Sie für iMessage erreichbar sein möchten, ob Sie eine Lesebestätigung erhalten möchten, ob Sie Audio- und Videonachrichten nach der Wiedergabe automatisch löschen möchten, wie mit den Nachrichten unbekannter Absender verfahren werden soll oder ob Sie eine Kurznachricht als SMS senden möchten, falls iMessage nicht zur Verfügung steht.

Die Option »iMessage« muss aktiviert sein, alle weiteren Einstellungen sind freiwillig.

Das Senden und Empfangen von Kurznachrichten mit dem Dienst iMessage erfolgt grundsätzlich wie das Senden und Empfangen von SMS oder MMS in der App *Nachrichten*. Wenn eine Rufnummer oder E-Mail-Adresse für iMessage zur Verfügung steht, ändert sich die Überschrift automatisch von *Neue Nachricht* in *Neue iMessage*. Und während SMS- und MMS-Empfänger grün dargestellt werden, werden iMessage-Empfänger blau dargestellt. Ansonsten funktioniert das Ganze wie ein normaler SMS- bzw. MMS-Versand.

Einen iMessage-Empfänger erkennen Sie an der Blaufärbung.

Im Unterschied zur MMS können Sie mit iMessage nicht nur Fotos und Videoclips versenden, sondern auch Sprachbotschaften. Tippen Sie dazu auf das Symbol 🎤 und halten Sie es während der Spracheingabe gedrückt.

Kostenlose Kurznachrichten und weitere Funktionen: iMessage nutzen

Um die so aufgenommene Sprachbotschaft zu versenden, tippen Sie anschließend auf das Symbol ⬆.

Verwenden Sie iMessage, um kurze Sprachbotschaften zu versenden.

HINWEIS: Am Symbol ••• erkennen Sie jeweils, wenn die andere Person gerade dabei ist, Ihnen zu antworten – so macht Chatten richtig Spaß!

Ebenfalls gut zu wissen, falls Sie mehrere Apple-Geräte verwenden: Dank der iCloud-Funktion *Handoff* lassen sich Aktivitäten auf dem einen Apple-Gerät beginnen und auf einem anderen Apple-Gerät fortsetzen. Sie können also beispielsweise auf dem iPhone mit dem Schreiben einer Nachricht anfangen und auf dem iPad weitermachen. Das Ganze funktioniert auch noch mit anderen Apps.

Die Handoff-Aktivitäten werden Ihnen jeweils auf dem Sperrbildschirm sowie im App-Umschalter angezeigt, auf dem Mac erscheinen Sie im Dock. Wenn Sie auf die Handoff-Funktion lieber verzichten möchten, deaktivieren Sie sie in den *Einstellungen* unter *Allgemein*, indem Sie dort den Eintrag *Handoff & App-Vorschläge* wählen und dann die Option *Handoff* deaktivieren.

Auch mit Nicht-Apple-Nutzern Kurznachrichten austauschen

Der Nachteil von iMessage besteht darin, dass er lediglich eine Kommunikation zwischen Nutzern von Apple-Geräten erlaubt. Um auch mit Nutzern von Android- und weiteren Geräten Kurznachrichten übers Internet auszutauschen, verwenden Sie eine Zusatz-App aus dem App Store.

Mit Abstand der beliebteste Dienst – trotz Bedenken im Hinblick auf den Datenschutz, nicht zuletzt seit er zu Facebook gehört – ist WhatsApp. Nach der Installation der gleichnamigen App auf Ihrem iPhone können Sie den Dienst im ersten Jahr kostenlos nutzen, anschließend sind bei Redaktionsschluss 89 Cent pro Jahr fällig.

In einer Kurznachricht Ihren Standort freigeben

Praktisch, wenn Sie sich per Kurznachricht mit anderen Personen verabreden möchten: Senden Sie Ihren aktuellen Standort bzw. geben Sie Ihren eigenen Standort frei, um ihn für eine gewisse Zeit von anderen Personen orten zu lassen. So geht's:

1. Wählen Sie in der App *Nachrichten* eine beliebige Konversation aus.

2. Tippen Sie rechts oben auf *Details*.

3. Entscheiden Sie sich nun im Abschnitt *Standort* entweder für die Option *Meinen aktuellen Standort senden* oder für die Option *Standortfreigabe*.

4. Wenn Sie sich für die Option *Standortfreigabe* entschieden haben, bestimmen Sie per Menü, ob die Freigabe eine Stunde lang, bis zum Ende des Tages oder unbegrenzt erfolgen soll. Der Standort wird ebenfalls unter *Details* angezeigt.

Einzelne Nachrichten in einer Konversation löschen

Wenn Sie in der App *Nachrichten* aufräumen, können Sie entweder komplette Konversationen löschen oder aber nur einzelne Nachrichten innerhalb einer Konversation.

Zum Löschen der kompletten Konversation tippen Sie diese in der App *Nachrichten* an und ziehen den Finger nach links. Tippen Sie auf die erscheinende *Löschen*-Schaltfläche. Alternativ gehen Sie auf *Bearbeiten*, wählen eine oder mehrere Konversationen aus und tippen dann rechts unten auf *Löschen*.

Um einzelne Nachrichten innerhalb einer Konversation zu löschen, wählen Sie die Konversation in der App *Nachrichten* aus. Halten Sie eine Nachricht gedrückt und entscheiden Sie sich im sich dann öffnenden Menü für *Mehr*. Wählen Sie die zu löschenden Nachrichten aus und tippen Sie links unten auf das Symbol 🗑.

Telefonate übers Internet – auch mit Videoübertragung

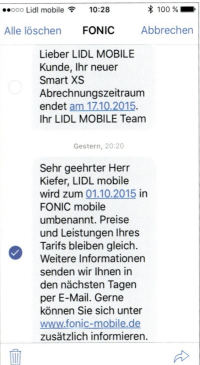

Es lassen sich sowohl komplette Konversationen löschen als auch Nachrichten innerhalb einer Konversation.

> **Uhrzeit der Nachrichten anzeigen**
>
> Ein kleiner Tipp am Rande: Streichen Sie innerhalb einer Konversation mit dem Finger nach links, um in Erfahrung zu bringen, zu welcher Uhrzeit die einzelnen Kurznachrichten verschickt wurden bzw. eingegangen sind. Eine chronologische Sortierung nach Datum erfolgt sowieso.

Telefonate übers Internet – auch mit Videoübertragung

Nicht nur Kurznachrichten lassen sich übers Internet austauschen – Sie können darüber auch telefonieren, wenn gewünscht mit Videoübertragung. Dies ist insbesondere dann praktisch, wenn sich der Gesprächspartner im Ausland befindet und herkömmliche Telefonate zu teuer wären. Oder dann, wenn Sie Ihre Tochter, die in Hamburg lebt, selten zu Gesicht bekommen, und sie des-

4 ▪ Ihr iPhone als Kommunikationsgenie

halb wenigstens beim wöchentlichen Telefonat sehen möchten. Hierfür dient auf Ihrem iPhone der Dienst FaceTime.

Voraussetzung für die Nutzung ist zunächst, dass Sie die Option *FaceTime* in den *Einstellungen* unter *FaceTime* aktiviert haben. Wie bei iMessage bestimmen Sie in den *Einstellungen* außerdem, mit welchen Rufnummern und E-Mail-Adressen Sie für FaceTime erreichbar sein möchten. In den *Einstellungen* unter *Mobiles Netz* können Sie zusätzlich festlegen, ob Sie FaceTime auch übers Mobilfunknetz verwenden möchten oder nicht – beachten Sie, dass besonders bei der Videoübertragung ein hohes Datenvolumen anfällt. Wenn Sie die mobilen Daten für FaceTime deaktivieren, können Sie den Dienst lediglich verwenden, wenn eine WLAN-Verbindung besteht.

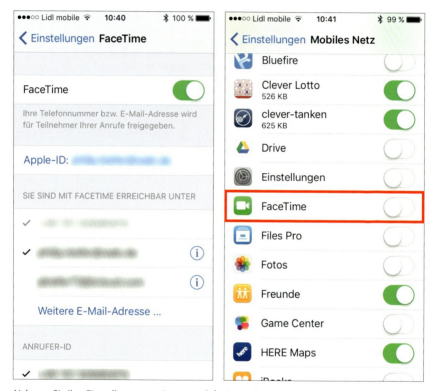

Nehmen Sie Ihre Einstellungen zur Internettelefonie mit FaceTime vor.

> **HINWEIS:** Für die FaceTime-Aktivierung wurde in der Vergangenheit einmalig eine SMS ins Ausland verschickt, die – je nach Vertrag – mit Kosten verbunden ist! Wundern Sie sich also nicht, falls gegebenenfalls ein entsprechender Posten in Ihrer Handyrechnung auftaucht.

Um eine FaceTime-Übertragung zu starten, bieten sich Ihnen ganz verschiedene Optionen. Hier ein kleiner Überblick:

- Sie entscheiden sich während eines herkömmlichen Telefonats für die Option *FaceTime*. Bei dieser Variante können Sie zunächst abklären, ob eine Videoübertragung gewünscht ist (nicht jeder ist zu jeder Zeit geschminkt oder angezogen).

Hier starte ich einen FaceTime-Anruf während eines herkömmlichen Telefonats.

- Sie entscheiden sich während eines Nachrichtenaustausches mit einem FaceTime-Nutzer unter *Details* für das Symbol ☏ (Audiotelefonat) bzw. ▢ (Videotelefonat).

- Sie rufen einen Kontakt in der App *Kontakte* bzw. in der App *Telefon* unter *Kontakte* auf und entscheiden sich wiederum – im Abschnitt *FaceTime* – für das Symbol ☏ (Audiotelefonat) bzw. ▢ (Videotelefonat). Die Rufnummer oder E-Mail-Adresse, unter der der Kontakt für FaceTime erreichbar ist, muss dabei selbstverständlich eingetragen sein.

- Sie öffnen die App *FaceTime* und wählen unter dem Plussymbol ✚ einen Kontakt aus bzw. geben die Rufnummer oder E-Mail-Adresse ein, unter der die Person für FaceTime erreichbar ist.

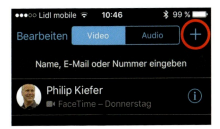

In der App FaceTime kann ein Gesprächspartner ebenfalls aus den Kontakten ausgewählt oder direkt eingegeben werden.

Ein FaceTime-Telefonat verläuft ganz unkompliziert. Hier als Beispiel ein kleines »Telefonat«, das ich mit mir selbst führe.

1. Starten Sie auf eine der beschriebenen Weisen ein FaceTime-Telefonat. Hier entscheide ich mich direkt in der App *FaceTime* für ein Videotelefonat mit einem bereits einmal angerufenen Kontakt.

2. Auf meinem eigenen iPhone erscheint zunächst das eigene Bild und die Möglichkeit, per Symbol wieder aufzulegen, von der vorderen FaceTime-Kamera zur Kamera auf der Rückseite zu wechseln sowie zum Stummschalten. Auf dem iPhone (oder einem anderen Gerät) des Angerufenen erscheinen die gleichen Optionen wie bei einem herkömmlichen Anruf. Um das FaceTime-Telefonat anzunehmen, wählt der Angerufene die Option *Annehmen*.

3. Schon geht's los! Sie sehen Ihren Gesprächspartner nun im Großformat und sich selbst rechts oben in der Ecke. Das eigene Bild lässt sich mit dem Finger auch in eine andere Ecke des Displays streichen.

Empfehlenswert: Achten Sie bei Ihren FaceTime-Videotelefonaten auf gute Lichtverhältnisse, um Ihrem Gegenüber einen perfekten Videostream von sich zu übermitteln!

Die sozialen Netzwerke Facebook und Twitter mit Bordmitteln nutzen

> **Für plattformunabhängige Telefonate Skype verwenden**
>
> Für Telefonate mit Nicht-Apple-Nutzern ist die bereits kurz vorgestellte Gratis-App *Skype* die perfekte Alternative. Skype gehört zum Microsoft-Konzern und steht auf allen wichtigen Plattformen zur Verfügung. Damit lassen sich Audio- und Videotelefonate, aber auch Chats mit Nutzern von Android-Smartphones, Windows-PCs, Smart-TV etc. übers Internet führen.

Die sozialen Netzwerke Facebook und Twitter mit Bordmitteln nutzen

Sind Sie bei Facebook oder Twitter aktiv? Funktionen zum Veröffentlichen von Beiträgen bei Facebook und Twitter sind auf Ihrem iPhone bereits mit an Bord – inklusive der Option, die offiziellen Apps dieser beiden sozialen Netzwerke auf einfache Weise zu installieren. Die Anmeldung und das Veröffentlichen von Beiträgen bei Facebook und Twitter erfolgt fast auf die gleiche Weise. Gerne würde ich Ihnen den Vorgang Schritt für Schritt am Beispiel Twitter vorstellen:

1. Entscheiden Sie sich in den *Einstellungen* für den Eintrag *Twitter* (zum Einrichten eines Facebook-Kontos wählen Sie entsprechend den Eintrag *Facebook*).

2. Geben Sie Ihre Zugangsdaten ein und bestätigen Sie mit *Anmelden*. (Speziell bei Facebook ist anschließend noch eine weitere kurze Bestätigung der Anmeldung erforderlich.)

3. Nachdem die Anmeldung erfolgt ist, wird Ihnen sowohl bei Twitter als auch bei Facebook die jeweilige offizielle App angeboten. Wählen Sie, wenn gewünscht, *Installieren* und bestätigen Sie die Installation durch die Eingabe des zu Ihrer Apple-ID gehörenden Passworts bzw. per Touch ID. (Sie können auch später jederzeit in den *Einstellungen* unter *Twitter* bzw. *Facebook* auf die Schaltfläche *Installieren* tippen oder die App alternativ im App Store aufstöbern.)

Beiträge in sozialen Netzwerken aus verschiedenen Apps heraus veröffentlichen

Ab sofort können Sie Ihre Beiträge bei Twitter (bzw. bei Facebook) aus verschiedenen Apps heraus veröffentlichen. Sie können beispielsweise mit Zusatztexten versehene Fotos ins Internet laden, aber auch interessante Webseiten, im App Store gefundene spannende Apps oder in der Karten-App aufgerufene Örtlichkeiten empfehlen. Hier als Beispiel eine kleine Schrittanleitung zum Veröffentlichen einer App-Empfehlung bei Twitter:

1. In diesem Fall wähle ich im App Store eine App aus und tippe dann auf das Symbol.

Die sozialen Netzwerke Facebook und Twitter mit Bordmitteln nutzen

2. Im sich öffnenden Menü wähle ich die Option *Twitter*. (Sie stellen fest, dass noch eine ganze Reihe weiterer Optionen angeboten wird.)

3. Geben Sie den gewünschten Text ein, fügen Sie gegebenenfalls noch Angaben zum Standort hinzu und starten Sie dann die Veröffentlichung per Fingertipp auf *Posten*. Wenn Sie bei Facebook veröffentlichen, können Sie auch noch bestimmen, wer das veröffentlichte Posting sehen darf.

Weitere Funktionen für Ihre sozialen Netzwerke

Eine weitere interessante Funktion: In den *Einstellungen* unter *Twitter* bzw. *Facebook* finden Sie jeweils eine Option zum »Aktualisieren« Ihrer Kontakte. Dies bedeutet schlicht, dass die Kontaktdaten aus den sozialen Netzwerken auch in Ihre Kontakte auf dem iPhone übernommen werden. Da die Kontakte in den sozialen Netzwerken teilweise sehr lose sind, würde ich von der automatischen Übernahme der Daten aber eher abraten. Bei Facebook lassen sich übrigens auch Veranstaltungen in den Kalender übernehmen.

Kontaktdaten aus sozialen Netzwerken lassen sich per Fingertipp auf dem iPhone übernehmen.

Beiträgen auf Twitter können Sie übrigens auch in der Browser-App *Safari* folgen (vgl. Kapitel 7): Tippen Sie dazu in der App *Safari* auf das Lesezeichensymbol und dann auf das Symbol @ , das erscheint, wenn Sie mit Ihrem Twitter-Account angemeldet sind.

Was die offiziellen Apps betrifft, die Sie bei Bedarf installieren: Diese bringen die Funktionen, die Sie sonst auf den jeweiligen Webseiten aufrufen (also *www.facebook.com* und *twitter.com*) zumindest teilweise auf Ihr iPhone. Entscheiden Sie selbst, ob Sie die Apps benötigen.

Vielleicht nutzen Sie auch ein anderes soziales Netzwerk? Suchen Sie im App Store danach, dort sind auch die offiziellen Apps von XING, LinkedIn und Co. zu haben. Von zahlreichen inoffiziellen Apps ganz zu schweigen.

Kapitel 5

Stets gut organisiert: Kontakte & Termine im Griff

Auf Ihrem iPhone haben Sie auch alle Ihre Kontakte, Termine und Aufgaben stets mit dabei. Wenn Sie eine nette Person kennenlernen, tippen Sie deren Kontaktdaten sofort ein. Lassen Sie sich außerdem vom iPhone-Kalender an wichtige Termine erinnern, verwalten Sie Ihre Aufgaben mit der App *Erinnerungen*, nutzen Sie die App *Uhr* für Wecker, Weltzeit und Co. und halten Sie Ihre Ideen per Notiz oder Sprachmemo fest. In diesem Kapitel stelle ich Ihnen alle in diesem Zusammenhang wichtigen Informationen vor.

Dank Mitteilungszentrale alle Neuigkeiten und Informationen stets im Blick

Machen Sie sich zunächst mit den unterschiedlichen Formen der Mitteilungen vertraut, die Ihnen Ihr iPhone bei neu eingegangenen Nachrichten, aber auch bei anstehenden Terminen, Aufgaben etc. liefert:

- **Sperrbildschirm:** Ihr iPhone ist auch im gesperrten (jedoch nicht im ausgeschalteten!) Zustand empfangsbereit und zeigt Ihnen neue Nachrichten und Co. als Hinweise auf dem Sperrbildschirm an. Durch Streichen können Sie die vollständige Nachricht lesen und direkt beantworten.

- **Home-Bildschirm:** Auf dem Home-Bildschirm können Hinweise entweder mitten auf dem Display angezeigt werden, was bei Push-Benachrichtigungen, die sich in vielen Apps aktivieren lassen, gängig ist. Die Benachrichtigung kann jedoch auch in Form eines Banners am oberen Displayrand erfolgen. Wenn Sie eine Nachricht erhalten, ziehen Sie das Banner nach unten, um eine Antwort zu verfassen.

5 ▪ Stets gut organisiert: Kontakte & Termine im Griff

Hier habe ich eine Kurznachricht auf dem Sperrbildschirm erhalten; durch Streichen von links nach rechts kann ich sie direkt beantworten.

Eine Kurznachricht kann direkt auf dem Home-Bildschirm beantwortet werden.

- **Kennzeichensymbole:** Eine Reihe von Apps gibt Kennzeichensymbole aus. Das sind kleine, runde Nummern , die direkt auf dem App-Symbol angezeigt werden und über neue Nachrichten oder sonstige Inhalte, entgangene Anrufe, anstehende Aufgaben etc. informieren. Um sie zu lesen, wird die entsprechende App geöffnet.

- **Mitteilungszentrale:** Einen Überblick über neue Nachrichten, aber auch über das aktuelle Wetter, anstehende Termine und weitere Inhalte verschaffen Sie sich in der Mitteilungszentrale. Streichen Sie mit dem Finger vom oberen Displayrand nach unten, um die Mitteilungszentrale einzublenden. Tippen Sie auf *Heute*, um sich unterschiedliche aktuelle Inhalte anzeigen zu lassen; unter *Mitteilungen* finden Sie ungelesene Nachrichten etc. Um die Mitteilungszentrale wieder auszublenden, schieben Sie sie mit dem Finger vom unteren Displayrand nach oben oder drücken einfach die Home-Taste.

Halten Sie sich in der Mitteilungszentrale über neue Nachrichten, anstehende Termine und Co. auf dem Laufenden.

Wie bereits erwähnt: Viele Apps bieten Push-Benachrichtigungen an und können somit Hinweise direkt auf das iPhone-Display senden. Erlauben Sie dies nur solchen Apps, von denen Sie Meldungen erhalten möchten. Sie werden von einer entsprechenden App beim ersten Start danach gefragt.

Festlegen, wie die Benachrichtigungen erfolgen sollen

Das Mitteilungsverhalten der einzelnen Apps lässt sich selbstverständlich jederzeit auch noch nachträglich bearbeiten. Entscheiden Sie sich dazu in den *Einstellungen* für den Eintrag *Mitteilungen*. Sie erhalten eine Übersicht über diejenigen Apps, die Benachrichtigungen ausgeben, und zwar in der dargestellten Reihenfolge. Um die Reihenfolge zu ändern, tippen Sie auf *Sortierfolge*, wählen *Manuell*, gehen dann bei einer App auf das zugehörige Symbol ≡ und schieben sie in eine andere Position.

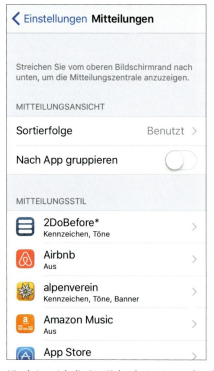

Hier bringe ich die App Kalender in eine andere Position.

Dank Mitteilungszentrale alle Neuigkeiten und Informationen stets im Blick

Um das Mitteilungsverhalten einer App zu ändern, tippen Sie die gewünschte App an. Dies sind die wichtigsten Optionen:

- *Mitteilungen erlauben:* Mit dieser Option bestimmen Sie, ob Sie von einer App überhaupt Mitteilungen erhalten möchten oder nicht.

- *In Mitteilungszentrale anzeigen:* Unter diesem Eintrag legen Sie fest, wie viele Benachrichtigungen der App in der Mitteilungszentrale angezeigt werden sollen. Wählen Sie *Keine Mitteilungen*, falls die App in der Mitteilungszentrale gar keine Mitteilungen ausgeben darf.

- *Töne*: Entscheiden Sie, ob bei der Benachrichtigung ein Ton ausgegeben werden soll. Bei einigen Apps lässt sich auch der Benachrichtigungston individuell auswählen.

- *Kennzeichensymbol*: Mit dieser Option bestimmen Sie, ob die App Kennzeichensymbole auf dem App-Icon anzeigen darf. Bei einer Reihe von Apps können die Kennzeichensymbole wirklich nerven, in so einem Fall deaktivieren Sie sie lieber.

- *Im Sperrbildschirm*: Dürfen Benachrichtigungen auch auf dem Sperrbildschirm angezeigt werden? Dies entscheiden Sie mit diesem Schalter.

- *Erinnerungsstil*: Hier schließlich entscheiden Sie, ob die Benachrichtigungen durch eine App in Form eines Hinweises mitten auf dem Display erfolgen sollen, in Form eines Banners oben auf dem Display oder ob Sie gar keine Benachrichtigungen wünschen.

Das Mitteilungsverhalten lässt sich für jede App individuell einrichten.

Bei einigen Apps finden Sie noch weitere Einstellungsmöglichkeiten, z. B. lässt sich eine Vorschau aktivieren oder deaktivieren. Treffen Sie für jede App Ihre ganz persönliche Auswahl!

Die Mitteilungszentrale gekonnt einrichten und verwalten

Werfen Sie nun noch einmal einen Blick in die Mitteilungszentrale. Um hier Mitteilungen zu entfernen, tippen Sie auf das zugehörige Kreuzsymbol ⓧ und bestätigen anschließend mit der Schaltfläche *Löschen*.

Die Ansicht *Heute* können Sie individuell einrichten. Tippen Sie dazu ganz unten unter *Heute* auf die Schaltfläche *Bearbeiten*. Um einen Eintrag aus der Ansicht zu entfernen, wählen Sie das Symbol ⊖, und um einen Eintrag hinzuzufügen, das Symbol ⊕. Oder möchten Sie die Reihenfolge der Einträge verändern? Hierzu tippen Sie auf das zugehörige Symbol ≡ und ziehen den Eintrag in die gewünschte Position.

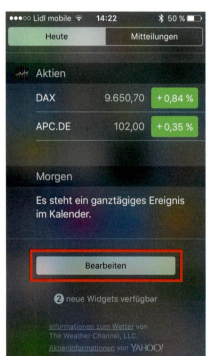

Richten Sie in der Mitteilungszentrale die Ansicht »Heute« ein.

Alle Kontakte auf dem iPhone speichern und verwalten

Auf Ihrem iPhone haben Sie alle Ihre Kontakte immer mit dabei. Die Verwaltung der Kontakte erfolgt entweder in der App *Telefon* unter *Kontakte* oder aber in der App *Kontakte*, die Sie auf Ihrem iPhone standardmäßig im Ordner *Extras* finden. Die Funktionsweise ist jeweils die gleiche. Lassen Sie mich Ihnen zunächst Schritt für Schritt (am Beispiel der App *Telefon*) zeigen, wie einfach Sie einen neuen Kontakt anlegen:

1. Entscheiden Sie sich in der App *Telefon* für die Rubrik *Kontakte* und tippen Sie rechts oben auf das Plussymbol ➕. Auf einem iPhone 6s oder 6s Plus können Sie auch einfach das App-Symbol gedrückt halten und im *3D Touch*-Menü *Neuen Kontakt erstellen* wählen.

2. Es werden Ihnen verschiedene Felder und Optionen angezeigt. Tippen Sie jeweils in ein Feld, um es auszufüllen. Tippen Sie auf eine Option, um Felder hinzuzufügen.

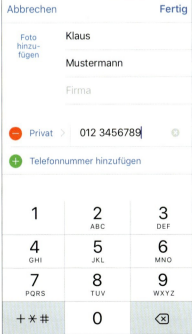

123

3. Die Optionen links neben einem Eingabefeld sind die sogenannten Etiketten. Geben Sie hier z. B. an, ob es sich bei einer Rufnummer um eine private oder geschäftliche Nummer handelt. Tippen Sie ein Etikett an, um die entsprechende Auswahl zu erhalten.

4. Möchten Sie ein *Foto hinzufügen*? Dazu klicken Sie den gleichlautenden Platzhalter an und wählen anschließend entweder ein gespeichertes Foto aus oder nehmen es direkt auf, wenn Ihnen der Kontakt gerade gegenübersteht.

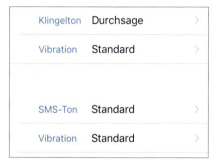

5. Schließlich lassen sich einem Kontakt auch individuelle Klingel- und Nachrichtentöne (sowie Vibrationsmuster) zuweisen. Treffen Sie dazu unter *Klingelton* bzw. *Nachrichtenton* Ihre Auswahl.

6. Bestätigen Sie zum Schluss mit *Fertig*, um den Kontakt anzulegen.

> **Kontaktdaten aus einer anderen App übernehmen**
>
> Um sich einiges an Tipparbeit zu ersparen, können Sie Kontaktdaten auch aus einer anderen App übernehmen, etwa aus der App *Nachrichten*. Dazu tippen Sie in einer Konversation auf *Details* und dann auf das Symbol ⓘ. Sie erhalten die Optionen *Neuen Kontakt erstellen* bzw. *Zu Kontakt hinzufügen*, falls der Kontakt bereits angelegt ist und lediglich um weitere Daten ergänzt werden soll.

Bereits auf anderen Geräten verfügbare Kontakte aufs iPhone bringen

Vielleicht haben Sie schon auf einem anderen Gerät bereits fleißig Kontakte angelegt und deshalb verständlicherweise keine Lust, diese auf dem iPhone erneut manuell einzugeben. Selbstverständlich können Sie die bereits anderweitig eingegebenen Kontakte auf dem iPhone übernehmen. Dies sind Ihre Möglichkeiten:

- Verwenden Sie für die Synchronisierung mit dem Computer die Software iTunes, die ich Ihnen in Kapitel 14 noch näher vorstellen werde. Es gibt auch Softwarealternativen wie beispielsweise CopyTrans Contacts (Preis bei Redaktionsschluss 14,99 Euro; Webadresse: *www.copytrans.de/copytrans contacts.php*).

- Legen Sie den Anbieter, bei dem Sie Ihre Kontakte erstellt haben, direkt auf dem iPhone an, und zwar in den *Einstellungen* unter *Mail, Kontakte, Kalender*. So lassen sich beispielsweise auf einfachste Weise Google-Kontakte mit nur wenigen Handgriffen in die iPhone-Kontakte übernehmen.

Externe Kontakte, z. B. solche, die Sie bei Google gespeichert haben, lassen sich ganz einfach auch auf dem iPhone verwenden.

- Importieren Sie Kontakte im vCard-Format (Dateiendung .vcf). Wenn Sie sich eine vCard selbst per E-Mail zusenden und in der App *Mail* öffnen (vgl. Kapitel 8), erhalten Sie unten in der geöffneten Visitenkarte die Optionen *Neuen Kontakt erstellen* bzw. *Zu Kontakt hinzufügen*.

- Falls Sie Kontakte auf Ihrer SIM-Karte gespeichert haben sollten, lassen sich diese ebenfalls importieren. Öffnen Sie hierzu die *Einstellungen* und wählen Sie *Mail, Kontakte, Kalender*. Tippen Sie im Abschnitt *Kontakte* auf die Schaltfläche *SIM-Kontakte importieren*.

Kontaktquellen verwalten

Gut zu wissen: Wenn Sie Ihre bei einem anderen Anbieter gespeicherten Kontakte – wie im zweiten Aufzählungspunkt beschrieben – in die iPhone-Kontakte integrieren, können Sie diese extra aus- bzw. wieder einblenden. Tippen Sie dazu links oben in der App *Kontakte* bzw. in der App *Telefon* unter *Kontakte* auf *Gruppen*. Die verfügbaren Kontaktquellen werden Ihnen angezeigt. Das Deaktivieren bzw. Aktivieren erfolgt per Fingertipp auf einen Eintrag.

Einzelne Kontaktquellen lassen sich jederzeit aus- bzw. wieder einblenden.

Wenn Kontakte doppelt gelistet werden

Bei der Verwendung mehrerer Kontaktquellen ist es gut möglich, dass ein und derselbe Kontakt mehrfach auftaucht. Die Lösung besteht darin, einen überflüssigen Kontakt entweder zu löschen oder ihn mit dem Duplikat zu verknüpfen. Öffnen Sie dazu zunächst einen doppelten Kontakt und wählen Sie rechts oben *Bearbeiten*. Um einen Kontakt zu löschen, tippen Sie ganz unten auf den Eintrag *Kontakt löschen*. Zum Verknüpfen eines Kontaktes wählen Sie den Eintrag *Kontakte verknüpfen* direkt darüber. Wählen Sie anschließend das zu verknüpfende Duplikat aus – es taucht dann nur noch einmal in der Kontaktliste auf.

Das Problem doppelt vorkommender Kontakte beheben Sie ganz einfach durch das Verknüpfen von Duplikaten.

Auf Ihre Kontakte schnell zugreifen

Für den schnellen Zugriff auf Ihre Kontakte können Sie die Spotlight-Suche verwenden, die Sie durch eine Streichbewegung von oben nach unten auf dem Display einblenden. Aber auch in der App *Kontakte* bzw. in der App *Telefon* unter *Kontakte* finden Sie ein eingebautes Suchfeld, das den Vorteil bietet, dass damit ausschließlich nach Kontakten gesucht wird.

Tippen Sie in das Suchfeld einfach ein, wen Sie suchen – die passenden Kontakte werden Ihnen bereits während der Eingabe angezeigt. Wählen Sie einen gefundenen Eintrag aus, um den entsprechenden Kontakt zu öffnen.

In vielen Fällen ist außerdem das Register nützlich, das rechts in der App *Kontakte* bzw. in der App *Telefon* unter *Kontakte* angezeigt wird. Tippen Sie hier auf einen Buchstaben, um direkt zu den Kontakten mit dem entsprechenden Anfangsbuchstaben zu wechseln.

Vielleicht irritiert es Sie, dass die Kontakte in der Reihenfolge »Vorname, Nachname« angezeigt, jedoch in der Reihenfolge »Nachname, Vorname« sortiert werden? In den *Einstellungen* unter *Mail, Kontakte, Kalender* im Abschnitt *Kontakte* unter dem Eintrag *Sortierreihenfolge* bzw. *Anzeigefolge* können Sie die Einstellung anpassen.

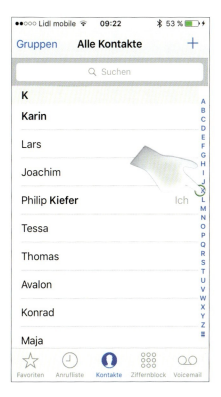

Verwenden Sie das Register, um sich schnell Kontakte mit einem bestimmten Anfangsbuchstaben anzeigen zu lassen.

Ihre eigene Rufnummer anzeigen

Sie haben Ihre eigene Rufnummer gerade nicht mehr im Kopf? Öffnen Sie die App *Telefon* und wählen Sie *Kontakte*. Die eigene Rufnummer wird direkt unterhalb des Suchfeldes unter *Mein iPhone* angezeigt. Ansonsten finden Sie die Info auch in den *Einstellungen* unter *Telefon*.

Einen Kontakt zu Ihren Favoriten hinzufügen

Um in der App *Telefon* schneller auf besonders wichtige Kontakte zugreifen zu können und bestimmten Kontakten während des Nicht-stören-Modus Sonderrechte zuzuweisen, fügen Sie diese Ihren Favoriten hinzu. So einfach geht's:

1. Rufen Sie den Kontakt, den Sie den Favoriten hinzufügen möchten, in der App *Kontakte* bzw. in der App *Telefon* in der Rubrik *Kontakte* auf.

2. Tippen Sie unterhalb der Kontaktdaten auf den Eintrag *Zu Favoriten*.

3. Wählen Sie bei mehreren Rufnummern diejenige aus, die den Favoriten hinzugefügt werden soll.

4. Öffnen Sie die App *Telefon* und entscheiden Sie sich für die Rubrik *Favoriten*. Sie stellen fest, dass der Favorit hinzugefügt wurde. Sie brauchen lediglich den Eintrag anzutippen, um den Favoriten anzurufen. Um die Kontaktdaten aufzurufen, tippen Sie auf das zugehörige Symbol ⓘ.

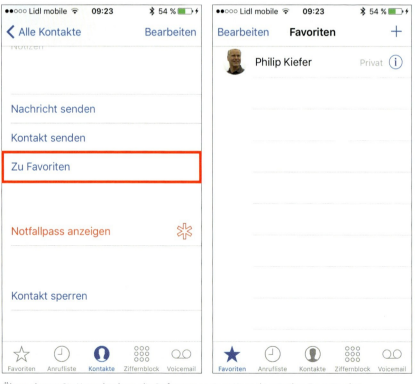

Übernehmen Sie Kontakte bzw. die Rufnummer eines Kontaktes in Ihre Favoritenliste.

Alle Kontakte auf dem iPhone speichern und verwalten

> **Rufnummern und E-Mail-Adressen aus dem Internet**
>
> Sie finden beim Surfen im Internet (vgl. Kapitel 7) auf einer Webseite eine gesuchte Rufnummer oder E-Mail-Adresse? Halten Sie diese gedrückt und wählen Sie *Zu Kontakten*, um einen neuen Kontakt daraus zu erstellen bzw. die Daten einem bereits vorhandenen Kontakt hinzuzufügen.

Übers Internet auf Rufnummern und Adressen zugreifen

Da Sie mit Ihrem iPhone praktisch jederzeit ins Internet gehen können, haben Sie jederzeit Zugriff auf Millionen weiterer Kontakte – ganz einfach durch Telefonbücher und Gelbe Seiten, die im App Store erhältlich sind. Suchen Sie im App Store nach dem Begriff *telefonbuch*, um Telefonbücher für Deutschland, Österreich und die Schweiz ausfindig zu machen. Hier einige Empfehlungen für Gratis-Apps:

Name der App	Symbol	Kurzbeschreibung
Das Telefonbuch		Diese App der Deutschen Telekom erlaubt es, nach Rufnummern und Adressen in ganz Deutschland zu suchen. Wenn eine Adresse verfügbar ist, lässt sich der Standort auch gleich noch auf einer Karte anzeigen und die Route dorthin planen.

Das Örtliche		Diese App bietet eine gute Alternative zur App *Das Telefonbuch* und dient ebenfalls der Suche nach Rufnummern und Adressen in Deutschland mitsamt nützlichen Zusatzfunktionen.

5 ▪ Stets gut organisiert: Kontakte & Termine im Griff

Name der App	Symbol	Kurzbeschreibung
Schweizer Telefonbuch		Mit dieser App installieren Sie ein Telefonbuch speziell für die Schweiz auf Ihrem iPhone. Auch Restaurants, Geldautomaten und Co. in der Nähe lassen sich damit schnell aufspüren.
Gelbe Seiten		Für die Suche nach einem Handwerker oder einem Blumengeschäft in der Nähe nutzen Sie die Gelben Seiten, das bekannte deutsche Branchentelefonbuch in einer App-Version.
YellowMap		Mit der App *YellowMap* suchen Sie gleichzeitig nach privaten Rufnummern und Branchen. Die Branchensuche wird für Deutschland, Österreich und die Schweiz angeboten.

Sie finden im App Store weitere nützliche Apps rund um Ihre Kontakte, z. B. auch solche Apps, die Visitenkarten mithilfe der iPhone-Kamera erfassen und daraus einen neuen Kontakt erstellen. Ein Beispiel hierfür ist die App *Visitenkarten Scanner*.

Mit dem iPhone clever Ihre Termine verwalten

Auf dem Home-Bildschirm Ihres iPhones wird Ihnen jeweils der aktuelle Tag angezeigt, doch die App *Kalender* kann selbstverständlich noch viel mehr! Verwenden Sie diese App für Ihre Terminplanung und lassen Sie sich rechtzeitig an wichtige Termine erinnern. So einfach erstellen Sie einen Termin mit Erinnerungshinweis:

Mit dem iPhone clever Ihre Termine verwalten

1. Tippen Sie – standardmäßig oben auf dem Home-Bildschirm – auf das Symbol der App *Kalender*, um diese App zu öffnen. Auf einem iPhone 6s oder 6s Plus können Sie auch das App-Symbol gedrückt halten und im *3D Touch*-Menü *Ereignis hinzufügen* wählen.

2. Entscheiden Sie sich zunächst für eine Ansichtsoption: Tippen Sie links oben auf den Monat, um von der Tages- zur Monatsansicht zu wechseln; tippen Sie gegebenenfalls auf das Jahr, um sich statt der Monats- die Jahresansicht anzeigen zu lassen. Auch eine Wochenansicht ist verfügbar, um diese zu sehen, drehen Sie das iPhone ins Querformat. Für eine Übersicht über anstehende Termine tippen Sie auf das Symbol ≡. In der Monatsansicht werden Termine durch einen grauen Punkt unterhalb des jeweiligen Tages angezeigt.

3. Um einen neuen Termin einzutragen, tippen Sie rechts oben im Kalender auf das Plussymbol +. In der Tages- oder Wochenansicht können Sie alternativ auch einfach ein Kalenderfeld gedrückt halten.

4. Anschließend machen Sie Ihre Angaben zum Termin: Geben Sie diesem eine Bezeichnung, fügen Sie gegebenenfalls eine Ortsangabe hinzu und bestimmen Sie den Zeitrahmen. Unter *Wiederholen* können Sie auch noch ein Wiederholungsintervall festlegen, etwa um einen jährlich wiederkehrenden Geburtstag nicht jedes Mal erneut eintragen zu müssen.

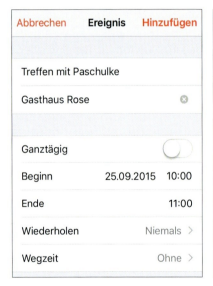

5. Sofern mehrere Kalender zur Verfügung stehen, tippen Sie auf *Kalender*, um den Kalender auszuwählen, in dem der Termin erstellt werden soll. In den *Einstellungen* unter *Mail, Kontakte, Kalender* bestimmen Sie, in welchem Kalender ein Termin standardmäßig erstellt wird.

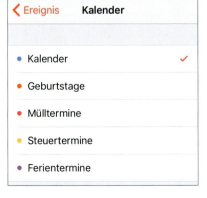

6. Um sich rechtzeitig vor einem Termin an diesen erinnern zu lassen, tippen Sie nun noch auf den Eintrag *Erinnerung* und legen fest, wann Sie vor einem Termin erinnert werden möchten. Wenn gewünscht, lässt sich auch noch eine zweite Erinnerung einrichten. Übrigens: In den *Einstellungen* unter *Mail, Kontakte, Kalender* können Sie auch Standarderinnerungen für einzelne Kalender festlegen. Unter *Wegzeit* lässt sich übrigens auch noch die Anfahrtszeit zum Termin mit einplanen.

7. Bestätigen Sie schließlich mit *Hinzufügen*, um den Termin in Ihren Kalender einzutragen.

Die Erinnerung an einen Termin erfolgt standardmäßig als Hinweis auf dem iPhone-Display, verbunden mit einem kurzen Klang. Passen Sie die Mitteilungseinstellungen Ihren eigenen Bedürfnissen an, indem Sie sich in den *Einstellungen* unter *Mitteilungen* für den Eintrag *Kalender* entscheiden.

Mehrere Kalender auf dem iPhone pflegen

Wie bei den Kontakten gilt, dass Sie auch bereits auf einem anderen Gerät eingetragene Termine auf dem iPhone übernehmen können, indem Sie diese mit iTunes synchronisieren, direkt Kalender von Google und Co. in den iPhone-Kalender übernehmen oder sich diese im iCal-Format (Dateiendung *.ics*) per E-Mail zusenden und aus der App *Mail* heraus (vgl. Kapitel 8) dem Kalender hinzufügen.

Sie müssen dabei nicht die Termine aller Kalender jederzeit in der App *Kalender* einblenden. Um festzulegen, welche Kalender angezeigt werden sollen, tippen Sie unten in der App *Kalender* auf *Kalender*. Entfernen bzw. setzen Sie nun Häkchen bei den Kalendern, die aus- bzw. wieder eingeblendet werden sollen. Bestätigen Sie Ihre Auswahl mit *Fertig*.

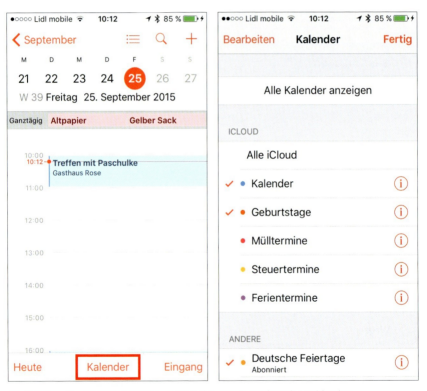

Die Termine einzelner Kalender lassen sich jederzeit aus- und wieder einblenden.

Auch das Hinzufügen weiterer Kalender kann direkt auf dem iPhone erfolgen. Zu diesem Zweck tippen Sie in der App *Kalender* erneut unten auf *Kalender*. Wählen Sie anschließend links oben *Bearbeiten*. Wählen Sie *Hinzufügen*, geben Sie dem neuen Kalender eine schlüssige Bezeichnung und weisen Sie

Mit dem iPhone clever Ihre Termine verwalten

ihm eine Kalenderfarbe zu, in der dann die entsprechenden Termine gekennzeichnet werden. Bestätigen Sie mit *Fertig*.

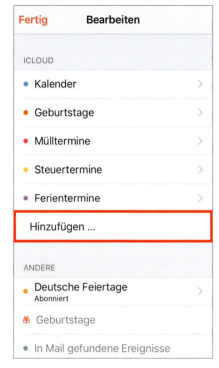 

Hier erstelle ich einen neuen iCloud-Kalender.

> **Jeden gesuchten Termin sofort finden**
>
> Auch in der App *Kalender* steht eine Suchfunktion zur Verfügung, die Sie per Fingertipp auf das Symbol 🔍 aufrufen. Geben Sie einen Begriff ein – bereits während der Eingabe werden die passenden Termine aufgelistet. Beachten Sie aber, dass lediglich die eingeblendeten Kalender durchsucht werden. Praktisch ist übrigens auch die Terminübersicht, die Sie unter dem Symbol ≔ einblenden.

Einen Kalender aus dem Internet abonnieren

Bundesliga, Schulferien, Vereinstermine – im Internet finden Sie eine ganze Reihe weiterer Kalender, die Sie gegebenenfalls auf dem iPhone verwenden können. Ihnen bieten sich dazu zwei verschiedene Möglichkeiten.

Zum einen können Sie einen Internetkalender im iCal-Format direkt in der App *Safari* (vgl. Kapitel 7) aufrufen. Ihnen wird automatisch angeboten, die

135

zugehörigen Termine in einen auf dem iPhone verfügbaren Kalender zu übernehmen. Tippen Sie dazu auf *Alle hinzufügen* und wählen Sie anschließend den Kalender aus.

Die Termine eines iCal-Kalenders in einen Kalender auf dem iPhone integrieren – die App Safari bietet Ihnen diese Option automatisch an.

Die zweite Möglichkeit besteht darin, einen Kalender aus dem Internet zu abonnieren, d. h., dass Aktualisierungen im betreffenden Kalender auch auf dem iPhone übernommen werden. Zum Abonnieren eines Kalenders benötigen Sie zunächst mal die entsprechende URL, die Sie ebenfalls im Internet ausfindig machen.

Wählen Sie dann in den iPhone-Einstellungen *Mail, Kontakte, Kalender*. Tippen Sie im Abschnitt *Accounts* auf *Account hinzufügen*. Wählen Sie *Andere* und dann den Eintrag *Kalenderabo hinzufügen*. Geben Sie die Kalender-URL ein und bestätigen Sie mit *Weiter*, um den Kalender zu abonnieren. Er wird als zusätzlicher Kalender in die App *Kalender* übernommen.

Ein Kalenderabo ist auf dem iPhone schnell eingerichtet.

> **Einen Kalender wieder entfernen**
>
> Sie möchten einen Kalender wieder aus der Kalender-App entfernen? Wählen Sie hierzu *Kalender* und dann *Bearbeiten*. Tippen Sie einen Kalender an und entscheiden Sie sich ganz unten für den Eintrag *Kalender löschen*. Bestätigen Sie anschließend erneut mit *Kalender löschen*.

Einen iCloud-Kalender für andere Personen freigeben

Speziell bei einem iCloud-Kalender bieten sich Ihnen noch weitere Möglichkeiten. Zum Thema iCloud lesen Sie alles in Kapitel 14. Hier vorab die Information, dass Sie auch Ihre Kalender und Termine im Internet speichern können. Der Vorteil liegt einerseits in der Datensicherung und im Zugriff auf Ihre Daten von mehreren Geräten aus und andererseits in der vereinfachten Freigabe für andere Personen.

Auch in diesem Zusammenhang bieten sich Ihnen zwei Möglichkeiten, nämlich zum einen die Veröffentlichung eines Kalenders im Internet, sodass jeder, der über den entsprechenden Link verfügt, darauf zugreifen und den Kalender abonnieren kann. Zum anderen können Sie einen Kalender auch für bestimmte Personen freigeben, um etwa Ihre geschäftlichen Termine mit Ihren Mitarbeitern und Kollegen zu teilen.

In beiden Fällen wählen Sie in der App *Kalender* zunächst *Kalender* und dann *Bearbeiten*. Tippen Sie anschließend den Kalender an, den Sie für andere Personen freigeben möchten.

Um einen Kalender im Internet zu veröffentlichen, sodass er von anderen Personen abonniert werden kann, aktivieren Sie die Option *Öffentlicher Kalender*. Tippen Sie anschließend auf den Eintrag *Link freigeben*, um die Kalender-URL z. B. per E-Mail zu versenden oder bei Facebook zu posten. Der Kalender kann von den Personen dabei nur angesehen, nicht jedoch verändert werden.

Veröffentlichen Sie einen Kalender, damit andere Personen ihn sich ansehen und abonnieren können.

Um einen Kalender für bestimmte Personen freizugeben, gehen Sie hingegen im Abschnitt *Freigegeben für* auf den Eintrag *Person hinzufügen*. Geben Sie die E-Mail-Adresse der betreffenden Person ein und bestätigen Sie mit *Hinzufügen*.

Standardmäßig kann die betreffende Person den Kalender selbst bearbeiten, also Termine hinzufügen oder entfernen. Um die Bearbeitungsoption zu deaktivieren oder die Freigabe komplett wieder zu beenden, tippen Sie im Abschnitt *Freigegeben für* die Person an und nehmen die gewünschten Änderungen vor.

5 ▪ Stets gut organisiert: Kontakte & Termine im Griff

Wenn Sie einen Kalender für bestimmte Personen freigeben, können diese den Kalender – sofern von Ihnen gestattet – auch bearbeiten.

Wenn eine andere Person einen Kalender für Sie freigibt, finden Sie die entsprechende Einladung direkt in der App *Kalender* unter *Eingang*.

> **Einstellungen zum Kalender vornehmen**
>
> Zeitzonen automatisch anpassen, einen chinesischen Kalender verwenden, Kalenderwochen anzeigen: Diese und weitere Einstellungen zur App *Kalender* nehmen Sie in den iPhone-Einstellungen unter *Mail, Kontakte, Kalender* und dort im Abschnitt *Kalender* vor.

Zeit- oder ortsbasiert an anstehende Aufgaben erinnern lassen

Egal, ob für einen elektronischen Einkaufszettel oder für die To-do-Liste Ihrer Aufgaben im Büro: Mit der App *Erinnerungen* erstellen Sie Listen aller Art und lassen sich von Ihrem iPhone entweder zu einer bestimmten Zeit oder an einem bestimmten Ort zuverlässig an Ihre Aufgaben erinnern.

Zeit- oder ortsbasiert an anstehende Aufgaben erinnern lassen

Wenn Sie die App *Erinnerungen* starten, werden Ihnen zunächst die verfügbaren Listen angezeigt. Um eine neue Liste zu erstellen, tippen Sie rechts oben in der App auf das Plussymbol ✚, wählen die Option *Liste*, geben der neuen Liste eine schlüssige Bezeichnung, wählen gegebenenfalls eine andere Listenfarbe aus und bestätigen mit *Fertig*.

Die Liste wird Ihnen daraufhin direkt angezeigt. Um wieder zur Listenauswahl zu gelangen, ziehen Sie die Liste einfach mit dem Finger nach unten. In den *Einstellungen* unter *Erinnerungen* wählen Sie aus, welche Liste standardmäßig zum Erstellen von Erinnerungen genutzt werden soll, insbesondere wenn Sie Siri – vgl. Kapitel 6 – mit dem Erstellen einer Erinnerung beauftragen.

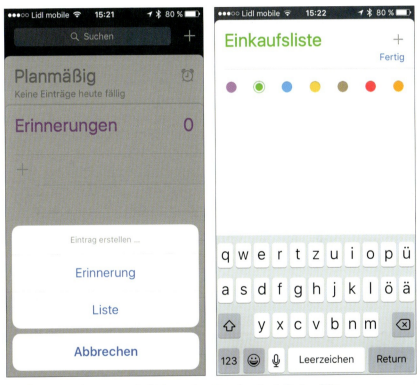

Erstellen Sie beliebige Listen, die Sie dann mit entsprechenden Aufgaben füllen.

So erstellen Sie eine neue Erinnerung

Das Erstellen von Erinnerungen ist eine recht einfache Sache. Hier zeige ich Ihnen, wie ich eine Erinnerung erstelle und diese mit einer hohen Priorität sowie einem ortsbezogenen Hinweis versehe:

1. Tippen Sie mit dem Finger in das erste Eingabefeld einer Liste, um einen neuen Eintrag einzutippen. Nachdem das geschehen ist, tippen Sie auf das zugehörige Symbol ⓘ. Um den Eintrag ohne weitere Angaben zu erstellen, bestätigen Sie einfach mit *Fertig*.

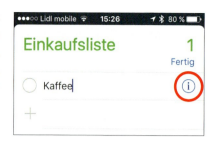

2. Zunächst soll der Eintrag mit einer hohen Priorität versehen und in der Liste entsprechend gekennzeichnet werden. Hierzu wählen Sie unter *Priorität* die gewünschte Dringlichkeitsstufe aus, in diesem Fall !!! .

3. Sie möchten sich von Ihrem iPhone an einem bestimmten Ort an eine Aufgabe erinnern lassen? Dann aktivieren Sie die Option *Ortsabhängige Erinnerung* und wählen anschließend *Ort*. Sie müssen der App außerdem, falls noch nicht geschehen, den Zugriff auf die Ortungsdienste gestatten, damit das Ganze funktioniert.

 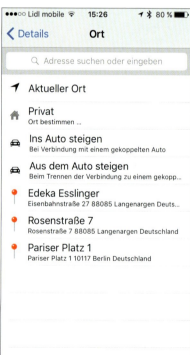

Zeit- oder ortsbasiert an anstehende Aufgaben erinnern lassen

4. Geben Sie nun die gewünschte Adresse ein. Eine Trennung der Daten durch Kommata ist nicht erforderlich. Auch die Suche nach bestimmten Örtlichkeiten, z. B. einem Supermarkt, ist kein Problem. Wählen Sie einen Ort aus und bestimmen Sie, ob die Erinnerung bei der Ankunft oder beim Verlassen des Ortes erfolgen soll. Wechseln Sie anschließend mit *Details* zurück.

5. Bestätigen Sie Ihre Einstellungen mit *Fertig*. Sie stellen fest, dass der Eintrag in Ihrer Liste mit den entsprechenden Angaben versehen wurde.

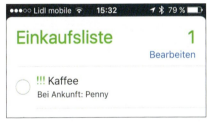

Natürlich lassen sich auch wie gewohnt zeitbasierte Erinnerungshinweise erstellen. Dazu aktivieren Sie in Schritt 3 die Option *Tagesabhängige Erinnerung* und machen anschließend Ihre Angaben.

So verwalten Sie Ihre Erinnerungen

Sie haben eine Aufgabe erledigt? Dann können Sie sie entweder wie gewohnt durch Löschen aus der Liste entfernen (in der Liste darauf tippen, Finger nach links ziehen und die Schaltfläche *Löschen* betätigen). Oder aber Sie aktivieren bei einem Eintrag das Optionsfeld ○ bzw. ◉. Beim nächsten Aufrufen der Liste befindet sich der Eintrag dann in der Liste mit den erledigten Aufgaben.

141

Um die erledigten Elemente einzublenden, tippen Sie unten in der Liste auf *Erledigte Einträge zeigen*; um sie wieder auszublenden, wählen Sie entsprechend *Erledigte Einträge ausblenden*.

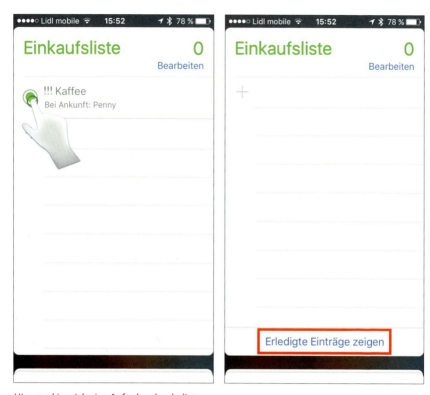

Hier markiere ich eine Aufgabe als erledigt.

Möchten Sie einen Eintrag wieder als nicht erledigt markieren? Tippen Sie dazu einfach erneut in das Optionsfeld. Beim nächsten Aufrufen der Liste ist der Eintrag wieder bei den noch nicht erledigten Aufgaben zu finden.

Falls Sie viele Aufgaben erstellt haben: Mithilfe des Suchfeldes, das oben in der Listenansicht eingeblendet ist, finden Sie sofort den gesuchten Eintrag. Zeitbasierte Erinnerungen rufen Sie in der Liste *Planmäßig* auf.

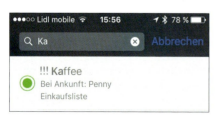

Verwenden Sie das eingebaute Suchfeld, um einen gesuchten Eintrag ausfindig zu machen.

Die App Uhr: Weltuhr, Wecker, Stoppuhr und Timer in einem

Für die Organisation Ihres Alltags ebenfalls sehr nützlich ist die App *Uhr*. Während in der Statusleiste sowie auf dem Symbol der App *Uhr* nur die aktuelle Uhrzeit angezeigt wird, bietet die App selbst noch weitergehende Funktionen, nämlich eine Weltuhr, einen Wecker, eine Stoppuhr sowie einen Timer. Gerne verschaffe ich Ihnen auch in diesem Zusammenhang einen Überblick.

Weltuhr

Ihr Sohn verbringt ein Jahr in Mumbai, oder ein Geschäftspartner von Ihnen hat seinen Sitz in New York City? Entscheiden Sie sich unten in der App *Uhr* für die Rubrik *Weltuhr*.

Das Hinzufügen weiterer Uhren ist ein Kinderspiel.

Um eine neue Weltuhr hinzuzufügen, tippen Sie rechts oben auf das Plussymbol ✚. Suchen Sie nach der gewünschten Stadt und fügen Sie diese durch Antippen des Treffers Ihren Weltuhren hinzu. Auf diese Weise stellen Sie sicher, dass Sie im Ausland nicht zu Unzeiten anrufen.

Statt einer analogen eine digitale Uhr anzeigen: Tippen Sie zum Wechseln der Ansicht eines Uhreneintrags diesen in der Rubrik *Weltuhr* einfach an.

Wecker

Auch mehrere Wecker lassen sich anlegen, etwa ein Wecker für Arbeitstage, ein Wecker für den Urlaub, ein Wecker für den Mittagsschlaf oder bei einer Bahnreise ein Wecker für die Ankunft am Zielort.

Um einen neuen Wecker anzulegen, entscheiden Sie sich in der App *Uhr* für die Rubrik *Wecker*. Tippen Sie rechts oben auf das Plussymbol ✚. (Oder halten Sie das Symbol der App *Uhr* gedrückt und wählen Sie im *3D Touch*-Menü *Wecker erstellen*.)

Erstellen Sie in der App Uhr einen oder mehrere Wecker.

Stellen Sie mithilfe der beiden »Räder« die Weckzeit ein, machen Sie Ihre Angaben zum Wecker (wählen Sie z. B. Ihre in der App Musik gespeicherte Wunschmusik zum Wecken aus; zum Thema Musik dann alles in Kapitel 9) und bestätigen Sie das Erstellen des Weckers mit *Sichern*.

Der Wecker ist nach dem Erstellen automatisch aktiviert, lässt sich aber jederzeit per Schalter wieder deaktivieren. Sie können einen Wecker auch nachträglich bearbeiten und natürlich auch wieder löschen. Am Weckersymbol in der Statusleiste erkennen Sie, dass der Wecker aktiv ist.

Stoppuhr

Ebenfalls äußerst praktisch ist die Rubrik *Stoppuhr*, falls Sie auf dem Sportplatz oder dem Hundeplatz gerade keine richtige Stoppuhr zur Hand haben sollten. Messen Sie damit in einem Wettbewerb die Zeit. Auch die Zeit pro Runde lässt sich mit der iPhone-Stoppuhr aufzeichnen.

Einfach gestrickt, aber praktisch: die iPhone-Stoppuhr.

Timer

Um den Kuchen im Ofen nicht zu vergessen oder um nach einem von Ihnen festgelegten Zeitrahmen von einer Aufgabe zur nächsten zu wechseln (Stichwort Pomodoro-Technik), ist die Rubrik *Timer* sehr nützlich. Den Timer können Sie, wie bereits beschrieben, auch im Kontrollzentrum per Fingertipp auf das Symbol aufrufen.

Stellen Sie für die Verwendung des Timers einfach die gewünschte Zeit und – unter dem Eintrag *Timer-Ende* – den gewünschten Ton ein. Mit einem Fingertipp auf *Starten* wird die Zeit nach unten gezählt. Das Herunterzählen lässt sich jederzeit pausieren und wieder fortsetzen oder abbrechen.

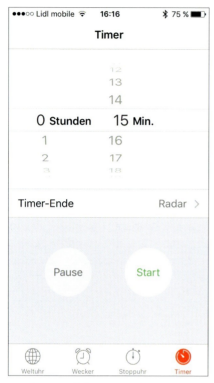 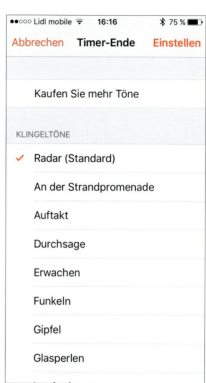

Der Timer ist vielfältig verwendbar, z. B. auch für die Pomodoro-Technik, bei der die 25-minütige Erledigung von Aufgaben und 5-minütige Pausen im Wechsel stehen.

> **Musikwiedergabe per Timer stoppen**
>
> Falls Sie auf Ihrem iPhone zum Einschlafen noch ein Viertelstündchen Musik hören möchten: Entscheiden Sie sich dann im Timer unter dem Eintrag *Timer-Ende* ganz unten für *Wiedergabe stoppen*. Die Wiedergabe der Musik wird dann nach der von Ihnen festgelegten Timer-Zeit beendet.

Notizblätter anlegen und Sprachmemos aufnehmen

Damit Sie nie wieder eine gute Idee vergessen oder um Ihr Gedächtnis bei Spaziergängen oder sonstigen Freizeitaktivitäten durch schnelle Notizen zu entlasten: Verwenden Sie die bereits verfügbaren Apps *Notizen* (für Notizen in schriftlicher Form) sowie *Sprachmemos* (für Diktate).

Notizen

Der Funktionsumfang der App *Notizen* wurde mit iOS 9 deutlich erweitert. Wählen Sie in der App einen Ordner aus bzw. tippen Sie rechts unten auf *Neuer Ordner*, um einen neuen Ordner anzulegen. Innerhalb eines Ordners erstellen Sie dann per Symbol ✏ ein Notizblatt. Tippen Sie Ihre Anmerkungen in ein vorhandenes Notizblatt.

Wenn Sie in ein Notizblatt tippen, erscheint rechts oberhalb der Tastatur ein Plussymbol ⊕. Tippen Sie dieses Symbol an, um erweiterte Optionen für die Notizen aufzurufen: Das Symbol ⊘ dient dem Formatieren als Aufzählung, das Symbol Aa dem Zuweisen von Textformatierungen, unter dem Symbol 📷 fügen Sie ein Bild ein, und wenn Sie das Symbol ✎ wählen, können Sie sogar eigene Skizzen zeichnen. Per Kreuzsymbol ✕ schließen Sie die Formatieroptionen wieder.

Möchten Sie Notizen versenden, ausdrucken oder für die weitere Verwendung in einer anderen App in die Zwischenablage kopieren? Unter dem Symbol ⬆ oben in einem Notizblatt finden Sie die entsprechenden Optionen. Zum Löschen einer nicht mehr benötigten Notiz dient das Symbol 🗑.

Mit der App Notizen bringen Sie unter iOS 9 nicht nur Texte, sondern auch Bilder und Skizzen auf das elektronische Notizblatt.

Übrigens: Per *3D Touch*-Menü, das Sie durch Gedrückthalten des App-Symbols aufrufen, lässt sich auswählen, ob Sie eine neue Notiz erstellen oder ein Foto bzw. eine neue Zeichnung einfügen möchten.

> **Notizen formatieren und Fotos einfügen**
>
> Um Text in einem Notizblatt unabhängig von den unter dem Symbol ⊕ aufgerufenen Optionen zu formatieren, doppeltippen Sie darauf, um ihn zu markieren, und passen eventuell noch die Markierung an. Im sich öffnenden Menü wählen Sie den Eintrag **B**/U und entscheiden sich für eine der Formatieroptionen *Fett*, *Kursiv* oder *Unterstrichen*.

Sprachmemos

Eine gute Alternative zu schriftlichen Notizen sind Diktate.

Starten Sie die App *Sprachmemos*, die sich standardmäßig im Ordner *Extras* auf der zweiten Seite des Home-Bildschirms befindet. Sie verwandeln Ihr iPhone damit in ein hochwertiges Diktiergerät.

Zur perfekten Nutzung dieser App eine kleine Schrittanleitung:

1. Tippen Sie in der App *Sprachmemos* auf das Symbol 🔴, um Ihre Sprachaufzeichnung zu starten. Die grafische Anzeige gibt Auskunft über die jeweilige Aufnahmelautstärke. Theoretisch kann die Aufzeichnung aus meh-

Notizblätter anlegen und Sprachmemos aufnehmen

reren Metern Entfernung erfolgen, doch dann ist sie recht leise. Am besten gelingt die Aufzeichnung, wenn das iPhone direkt vor Ihnen auf dem Tisch liegt bzw. wenn Sie es an Ihren Mund führen.

2. Um die Sprachaufzeichnung zu pausieren (und dann wieder per Symbol ⬤ fortzusetzen), tippen Sie auf das Symbol ⬤. Zum Beenden der Sprachaufzeichnung entscheiden Sie sich für *Fertig*.

3. Nachdem Sie Ihre Sprachaufzeichnung mit *Fertig* beendet haben, werden Sie zur Eingabe einer schlüssigen Bezeichnung für das Sprachmemo aufgefordert. Geben Sie diese ein und bestätigen Sie mit *Sichern*.

4. Das Sprachmemo befindet sich prompt in einer Liste. Tippen Sie es an, um Optionen zur Wiedergabe (Symbol ▶), zum Versenden (Symbol ↑), zum Löschen (Symbol 🗑) sowie zum Bearbeiten (Kürzen) zu erhalten.

Sprachmemo kürzen

Vielleicht ist am Beginn einer Aufnahme nur störendes Gehüstel zu hören? Wählen Sie ein Sprachmemo aus und entscheiden Sie sich für *Bearbeiten*. Tippen Sie dann auf das Symbol ▮, um Schnittmarkierungen einzublenden und diese durch Ziehen mit dem Finger in Position zu bringen. Bestätigen Sie den Zuschnitt mit einem Fingertipp auf *Kürzen*. Bestimmen Sie zum Schluss, ob Sie das Original kürzen oder die gekürzte Version als zusätzliche Aufnahme sichern möchten.

Kapitel 6

Ihr persönlicher Assistent: Siri

Eine der besten und zukunftsweisendsten Funktionen Ihres iPhones habe ich Ihnen bislang weitgehend vorenthalten: die Spracherkennung Siri, der Sie ganz verschiedene Fragen stellen und Befehle erteilen können. Ihre Spracheingaben werden dazu übers Internet versandt und auf einem von Apple betriebenen Server analysiert. Anschließend erhalten Sie die passende Antwort bzw. Ihr Befehl wird ausgeführt. Tauchen Sie in diesem Kapitel voll in das Thema Siri ein!

Von Sprecherstimme bis »Hey Siri«: die Spracherkennung perfekt einrichten

Sie haben Siri bereits bei der Inbetriebnahme Ihres iPhones aktiviert? Dann können Sie die Funktion bereits nutzen. Halten Sie dazu die Home-Taste einen Moment lang gedrückt – Siri startet daraufhin – entweder auf dem Sperrbildschirm oder auf dem Home-Bildschirm – und nimmt Ihre Wünsche entgegen. Mit einem Fingertipp auf das Mikrofonsymbol lässt sich jeweils eine neue Frage stellen oder ein neuer Befehl erteilen.

Halten Sie die Home-Taste gedrückt, um Siri zu aktivieren.

Falls Sie Siri zunächst noch aktivieren müssen, tun Sie dies in den *Einstellungen*, indem Sie dort *Allgemein* und dann *Siri* wählen. Aktivieren Sie die Option *Siri* und bestätigen Sie mit *Siri aktivieren*.

Auch wenn Sie Bedenken im Hinblick auf den Datenschutz haben sollten: Siri ist eine so geniale Funktion, dass Sie auf gar keinen Fall darauf verzichten sollten.

Aktivieren Sie Siri, falls noch nicht geschehen, in den iPhone-Einstellungen.

Nachdem Sie Siri aktiviert haben, bieten sich Ihnen die folgenden Optionen, um Siri für Sie perfekt einzurichten:

- *„Hey Siri" erlauben*: Wenn Sie diese Option aktivieren, können Sie Siri verwenden, indem Sie zu Ihrem iPhone die Worte »Hey Siri« sagen. Das klappt auf einem iPhone 6s oder iPhone 6s Plus – im Gegensatz zu den Vorgängermodellen – einwandfrei, auch ohne dass Ihr iPhone dazu mit einer externen Stromquelle verbunden werden muss.

Die Funktion „Hey Siri" wurde bereits mit iOS 8 eingeführt.
Sie erlaubt es, Siri durch eine Spracheingabe zu starten –
auf einem iPhone 6s oder iPhone 6s Plus auch ohne das
iPhone mit einer externen Stromquelle verbinden zu müssen.

Von Sprecherstimme bis »Hey Siri«: die Spracherkennung perfekt einrichten

- *Sprache*: Bestimmen Sie hier, in welcher Sprache Sie mit Siri kommunizieren möchten. Bei Redaktionsschluss standen Chinesisch, Dänisch, Deutsch, Englisch, Französisch, Italienisch, Japanisch, Koreanisch, Niederländisch, Norwegisch, Portugiesisch, Russisch, Schwedisch, Spanisch, Thailändisch sowie Türkisch zur Auswahl, wobei teilweise auch noch zwischen einzelnen Sprachvarianten unterschieden wird, also z. B. zwischen amerikanischem Englisch, britischem Englisch, australischem Englisch und kanadischem Englisch. Die Sprache, die Sie auswählen, gilt sowohl für die Fragen, die Sie stellen, als auch für die Antworten, die Sie erhalten.

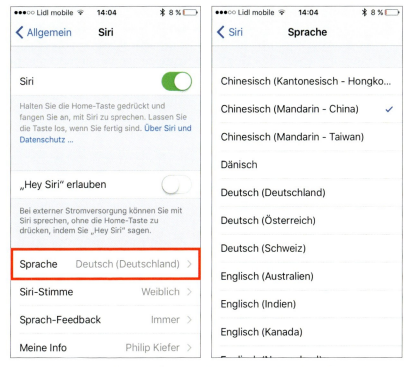

Siri ist mehrsprachig und eignet sich unter anderem auch, um Fremdsprachen zu üben.

- *Siri-Stimme*: Bevorzugen Sie eine männliche oder eine weibliche Sprecherstimme? Diese bestimmen Sie per Fingertipp unter *Siri-Stimme*.

- *Sprach-Feedback*: Standardmäßig antwortet Siri Ihnen sowohl auf dem Display als auch über den Lautsprecher. Unter dem Eintrag *Sprach-Feedback* können Sie festlegen, dass die Sprachausgabe nur bei angeschlossener Freisprecheinrichtung erfolgt bzw. – das ist neu unter iOS 9 – durch den Stummschalter geregelt wird.

- *Meine Info*: Siri spricht Sie hin und wieder mit Ihrem Namen an und greift außerdem bei verschiedenen Befehlen auf Ihre eigenen Kontaktdaten zu, z. B. wenn Sie sich den Weg nach Hause zeigen lassen möchten. Unter *Meine Info* soll deshalb Ihr eigener Name angezeigt werden. Falls dies nicht der Fall sein sollte, wählen Sie den entsprechenden Kontakt aus.

Manchmal gebraucht Siri Ihren Namen und Ihre Kontaktdaten, also Ihre »Info«.

> **Sagen Sie Siri, wie Sie genannt werden möchten**
>
> Sie möchten von Siri bei einem anderen Namen genannt werden, z. B. Ihrem Spitznamen? Das ist gar kein Problem: Teilen Sie Siri den gewünschten Namen einfach mit, sagen Sie zu Siri also etwa »Nenn mich Meister« und bestätigen Sie die anschließende Rückfrage. Der Spitzname wird prompt Ihren Kontaktdaten hinzugefügt und von Siri zukünftig verwendet.

Siri – erste Annäherung

Sie haben Siri nun ganz nach Ihren Wünschen eingerichtet. Auf den nächsten Seiten zeige ich Ihnen, was Sie mit der Spracherkennung so alles anfangen können. Bei Siri ist es fast schon so, dass man sich eher fragen muss, was die Spracherkennung wohl nicht versteht. In diversen Internetforen kursieren bereits zahlreiche Fragen, auf die es recht lustige Antworten gibt. Zur Einstimmung auf die Siri-Nutzung drei Beispiele:

Stellen Sie Siri die Frage »Was ist der Sinn des Lebens?«, erhalten Sie eine meist witzige, aber auch tiefsinnige Antwort. In diesem Fall antwortete Siri mir: »Versuche, nett zu sein, fettes Essen zu vermeiden, hin und wieder ein gutes Buch zu lesen, ab und zu mal 'ne Runde zu laufen und in Frieden und Harmonie mit Menschen aller Glaubensrichtungen und Nationen zusammenzuleben.«

Auch persönliche Fragen kann Siri beantworten, etwa die Frage: »Was ist deine Lieblingsfarbe?« Man merkt jedoch schnell, dass Siri in einer anderen Welt lebt, in diesem Fall lautete die Antwort: »Meine Lieblingsfarbe ist … naja, eine Art Grün, aber mit mehr Dimensionen.«

Auch auf die Frage »Willst du mich heiraten?« gibt Siri unterschiedliche witzige Antworten, hier: »Ich bin nicht für die Ehe geschaffen, Philip.«

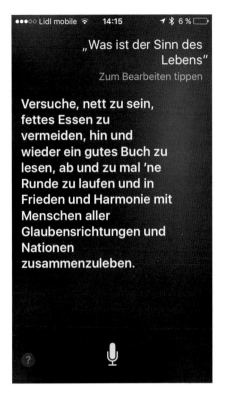

Siri beantwortet Fragen fast aller Art, die Antworten sind häufig humorvoll.

Stellen Sie Siri einfach mal ganz bewusst »blöde« Fragen ähnlicher Art, um zu sehen, was alles möglich ist!

> **HINWEIS:** Wenn Siri Sie einmal falsch verstanden hat, können Sie das Missverständnis manuell beheben. Tippen Sie dazu unterhalb des von Siri verstandenen Befehls auf *Zum Bearbeiten tippen* und geben Sie den Befehl anschließend über die Tastatur ein.

Siri-Befehle und -Fragen: die große Übersicht

Um in Erfahrung zu bringen, welche Befehle Sie Siri erteilen bzw. welche Fragen Sie stellen können, ist die integrierte Befehlsliste eine gute Anlaufstelle. Um die Befehlsliste aufzurufen, halten Sie die Home-Taste gedrückt. Um Siri zuhören zu lassen, tippen Sie auf den unteren Bereich des Displays und dann auf das links angezeigte Fragezeichensymbol . Es werden Ihnen daraufhin zunächst einige Beispiele angezeigt. Tippen Sie einen Eintrag an, um eine Befehlsübersicht zu einer Kategorie zu erhalten.

Die Siri-Befehlsliste auf dem iPhone ist zum schnellen Nachschlagen zwischendurch gut geeignet.

Siri-Befehle und -Fragen: die große Übersicht

Da die Befehlsübersicht allerdings nicht wirklich übersichtlich und auch nicht in jedem Fall selbsterklärend ist, habe ich die Befehle in der folgenden Tabelle jeweils mit einer kurzen Beschreibung versehen. Die Befehle müssen Sie übrigens nicht auswendig lernen – Siri versteht auch viele abgewandelte Formen!

Nun folgt also eine Übersicht der Siri-Befehle. Die Reihenfolge entspricht der Befehlsliste auf dem iPhone, wobei Sie jeweils zu Beginn einer Kategorie eine Beispielabbildung sehen. Picken Sie sich einfach das heraus, was Sie gebrauchen können.

Telefon

Befehl	Kurzbeschreibung
Rufe Tobias an	Ruft die genannte, in Ihren Kontakten verfügbare Person an. Bei mehreren verfügbaren Rufnummern werden Ihnen diese zur Auswahl angeboten.
Wähle die Handynummer von Sabine	Ruft die genannte, in Ihren Kontakten verfügbare Person auf dem Handy an.
Rufe Diana auf ihrer Geschäftsnummer an	Ruft die genannte, in Ihren Kontakten verfügbare Person auf dem Geschäftstelefon an.
01701234567 anrufen	Wählt die Rufnummer 01701234567.
Rufe zu Hause an	Wählt Ihre eigene Rufnummer
Rufe 110 an	Wählt die Notrufnummer 110.
Ruf die Feuerwehr an	Startet ebenfalls einen Notruf.
Zeig mir die Anrufliste	Zeigt die Anrufliste an, ohne extra die App *Telefon* zu öffnen.
Habe ich eine neue Voicemail?	Zeigt neue Voicemails an.
Spiele die Voicemail von Susanne	Voicemail wiedergeben.

FaceTime

Befehl	Kurzbeschreibung
FaceTime-Anruf mit Tobias	Es wird versucht, ein Videotelefonat mit der genannten, in den Kontakten verfügbaren Person zu starten.
	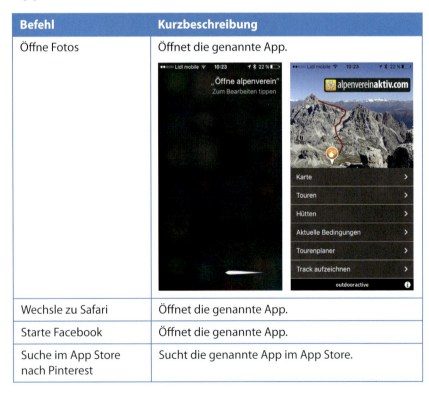
Starte einen FaceTime-Anruf mit Georg	Es wird versucht, ein Videotelefonat mit der genannten, in den Kontakten verfügbaren Person zu starten.
Rufe Georg mit FaceTime Audio an	Es wird versucht, ein FaceTime-Audiotelefonat mit der genannten, in den Kontakten verfügbaren Person zu starten.

Apps

Befehl	Kurzbeschreibung
Öffne Fotos	Öffnet die genannte App.
Wechsle zu Safari	Öffnet die genannte App.
Starte Facebook	Öffnet die genannte App.
Suche im App Store nach Pinterest	Sucht die genannte App im App Store.

Siri-Befehle und -Fragen: die große Übersicht

Befehl	Kurzbeschreibung
Suche Twitter im App Store	Sucht die genannte App im App Store.
Lade Facebook aus dem App Store	Sucht die genannte App im App Store.
Finde im App Store Kochbuch-Apps	Sucht die genannte App im App Store.

Nachrichten

Befehl	Kurzbeschreibung
Sage Diana ich bin gleich da	Sendet eine Nachricht mit dem Inhalt »Ich bin gleich da« an die genannte, in den Kontakten verfügbare Person. Der Versand erfolgt erst nach einer Rückfrage.
Sende eine Nachricht an Andreas Scholz	Erstellt eine neue Nachricht an die genannte, in den Kontakten verfügbare Person.
Sende eine Nachricht an Sabine und sage wie wärs mit morgen	Sendet eine Nachricht mit dem Inhalt »Wie wär's mit morgen« an die genannte, in den Kontakten verfügbare Person.
Sage Susanne die Vorstellung war klasse	Sendet eine Nachricht mit dem Inhalt »Die Vorstellung war klasse« an die genannte, in den Kontakten verfügbare Person.
Schicke eine Nachricht an Dianas Handy und sage ich komme heute später	Sendet eine Nachricht mit dem Inhalt »Ich komme heute später« an die genannte, in den Kontakten verfügbare Person.
Sende eine Nachricht an 0401270043	Erstellt eine neue Nachricht an die genannte Festnetz- oder Handynummer.

6 ▪ Ihr persönlicher Assistent: Siri

Befehl	Kurzbeschreibung
SMS an Tobias und Sabine wo seid ihr?	Sendet eine Nachricht mit dem Inhalt »Wo seid ihr?« an die zwei genannten, in den Kontakten verfügbaren Personen.
Lies meine neuen Nachrichten vor	Liest Ihnen neu eingegangene Kurznachrichten vor.
Lies sie noch einmal vor	Wiederholt das Vorlesen der Kurznachrichten.
Antworte das sind tolle Neuigkeiten	Antwortet auf eine Kurznachricht mit dem Inhalt »Das sind tolle Neuigkeiten«.
Sag ihm ich bin in 10 Minuten dort	Antwortet auf eine Kurznachricht mit dem Inhalt »Ich bin in 10 Minuten dort«.
Ruf sie an	Ein Anruf zum Nachrichtenversender wird getätigt.
Lies die letzte Nachricht von Susanne vor	Liest die zuletzt erhaltene Kurznachricht der genannten, in den Kontakten verfügbaren Person vor.

Kalender

Befehl	Kurzbeschreibung
Erstelle Termin um 14 Uhr	Erstellt im Standardkalender einen einstündigen »Termin« benannten Termin zur angegebenen Uhrzeit (je nach dem Zeitpunkt des Befehls entweder am aktuellen Tag oder am Folgetag). 

Siri-Befehle und -Fragen: die große Übersicht

Befehl	Kurzbeschreibung
Richte eine Besprechung mit Christian um 9 ein	Erstellt im Standardkalender einen einstündigen »Besprechung mit Christian« benannten Termin zur angegebenen Uhrzeit.
Treffen mit Sabine am Mittag	Erstellt im Standardkalender einen einstündigen »Besprechung mit Sabine« benannten Termin um 12 Uhr mittags.
Plane eine Besprechung wegen Urlaub morgen früh um 9 Uhr	Erstellt im Standardkalender einen einstündigen »Urlaub« benannten Termin zur angegebenen Uhrzeit.
Neuer Termin mit Diana Kappel am Freitag um 15 Uhr	Erstellt im Standardkalender einen einstündigen »Termin mit Diana Kappel« benannten Termin am gewünschten Tag zur angegebenen Uhrzeit.
Erstelle eine Besprechung wegen Planung heute um 8:30 Uhr im Tagungsraum	Erstellt im Standardkalender einen einstündigen »Planung« benannten und mit der Ortsangabe »Tagungsraum« versehenen Termin zur angegebenen Uhrzeit.
Verschiebe meine Besprechung von 15 Uhr auf 16:30 Uhr	Verschiebt den zum ersten genannten Zeitpunkt stattfindenden Termin auf den zweiten genannten Zeitpunkt.
Verschiebe meinen Termin mit Dr. Grimm auf nächsten Montag um 9 Uhr morgens	Verschiebt den genannten Termin auf einen neuen Zeitpunkt.
Füge Georg zu meinem Termin heute um 9 Uhr hinzu	Fügt eine Person als Teilnehmer dem genannten Termin hinzu.
Sage meinen Termin zum Thema Urlaub ab.	Löscht den genannten Termin aus dem Kalender.
Wie beschäftigt bin ich den Rest des Tages?	Zeigt Ihnen anstehende Termine an.
Was steht am Freitag in meinem Kalender?	Zeigt Ihnen an einem bestimmten Tag anstehende Termine an.
Wann ist mein nächster Termin?	Zeigt Ihnen den nächsten anstehenden Termin an.
Wann ist die Besprechung mit Christian?	Zeigt Ihnen den genannten Termin an.
Wo ist meine nächste Besprechung?	Zeigt Ihnen den Ort des nächsten anstehenden Termins an.

6 ▪ Ihr persönlicher Assistent: Siri

Sport

Befehl	Kurzbeschreibung
Hat Bayern gewonnen?	Siri verfolgt für Sie die deutsche Bundesliga und weitere Sportligen! Mit der Frage, ob Ihr Lieblingsverein gewonnen hat, werden Sie über das letzte Spielergebnis informiert. Fragen Sie also z. B. »Hat Bayern gewonnen?« oder »Haben die Dallas Mavericks gewonnen?«
Wie hat Hamburg gestern Abend gespielt?	Auch diese Frage stellen Sie mit Ihrem Lieblingsverein, um das entsprechende Spielergebnis geliefert zu bekommen.
Wie hat Bremen das letzte Mal gespielt?	Eine weitere Frage, die Ihnen Infos zu Ihrem Lieblingsverein liefert.
Was sind die Fußballergebnisse von gestern Abend?	Zeigt Ihnen die Bundesligaergebnisse des gestrigen Spieltags an.
Wer wird das Dortmund Spiel gewinnen?	Zeigt Ihnen den Spielstand eines aktuell laufenden Spiels bzw. den Spielplan einer Mannschaft an.
Wann spielt Hannover wieder?	Wiederum stellen Sie die Frage mit Ihrem Lieblingsverein, um über das nächste Spiel in der Bundesliga informiert zu werden.
Wann spielt Berlin zum ersten Mal nächste Saison?	Auch mit dieser Frage erhalten Sie Infos aus der deutschen Bundesliga
Welche Basketballspiele werden heute übertragen?	Zeigt Ihnen die nächsten Spiele der entsprechenden Liga an.

Siri-Befehle und -Fragen: die große Übersicht

Befehl	Kurzbeschreibung
Wann spielt Deutschland das nächste Mal?	Bei dieser Frage verwies Siri bei Redaktionsschluss auf die letzte Fußball-Weltmeisterschaft.
Wo wird das nächste Red Sox Spiel übertragen?	Zeigt, sofern verfügbar, entsprechende Fernsehinformationen an.
Was ist die beste Fußballmannschaft?	Zeigt an, welche Mannschaft in der Bundesligatabelle führt.
Wie haben die Bayern in der letzten Saison gespielt?	Zeigt an, auf welchem Tabellenplatz eine Mannschaft die letzte Bundesligasaison beendete.
Wer hat in der NBA gewonnen?	Zeigte bei Redaktionsschluss Mannschaften aus der genannten Liga an.
Wie sieht es in der italienischen Serie A aus?	Zeigt die jeweils genannte Ligatabelle an.
Zeig mir die Bundesligatabelle	Zeigt die Bundesligatabelle an.
Wie sieht es in der Champions League Tabelle aus?	Zeigt die Ergebnisse der letzten Spiele in der Champions League an.
Welcher Spieler hat die meisten Tore geschossen?	Mit dieser Frage können Sie sich darüber in Kenntnis setzen, wer in der aktuellen Saison die Torschützenliste anführt. Diese Abfrage ist nicht nur für die Bundesliga, sondern auch für weitere große Fußballligen möglich.
Wer hat für die Hamburger die meisten Tore erzielt?	Zeigt für die Bundesliga und weitere große Fußballligen entsprechende Informationen an.
Welcher Spieler hat die meisten Körbe im Basketball?	Sie interessieren sich nicht nur für Fußball, sondern auch für Basketball? Passen Sie Ihre Fragen entsprechend an!
Welcher Stürmer hatte in der letzten Fußballsaison die meisten Vorlagen?	Auch die Anzahl der Torvorbereitungen kann für die Bundesliga und weitere große Fußballligen abgefragt werden.
Wer spielt als Verteidiger für Köln?	Bei Redaktionsschluss konnte Siri diese Frage nicht beantworten, grundsätzlich weiß Siri aber eine ganze Menge über Fußball.
Wer spielt heute im Eishockeyteam San Jose Sharks?	Siri versteht auch Fragen zu Eishockey.

Befehl	Kurzbeschreibung
Wie viele Punkte haben die Bremer?	Führte bei Redaktionsschluss zu einer Websuche.
Auf welcher Position spielt Thomas Müller?	Gab bei Redaktionsschluss Informationen zu einem amerikanischen Sportler aus.
Wer spielt bei den Bayern?	Zeigte bei Redaktionsschluss die nächste Begegnung der genannten Mannschaft an.
Wer ist diese Saison Stürmer bei Stuttgart?	Zeigt die Stürmer des abgefragten Bundesliga-Teams an.
Wie heißt der Pitcher für die San Francisco Giants?	Zeigt die Pitcher des abgefragten Baseball-Teams an.
Wie sieht es in der Baseball Liga aus?	Zeigt die nächsten Spiele in der genannten Liga an.
Wie sieht es in der NHL aus?	Zeigt die nächsten Spiele in der genannten Liga an.

Fotos

Befehl	Kurzbeschreibung
Zeig mir meine Fotos von gestern	Zeigt die gestrigen Aufnahmen in der App *Fotos* an.
Öffne die Fotos von gestern Abend	Zeigt die gestrigen Aufnahmen in der App *Fotos* an.
Zeig meine Videos vom Wochenende	Zeigt die Videoaufnahmen vom Wochenende in der App *Fotos* an.
Zeig meine Videos, die in Berlin aufgenommen wurden	Zeigt – Geotagging vorausgesetzt – die an einem bestimmten Ort aufgenommenen Videoaufnahmen in der App *Fotos* an.
Zeig meine Fotos von Mallorca vom letzten Sommer	Zeigt – Geotagging vorausgesetzt – Aufnahmen in der App *Fotos* an, die an einem bestimmten Ort und zu einer bestimmten Zeit getätigt wurden.

Siri-Befehle und -Fragen: die große Übersicht

Karten

Befehl	Kurzbeschreibung
Wie komme ich nach Hause?	Sucht nach einer Wegbeschreibung zu Ihnen nach Hause (entsprechend Ihren Angaben in den Siri-Einstellungen unter *Meine Info*) und zeigt diese auf einer Karte an. Das iPhone kann Sie dann auch gleich dorthin navigieren (siehe Kapitel 11).
Wo liegt das Schloss Neuschwanstein?	Zeigt bekannte Örtlichkeiten auf einer Karte an.
Zeig mir den schnellsten Weg zu meiner Mama	Sofern Sie die Adresse Ihrer Mutter in den Kontakten gespeichert und Siri mitgeteilt haben, wer Ihre Mutter ist (Sie werden beim ersten Mal danach gefragt), wird prompt eine Route geplant und die Navigation gestartet. Natürlich können Sie statt »Mama« auch einen anderen Kontakt nennen.
Ruf mir die Route von Dresden nach Frankfurt auf	Berechnet eine Route von Dresden nach Frankfurt am Main.
Zeige mir den Fußweg zu Susannes Wohnung	Auch Fußgängerrouten lassen sich via Siri berechnen. Die Routen waren allerdings bei Redaktionsschluss nicht immer perfekt.
Wann muss ich als Nächstes abbiegen?	Zeigt während einer Navigation an, wann das nächste Abbiegen erfolgt.
Wann sind wir da?	Zeigt während einer Navigation an, wie lange die Fahrt ungefähr noch dauern wird.

6 ▪ Ihr persönlicher Assistent: Siri

Befehl	Kurzbeschreibung
Was ist die geschätzte Ankunftszeit?	Zeigt während einer Navigation an, wie lange die Fahrt ungefähr noch dauern wird.
Wo ist die nächste Tankstelle?	Zeigt Tankstellen in der Nähe an. Auf gleiche Weise kann auch nach weiteren Geschäften gesucht werden.
Zeig mir den Kölner Dom	Zeigt eine bestimmte Örtlichkeit auf einer Karte an.
Zeige mir eine Karte von Landstuhl	Zeigt einen Stadtplan der genannten Stadt an.
Suche ein Café in der Nähe	Zeigt Cafés in der Nähe an. Auf gleiche Weise kann auch nach weiteren Geschäften gesucht werden.
Finde das beste Nagelstudio	Zeigt Nagelstudios in der Nähe an. Auf gleiche Weise kann auch nach weiteren Geschäften gesucht werden.
Wo ist der nächste Apple Store?	Zeigt die nächstgelegenen Apple Stores an.

Twitter

Befehl	Kurzbeschreibung
Poste auf Twitter das Fußballspiel war einfach genial	Erstellt einen Twitter-Beitrag mit dem Inhalt »Das Fußballspiel war einfach genial«. 
Twittere schon wieder ein herrlicher Tag in Berlin	Erstellt einen Twitter-Beitrag mit dem Inhalt »Schon wieder ein herrlicher Tag in Berlin«.

Siri-Befehle und -Fragen: die große Übersicht

Befehl	Kurzbeschreibung
Erstelle einen Tweet mit meinem Standort ich verbringe einen wunderbaren Urlaub mit Diana	Erstellt einen Twitter-Beitrag mit dem Inhalt »Ich verbringe einen wunderbaren Urlaub mit Diana« und fügt die Angabe Ihres aktuellen Standorts hinzu.
Twittere das Konzert mit den Toten Hosen heute Abend war genial	Erstellt einen Twitter-Beitrag mit dem Inhalt »Das Konzert mit den Toten Hosen heute Abend war genial«.
Suche auf Twitter nach Köln	Durchsucht Twitter nach Beiträgen zum von Ihnen genannten Thema.
Zeige mir meine Tweets	Zeigt Ihnen Ihre eigenen Twitter-Beiträge an.
Was gibt's Neues zu Hamburg auf Twitter?	Durchsucht Twitter nach Beiträgen zum von Ihnen genannten Thema.
Finde Tweets zu Heidelberger Schloss	Durchsucht Twitter nach Beiträgen zum von Ihnen genannten Thema.
Zeige mir Trends bei Twitter	Zeigt Twitter-Trends an.
Was gibt's auf Twitter?	Zeigt neue Twitter-Beiträge in der Twitter-App an.
Zeige Tweets über die Foo Fighters	Durchsucht Twitter nach Beiträgen zum von Ihnen genannten Thema.

Facebook

Befehl	Kurzbeschreibung
Neuer Facebook-Status ich sehe mir den aktuellen Pixar-Film an	Erstellt einen Facebook-Beitrag mit dem Inhalt »Ich sehe mir den aktuellen Pixar-Film an«.

Befehl	Kurzbeschreibung
Schreib an meine Wand die Wanderung an der Nordsee war super	Erstellt einen Facebook-Beitrag mit dem Inhalt »Die Wanderung an der Nordsee war super«.
Neuer Facebook-Status bin grad in München gelandet	Erstellt einen Facebook-Beitrag mit dem Inhalt »Bin grad in München gelandet«.

Restaurants

Befehl	Kurzbeschreibung
Finde eine gute Pizzeria in Detmold	Zeigt Pizzerien (oder andere Geschäfte) an einem bestimmten Ort an.
Gute griechische Restaurants in der Nähe	Zeigt griechische Restaurants (oder andere Restaurants und weitere Geschäfte) in der Nähe an.
Tisch für vier in San Francisco	Sucht nach passenden Restaurants, in denen ein Tisch reserviert werden kann; Siri fragt Sie nach der Uhrzeit.
Buche einen Tisch in einem romantischen Restaurant um 8 Uhr abends	Sucht nach passenden Restaurants, in denen für die angegebene Uhrzeit ein Tisch reserviert werden kann.
Bewertung Café Anna Blume in Berlin	Zeigt Bewertungen zum abgefragten Restaurant an.

Filme

Befehl	Kurzbeschreibung
Suche Walt Disney Filme	Gab bei Redaktionsschluss die Meldung aus, dass der Film nicht in Kinos in der Nähe läuft.
Wer spielt bei Gegen jede Regel mit?	Nennt die wichtigsten Schauspieler im ausgewählten Film und zeigt Detailinfos dazu an.
Finde witzige Filme	Sucht nach aktuellen Komödien. Durch Antippen eines angezeigten Eintrags erhalten Sie weitere Infos zum Film. Sie können auch nach »traurigen Filmen« oder »Kinderfilmen« suchen. Versuchen Sie es mit weiteren Genres!
Wer ist der Regisseur von Findet Nemo?	Nennt den Regisseur des ausgewählten Films und zeigt Detailinfos dazu an.
Was ist die Altersfreigabe für den Film Cars?	Soll die Altersfreigabe des genannten Films nennen, bei Redaktionsschluss glänzte Siri jedoch häufig mit Unwissen.
Ich will den neuen Pixar Film gucken	Gab bei Redaktionsschluss die Meldung aus, dass der Film nicht in Kinos in der Nähe läuft.
Was läuft morgen im Kino?	Bietet eine Übersicht aktueller Kinofilme zur Auswahl an.
Was läuft heute im CinemaxX in Augsburg?	Zeigt die Filme an, die am genannten Ort laufen.
Drei Karten für den neuesten Pixar Film	Reserviert Karten für den genannten Film, sofern in einem Kino in Ihrer Nähe möglich.
Kaufe vier Karten für den neuen Walt Disney Film in San Jose heute Abend	Reserviert Karten für den genannten Film in einem Kino am genannten Ort.
Zwei Karten für Tangled im City Theater heute Abend um 9	Reserviert Karten für den genannten Film zur genannten Uhrzeit.

Befehl	Kurzbeschreibung
Finde Kinos in der Nähe	Zeigt Kinos im Umkreis an.
Zeige mir Rezensionen für Vaterfreuden	Gibt Rezensionen und Infos zum angegebenen Film aus.
Welcher Film gewann 1966 den Oscar als bester Film?	Soll wohl die abgefragte Filminfo liefern, gab jedoch bei Redaktionsschluss die Meldung aus, dass der Film nicht in Kinos in der Nähe läuft.

Musik

Befehl	Kurzbeschreibung
Spiele Norah Jones	Startet die Wiedergabe aller Titel des genannten Interpreten (zur Musikwiedergabe vgl. Kapitel 9).
Spiele Walk von Foo Fighters	Spielt einen bestimmten Titel des genannten Interpreten.
Zufällige Wiedergabe von meinem Sport-Mix	Gibt die genannte Wiedergabeliste in einer zufälligen Titelfolge wieder.
Spiele klassische Musik	Spielt alle Titel des genannten Genres.
Spiele meinen Party-Mix	Spielt alle Titel in der genannten Wiedergabeliste.
Gib meine Sportstudio Wiedergabeliste im Zufallsmodus wieder	Gibt die genannte Wiedergabeliste in einer zufälligen Titelfolge wieder.
Spiele aktuelle Titel von U2	Startet die Wiedergabe neuerer Titel des genannten Interpreten.
Spiele die Top Hits aus dem Genre Hip-Hop	Startet die Wiedergabe der Top-Hits aus dem genannten Genre.
Füge Ein Kompliment von Sportfreunde Stiller zur Sammlung hinzu	Funktionierte bei Redaktionsschluss nicht, aber es soll wohl der genannte Titel einer Wiedergabeliste hinzugefügt werden.
Spiele das erste Album von Tim Bendzko	Startet die Wiedergabe des genannten Albums.

Siri-Befehle und -Fragen: die große Übersicht

Befehl	Kurzbeschreibung
Spiele als nächstes Von hier an blind	Fügt den genannten Titel der aktuellen Wiedergabe hinzu.
Abspielen	Startet allgemein die Wiedergabe.
Spiele ähnliche Titel	Fügt unter Verwendung der Genius-Funktion ähnliche Titel wie den gerade angehörten der aktuellen Wiedergabe hinzu.
Spiele mehr von diesem Interpreten	Fügt weitere Titel des gerade gehörten Interpreten der aktuellen Wiedergabe hinzu.
Pause	Pausiert die Wiedergabe.
Überspringen	Überspringt einen Titel in einem Album, einer Wiedergabeliste etc.
Spiel iTunes Radio	Startet das iTunes Radio.
Spiele meinen Rocksender	Gibt den genannten Sender im iTunes Radio wieder.
Spiel meinen Norah Jones Sender	Gibt den genannten Sender im iTunes Radio wieder.
Spiele mehr solche Titel	Gibt ähnliche Titel wie den gerade gehörten im iTunes Radio wieder.
Spiel dieses Lied nicht mehr	Gibt einen Titel, der Ihnen nicht zusagt, nicht mehr im iTunes Radio wieder.
Der Titel gefällt mir	Teilt Ihre Musikvorlieben mit. Siri antwortet mit »Alles klar«.
Was für ein Lied ist das?	Hört einen Song an, den Sie z. B. im Radio hören, und gibt Interpret und Titel aus. Die Musikerkennung basiert auf dem beliebten Dienst Shazam, für den es auch eine eigene App gibt.
Wer singt das?	Hört einen Song an, den Sie z. B. im Radio hören, und gibt Interpret und Titel aus.
Wie heißt dieser Titel?	Hört einen Song an, den Sie z. B. im Radio hören, und gibt Interpret und Titel aus.
Welches Lied läuft gerade?	Hört einen Song an, den Sie z. B. im Radio hören, und gibt Interpret und Titel aus.
Kaufe diesen Titel	Ermöglicht den Kauf eines Titels im iTunes Store.
Füge dieses Lied zu meiner Wunschliste hinzu	Fügt einen Titel der Wunschliste im iTunes Store hinzu. Die mit Siri abgefragten Titel lassen sich aber sowieso auch im iTunes Store abrufen.

Erinnerungen

Befehl	Kurzbeschreibung
Denke dran Schirm mitnehmen	Erstellt eine Erinnerung mit dem Inhalt »Schirm mitnehmen«.
Erinnere mich morgen früh um 6 daran Medizin nehmen	Erstellt für den Folgetag um 6 Uhr morgens eine Erinnerung mit dem Inhalt »Medizin nehmen«.
Neue Erinnerung für 18 Uhr Bericht fertigstellen	Erstellt für 18 Uhr eine Erinnerung mit dem Inhalt »Bericht fertigstellen«.
Zeige mir meine Bücherliste	Zeigt die Einträge in der genannten Liste an.
Als erledigt markieren	Soll wohl eine Erinnerung als erledigt markieren, startete jedoch bei Redaktionsschluss eine Websuche.
Erstelle eine neue Liste Lebensmittel	Soll wohl eine neue Liste in der App *Erinnerungen* erstellen, schlug bei Redaktionsschluss jedoch eine Suche nach Supermärkten vor.
Erinnere mich morgen an diese E-Mail	Erstellt eine entsprechende E-Mail-Erinnerung.
Merk dir diese Website	Erstellt eine Erinnerung mit der Webadresse der gerade aufgerufenen Webseite.
Erinnere mich daran Mama anrufen wenn ich nach Hause komme	Erstellt eine ortsbezogene Erinnerung mit dem Inhalt »Mama anrufen«.
Erinnere mich daran Tobias anrufen wenn ich das Büro verlasse	Erstellt eine ortsbezogene Erinnerung mit dem Inhalt »Tobias anrufen«.

Befehl	Kurzbeschreibung
Erinnere mich an Papa anrufen wenn ich im Auto bin	Erstellt eine Erinnerung mit dem Inhalt »Papa anrufen«; der Hinweis erfolgt bei einer Verbindung mit dem Auto (CarPlay).
Erinnere mich dran Blumen holen wenn ich weggehe	Erstellt eine ortsbezogene Erinnerung mit dem Inhalt »Blumen holen«.

E-Mail

Befehl	Kurzbeschreibung
Emaile Georg wegen der Reise	Erstellt (sofern Sie ein E-Mail-Konto eingerichtet haben, vgl. Kapitel 8) eine E-Mail an den genannten, in den Kontakten verfügbaren Empfänger mit dem Betreff »Reise«. Anschließend können Sie Siri auch gleich noch den E-Mail-Text diktieren.
Sende eine E-Mail an Susanne wegen Planänderung	Erstellt eine E-Mail an den genannten, in den Kontakten verfügbaren Empfänger mit dem Betreff »Planänderung«.
Neue E-Mail an Diana Kappel	Erstellt eine E-Mail an den genannten, in den Kontakten verfügbaren Empfänger. Anschließend diktieren Sie sowohl Betreff als auch Text der neuen E-Mail.
Sende eine E-Mail an Vater wegen der Überweisung	Erstellt eine E-Mail an den genannten, in den Kontakten verfügbaren Empfänger mit dem Betreff »Überweisung«.
Sende eine E-Mail an Dr. Grimm mit dem Inhalt danke ich habe die Formulare erhalten	Erstellt eine E-Mail an den genannten, in den Kontakten verfügbaren Empfänger mit dem Text »Danke ich habe die Formulare erhalten«. Sie werden dann noch nach dem Betreff gefragt.

6 ▪ Ihr persönlicher Assistent: Siri

Befehl	Kurzbeschreibung
Eine E-Mail an Sabine und Tobias senden mit Betreff ich hatte heute viel Spaß	Erstellt eine E-Mail an die beiden genannten, in den Kontakten verfügbaren Empfänger mit dem Betreff »Ich hatte heute viel Spaß«.
Rufe E-Mails ab	Ruft neue E-Mails vom Posteingangsserver ab.
Gibt es heute neue E-Mails von Christian?	Zeigt neue E-Mails eines bestimmten Absenders an.
Zeige neue E-Mails zum Mietvertrag	Zeigt neue E-Mails mit einem bestimmten Betreff an.
Zeige die E-Mail von Sabine von gestern	Zeigt die gestrigen E-Mails eines Absenders an.
Antworte Diana bitte entschuldige die späte Zahlung	Antwortet auf eine E-Mail mit dem Inhalt »Bitte entschuldige die späte Zahlung«.
Rufe ihn im Geschäft an	Startet einen Anruf mit einem E-Mail-Absender.

Wetter

Befehl	Kurzbeschreibung
Wie wird das Wetter heute?	Zeigt das heutige Wetter am aktuellen Standort an; tippen Sie die angezeigte Prognose an, um die App *Wetter* zu öffnen. (Zum Einrichten der App *Wetter* alles in Kapitel 11.) 
Wie wird das Wetter morgen?	Zeigt das morgige Wetter am aktuellen Standort an.

Siri-Befehle und -Fragen: die große Übersicht

Befehl	Kurzbeschreibung
Wie ist die Vorhersage für den Abend?	Zeigt das aktuelle Wetter am genannten Standort an. Für zwölf Stunden im Voraus bietet Siri eine stündliche Vorhersage.
Was wird die Höchsttemperatur am Donnerstag in Heidelberg sein?	Zeigt die Höchsttemperatur zum gewünschten Zeitpunkt am genannten Standort an.
Wie ist die Außentemperatur?	Zeigt die momentane Temperatur am aktuellen Standort an.
Ist es windig heute?	Informiert über die heutigen Windverhältnisse am aktuellen Standort.
Wann geht in Paris die Sonne auf?	Informiert über die heutige Sonnenaufgangszeit am genannten Standort.
Brauche ich heute einen Schirm?	Zeigt an, ob in der Wetterprognose für den aktuellen Standort Regen zu sehen ist.

Aktien

Befehl	Kurzbeschreibung
Aktienkurs von Apple	Gibt den aktuellen Kurs des genannten Wertpapiers aus, tippen Sie den angezeigten Wert an, um die App *Aktien* zu öffnen und, falls noch nicht geschehen, den Wert hinzuzufügen.

Wie ist das Kurs-Gewinn-Verhältnis von Apple?	Gibt das Kurs-Gewinn-Verhältnis des genannten Wertpapiers aus.

175

Befehl	Kurzbeschreibung
Wie ist der Schlusskurs von Yahoo heute?	Gibt den aktuellen Schlusskurs des genannten Wertpapiers aus.
Wie steht der NASDAQ heute?	Gibt den aktuellen Stand des genannten Aktienindex aus.
Wie sehen die Börsen aus?	Gibt einen Überblick über die wichtigsten Aktienindizes.
Wie steht der DAX?	Gibt den aktuellen Stand des DAX aus.
Vergleiche DAX und Dow Jones	Zeigt die Entwicklung des DAX sowie des Dow Jones Industrial Average an.

Uhr

Befehl	Kurzbeschreibung
Wecke mich um 7 Uhr	Erstellt einen Wecker mit der genannten Weckzeit, dem zuletzt verwendeten Weckton und ohne Wiederholung.
Stelle einen Wecker für 6:30 Uhr morgens	Erstellt einen Wecker mit der genannten Weckzeit, dem zuletzt verwendeten Weckton und ohne Wiederholung.
Wecke mich in 8 Stunden	Erstellt einen Wecker zum gewählten Zeitpunkt, mit dem zuletzt verwendeten Weckton und ohne Wiederholung.
Ändere meinen Wecker von 6:30 Uhr auf 6:45 Uhr	Stellt einen Wecker neu.
Schalte meinen Wecker für 6:30 Uhr aus	Deaktiviert den genannten Wecker.
Lösche meinen Wecker für 7:30 Uhr	Entfernt den genannten Wecker aus der App *Uhr*.
Schalte alle meine Wecker aus	Deaktiviert alle in der App *Uhr* angelegten Wecker.

Befehl	Kurzbeschreibung
Wie spät ist es?	Nennt die aktuelle Zeit.
Wie viel Uhr ist es in Berlin?	Nennt die aktuelle Zeit am genannten Standort.
Welches Datum ist heute?	Nennt das aktuelle Datum.
Welches Datum ist diesen Samstag?	Nennt das Datum am genannten Tag.
Stelle den Timer auf 10 Minuten	Stellt den Timer auf 10 Minuten und startet ihn.
Zeige den Timer	Zeigt den Timer an.
Halte den Timer an	Pausiert den Timer.
Stelle den Timer wieder an	Setzt den Timer fort.
Setze den Timer zurück	Stellt den Timer auf die Anfangszeit zurück und stoppt ihn.
Stopp	Soll wohl den Timer anhalten, wollte im Test jedoch die Musikwiedergabe stoppen. Geben Sie besser den eindeutigen Befehl »Stoppe den Timer«.

Kontakte

Befehl	Kurzbeschreibung
Was ist Sabines Adresse?	Zeigt die Adresse des genannten Kontaktes an. Tipp: Um Missverständnisse mit Siri von vornherein zu vermeiden, kann es sich anbieten, bei der Namensnennung auf das Genitiv-s zu verzichten. „Was ist Klaus Adresse" Zum Bearbeiten tippen **Hier ist die Adresse von Klaus Mustermann:** Klaus Mustermann Privat Mustergasse 11 234556 Beispielstadt Deutschland
Was ist die Telefonnummer von Diana Kappel?	Zeigt die Rufnummer(n) des genannten Kontaktes an.

Befehl	Kurzbeschreibung
Wann ist der Geburtstag meiner Frau?	Zeigt, sofern in den Kontakten eingegeben, den Geburtstag des genannten Kontaktes an.
Zeige die private E-Mail-Adresse von Susanne	Zeigt die mit »Privat« etikettierte E-Mail-Adresse des genannten Kontaktes an.
Wie ist die Geschäftsadresse von meinem Bruder?	Zeigt die Geschäftsadresse des genannten Kontaktes an. Siri fragt Sie in diesem Fall, falls noch nicht angegeben, wer Ihr Bruder ist.
Zeige Tobias Böhm	Zeigt die verfügbaren Daten zum genannten Kontakt.
Suche Personen mit dem Namen Kappel	Durchsucht die Kontakte nach dem genannten Namen.
Meine Mutter ist Diana Kappel	Definiert den genannten Kontakt als Mutter. Alternativ erstellen Sie einen Eintrag mit dem entsprechenden Etikett in der App *Kontakte*.
Christian Winter ist mein Bruder	Definiert den genannten Kontakt als Bruder.
Rufe meinen Bruder im Geschäft an	Ruft den als Bruder definierten Kontakt auf dem Geschäftstelefon an.
Lerne meinen Namen richtig auszusprechen	Damit Siri Ihren Namen richtig ausspricht, sprechen Sie diesen ein und wählen anschließend die passende Option aus.
Lerne, wie der Name von meiner Mutter richtig ausgesprochen wird	Bringen Sie Siri bei, wie der Name Ihrer Mutter richtig ausgesprochen wird.
Lerne, wie der Name von Cengiz Bozkurt ausgesprochen wird	Bringen Sie Siri bei, wie der Name einer beliebigen Person richtig ausgesprochen wird.

Freunde suchen

Befehl	Kurzbeschreibung
Wo ist Klaus?	Sucht mithilfe der App *Freunde suchen* nach dem hinzugefügten Freund.

Siri-Befehle und -Fragen: die große Übersicht

Befehl	Kurzbeschreibung
Wo ist meine Schwester?	Sucht mithilfe der App *Freunde suchen* nach der hinzugefügten Schwester.
Ist meine Tochter zu Hause?	Prüft mithilfe der App *Freunde suchen* den Standort der hinzugefügten Tochter.
Wo sind alle meine Freunde?	Sucht mithilfe der App *Freunde suchen* nach allen hinzugefügten Freunden.
Wer ist hier?	Zeigt in der App *Freunde suchen* hinzugefügte Personen in der Nähe an.
Wer ist in der Nähe?	Zeigt in der App *Freunde suchen* hinzugefügte Personen in der Nähe an.
Benachrichtige mich wenn mein Sohn zu Hause ankommt	Gibt eine Benachrichtigung aus, wenn die in der App *Freunde suchen* hinzugefügte Person zu Hause ankommt.
Benachrichtige meinen Mann sobald ich die Arbeit verlasse	Gibt eine Benachrichtigung an die in der App *Freunde suchen* hinzugefügte Person aus, sobald Sie Ihr Geschäft verlassen.

Notizen

Befehl	Kurzbeschreibung
Notiere 12 Euro für Pizza	Erstellt in der App *Notizen* eine Notiz mit dem Inhalt »Zwölf Euro für Pizza«.
Notiz hör dir das neue Album von Norah Jones an	Erstellt in der App *Notizen* eine Notiz mit dem Inhalt »Hör dir das neue Album von Norah Jones an«.
Suche meine Restaurantnotiz	Durchsucht die App *Notizen* nach dem Begriff »Restaurant«.
Füge zur Notiz Rezept für Apfelstrudel hinzu	Fügt einer Notiz, die im Anschluss ausgewählt werden kann, einen neuen Eintrag hinzu.

Befehl	Kurzbeschreibung
Zeig mir meine Notizen vom 25. Juni	Zeigt die am genannten Tag hinzugefügten Notizen.
Lies mir meine Notiz zu Geschenkideen vor	Zeigt ein bestimmtes Notizblatt an; bei Redaktionsschluss musste dazu allerdings das »vor« im Befehl weggelassen werden.

Einstellungen

Befehl	Kurzbeschreibung
Schalte den Flugmodus ein	Aktiviert, nach Rückversicherung durch Siri, den Flugmodus.
Ist Bluetooth aktiviert?	Prüft, ob Bluetooth aktiviert ist.
Mach den Bildschirm heller	Erhöht die Displayhelligkeit.
Schalte Bluetooth ein	Aktiviert Bluetooth. Mit »Ausschalten« lässt sich eine Funktion entsprechend deaktivieren.
Öffne die Twitter-Einstellungen	Öffnet die Einstellungen und dort die Einstellungen zu Twitter.
Zeig mir meine Datenschutzeinstellungen	Öffnet die Einstellungen und dort die Einstellungen zum Datenschutz.
Aktiviere WLAN	Aktiviert WLAN. Mit »Deaktivieren« lässt sich eine Funktion entsprechend deaktivieren.
Öffne die Mail-Einstellungen	Öffnet die Einstellungen und dort die Einstellungen zu *Mail, Kontakte, Kalender*.
Nicht stören aktivieren	Aktiviert den Nicht-stören-Modus.

Websuche

Befehl	Kurzbeschreibung
Suche im Internet nach Sylt	Startet eine Websuche nach dem Begriff »Sylt«, tippen Sie ein Suchergebnis an, um die Webseite in der App *Safari* zu öffnen.
Suche vegetarische Nudelrezepte	Startet eine Websuche nach dem Begriff »Vegetarische Nudelrezepte«.
Suche im Internet nach Flugpreisen	Startet eine Websuche nach »Flugpreisen«.
Google nach wie baue ich ein Schaukelpferd	Startet eine Websuche mit dem genannten Suchanbieter Google (auch wenn nicht als Standardsuchanbieter festgelegt).
Welche Zutaten benötige ich für einen Schweinebraten	Startet eine Websuche nach dem Begriff »Welche Zutaten benötige ich für einen Schweinebraten«.
Bing-Suche nach Foo Fighters	Startet eine Websuche mit dem genannten Suchanbieter Bing (auch wenn nicht als Standardsuchanbieter festgelegt) nach dem Begriff »Foo Fighters«.
Zeige mir Videos von den Nordlichtern	Startet eine Websuche speziell nach Videos zum genannten Suchbegriff.
Gibt es Neuigkeiten aus Berlin?	Startet eine Websuche nach dem Begriff »Neuigkeiten aus Berlin«.

Fragen & Antworten

Befehl	Kurzbeschreibung
Wie hoch ist der Mount Everest?	Zeigte bei Redaktionsschluss den passenden Wikipedia-Artikel an; tippen Sie auf den Eintrag, um die Wikipedia-Seite in der App *Safari* zu öffnen.
Wie viele Unzen sind in einem Liter?	Führt die Einheitenumrechnung durch und gibt das Ergebnis aus.
Wie viel ist 16 mal 42?	Führt die Berechnung durch und gibt das Ergebnis aus.
Wie definiert man pragmatisch?	Gibt die entsprechende Definition aus dem Wörterbuch aus.
Wie schreibt man Nasenbär?	Buchstabiert das entsprechende Wort aus dem Wörterbuch.
Wie viel sind 10 % Trinkgeld bei 86,74 € für vier Personen?	Berechnet das Trinkgeld pro Person und gibt das Ergebnis aus.
Was ist eine Dampfmaschine?	Zeigt einen Wikipedia-Artikel zum genannten Begriff an.
Wie groß ist die Bevölkerung von Frankreich?	Nennt die Bevölkerungszahl und zeigt einen Wikipedia-Artikel zum genannten Land an.
Wie breit ist die Straße von Gibraltar?	Startete bei Redaktionsschluss eine Websuche nach »Wie breit ist die Straße von Gibraltar«.

Siri-Befehle und -Fragen: die große Übersicht

Befehl	Kurzbeschreibung
Zeige mir Informationen zur Sonne	Zeigt einen Wikipedia-Artikel zum genannten Begriff an.
Wie viele Dollar sind €45?	Führt die Währungsumrechnung durch und gibt das Ergebnis aus.
Was ist die Einwohnerzahl von Berlin?	Nennt die Bevölkerungszahl und zeigt einen Wikipedia-Artikel zur genannten Stadt an.
Wie lang ist der Bodensee?	Nennt die Länge des Bodensees und zeigt einen Wikipedia-Artikel dazu an.
Erzähl mir was zu Pixar	Zeigt einen Wikipedia-Artikel zum genannten Begriff an.

iTunes

Befehl	Kurzbeschreibung
Lade Titel von Little Dragon	Sucht im iTunes Store nach »Little Dragon«.
Kaufe das Album von Coldplay	Sucht im iTunes Store nach »Coldplay«.
Finde Musik von Drake	Sucht im iTunes Store nach »Drake«.
Kaufe Fireflies von Owl City	Sucht im iTunes Store nach dem Titel »Fireflies« des Interpreten »Owl City«.

183

Befehl	Kurzbeschreibung
Suche Pumped Up Kicks in iTunes	Sucht im iTunes Store nach »Pumped Up Kicks«.
Finde Pop-Songs im iTunes Store	Zeigt im iTunes Store Musik des Genres Popmusik an.
Kaufe die erste Staffel von Homeland	Sucht im iTunes Store nach der ersten Staffel von »Homeland«.
Suche die aktuelle Folge von Game of Thrones	Sucht im iTunes Store nach »Game of Thrones«.
Finde Kindersendungen in iTunes	Sucht im iTunes Store nach Kindersendungen.
Suche Das Fenster zum Hof in iTunes	Sucht im iTunes Store nach dem Film »Das Fenster zum Hof«.
Lade den Film Der weiße Hai herunter	Sucht im iTunes Store nach dem Film »Der weiße Hai«.

Books

Befehl	Kurzbeschreibung
Kaufe das Buch Der Distelfink	Sucht im iBooks Store nach dem Buchtitel »Der Distelfink«.
Suche das Buch Der Hobbit in iTunes	Sucht im iBooks Store nach dem Buchtitel »Der Hobbit«.
Lade In eisige Höhen aus iBooks	Sucht im iBooks Store nach dem Buchtitel »In eisige Höhen«.
Finde Bücher von Tolkien	Zeigt Bücher von J. R. R. Tolkien an.
Lade Romane von Jon Krakauer	Zeigt Bücher von Jon Krakauer an.

Siri-Befehle und -Fragen: die große Übersicht

Podcasts

Befehl	Kurzbeschreibung
Spiele Podcasts	Gibt alle in der App *Podcasts* verfügbaren Podcasts wieder (zum Thema Podcasts mehr in Kapitel 9). „Spiele Podcasts" Zum Bearbeiten tippen. Alle Podcasts werden wiedergegeben ... „Podcasts" öffnen
Doppeltes Tempo	Gibt einen Podcast im doppelten Tempo wieder.
Springe 30 Sekunden zurück	Springt bei der Wiedergabe 30 Sekunden zurück.
Springe 10 Sekunden vor	Springt bei der Wiedergabe 10 Sekunden vor.
Spiele den neuesten ARD Radio Tatort Podcast	Spielt die neuste Folge des genannten Podcasts.
Wiedergeben	Startet allgemein die Wiedergabe.
Pause	Pausiert die Wiedergabe.
Suche nach Neues vom Känguru-Podcast	Sucht nach dem genannten Podcast im Podcasts Store.
Finde den Podcast ARD Radio Tatort im iTunes Store	Sucht nach dem genannten Podcast im Podcasts Store.
Lade den neuen Bits und so herunter	Soll wohl nach dem genannten Podcast im Podcasts Store suchen, startete bei Redaktionsschluss jedoch eine Suche im App Store.

Diese Tabelle ist keineswegs vollständig, z. B. können Sie im Zusammenhang mit dem Wetter auch nach der Luftfeuchtigkeit fragen, im Zusammenhang mit Aktien auch nach dem 52-Wochen-Hoch und noch vieles mehr. Fragen Sie Siri alles Mögliche – wenn die Spracherkennung etwas nicht versteht, teilt sie Ihnen dies mit oder sie sucht im Internet nach der passenden Information. Sie können sich sicher sein, dass Apple den Dienst Siri aufgrund seiner Beliebtheit zukünftig noch erweitern wird.

> **Siri: landesspezifische Unterschiede**
>
> Nicht alle Siri-Funktionen stehen in allen Ländern und Sprachen zur Verfügung. Eine Übersicht, welche Features wo verfügbar sind (nicht nur Siri betreffend), erhalten Sie unter der Webadresse *www.apple.com/de/ios/feature-availability*.

Dank Diktierfunktion eine Menge Tipparbeit sparen

Die Spracherkennung nutzen Sie nicht nur dazu, um Befehle zu erteilen oder Fragen zu stellen, sondern auch zum Diktieren Ihrer Texte. Sofern eine schnelle Internetverbindung zur Verfügung steht, kann das Diktieren von Texten gegenüber dem Eintippen eine Menge Zeit sparen, selbst wenn nachträglich noch die eine oder andere Korrektur erforderlich werden sollte. Geben Sie doch einmal einen identischen Text in Ihr iPhone ein – wie gelingt dies schneller: durch Eintippen oder durch Diktieren?

Die folgende kleine Schrittanleitung zeigt Ihnen, wie einfach Sie die Diktierfunktion verwenden. Voraussetzung für die Nutzung ist, dass die Diktierfunktion in den *Einstellungen* unter *Allgemein* und dort unter *Tastatur* aktiviert ist. So bitten Sie Ihr iPhone zum Diktat:

1. Tippen Sie in ein Dokument oder in ein Formular, sodass die iPhone-Tastatur eingeblendet wird. Entscheiden Sie sich auf der Tastatur für die links neben der *Leerzeichen*-Taste befindliche Mikrofontaste 🎤.

2. Sprechen Sie Ihren Text ein. Bei längeren Texten gehen Sie satzweise vor und sprechen auch die Satzzeichen mit (dazu gleich noch mehr). Bestätigen Sie zum Schluss mit *Fertig*.

3. Der Text wird übers Internet verschickt und automatisch analysiert. Dieser Vorgang dauert in der Regel nur wenige Sekunden oder sogar nur Sekundenbruchteile. Anschließend wird der Text ins Dokument oder Formular – hier in ein Notizblatt – eingefügt.

4. Prüfen Sie, ob die Spracherkennung Sie richtig verstanden hat! Falls nicht, führen Sie die notwendigen Korrekturen von Hand durch.

Wie bereits erwähnt, lässt sich ein Diktat auch direkt in Siri starten, wenn Sie z. B. die Erstellung einer Nachricht an eine bestimmte Person befehlen. Siri fragt Sie dann nach dem Inhalt der Nachricht, und Sie können Ihr Diktat starten. Das direkte Diktat in Siri eignet sich allerdings eher für kürzere Spracheingaben, da Siri ein Diktat bereits bei einer kurzen Atempause abbricht.

Wichtige Sprachbefehle für die Diktierfunktion im Überblick

Auch zur Diktierfunktion habe ich eine Tabelle für Sie zusammengestellt, damit Ihnen auch Diktate längerer Texte perfekt gelingen. Sie sprechen die Befehle jeweils mit dem normalen Text, sagen also beispielsweise: »Nächsten Montag komme ich etwas später Punkt Neue Zeile«. Das erfordert anfangs etwas Übung, aber Sie werden es schnell intus haben.

Befehl	Ergebnis
Neue Zeile	Erstellt eine neue Zeile.
Neuer Absatz	Erstellt einen neuen Absatz.
Punkt	.
Fragezeichen	?
Ausrufezeichen	!
Komma	,
Semikolon	;
Doppelpunkt	:
Bindestrich (diktieren Sie diesen bei zusammengesetzten Wörtern jeweils mit)	-
Gedankenstrich	–
Klammer auf	(

Befehl	Ergebnis
Klammer zu	)
Eckige Klammer auf	[
Eckige Klammer zu	]
Geschweifte Klammer auf	{
Geschweifte Klammer zu	}
Apostroph	'
Anführungszeichen unten	„
Anführungszeichen oben	"
Zitatanfang	»
Zitatende	«
Auslassungszeichen	…
Eurosymbol, Sternchen, Paragrafzeichen, Pluszeichen, Klammeraffe etc. (nennen Sie jeweils das gewünschte Sonderzeichen)	€, *, §, +, @ etc.
Eintausendzweihundertneunundfünfzig	1259
Römisch Eintausendzweihundertneunundfünfzig	MCCLIX
Zehnter Juni Zweitausendvierzehn	10. Juni 2014
Zehn Uhr Fünfzehn (oder auch Viertel nach Zehn)	10:15 Uhr
Elf Euro Achtunddreißig	11,38 €
Fünfzig Zentimeter	50 cm
Smiley Gesicht	:-)
Zwinkerndes Gesicht	;-)
Trauriges Gesicht	:-(
Lachendes Gesicht	:-D

> **Diktat in Großbuchstaben**
>
> Sie möchten ein Wort komplett in Großbuchstaben diktieren? Dann sagen Sie, bevor Sie das Wort diktieren, »Großschaltung anfangen« und nach dem Diktieren des Wortes »Großschaltung beenden«.

Kapitel 7

Mit dem iPhone jederzeit und überall ins Internet

Nachrichten und Informationen finden, nachschlagen, online einkaufen – das iPhone eignet sich ausgezeichnet dazu, auch unterwegs ins Internet zu gehen, also Webseiten aufzurufen und durch Antippen von Links im Internet zu surfen.

Das relativ kleine Display behindert Sie dabei kaum, denn die meisten größeren Webseiten werden inzwischen automatisch in einer für das iPhone optimierten Version angezeigt. In diesem Kapitel finden Sie alle Tipps zum mobilen, schnellen und sicheren Surfen im World Wide Web!

Mit dem intelligenten Suchfeld Webadressen öffnen und das Internet durchsuchen

Zum Aufrufen von Webseiten steht auf Ihrem iPhone die App *Safari* zur Verfügung, die Sie standardmäßig im Dock finden. Zunächst möchte ich Ihnen gerne zeigen, wie Sie damit eine Webadresse öffnen, die Ihnen z. B. ein Freund mitgeteilt hat, und wie Sie das Internet nach Webseiten zu bestimmten Themen durchsuchen.

So einfach öffnen Sie eine Webadresse

Wenn Sie eine Webadresse bereits kennen, gehen Sie zum Aufrufen einer Webseite folgendermaßen vor:

1. Tippen Sie oben in der App *Safari* in das Eingabefeld.

2. Geben Sie die Webadresse ein, also etwa *www.bundesregierung.de*.

3. Tippen Sie entweder einen der Vorschläge an oder bestätigen Sie auf der Tastatur mit *Öffnen*, um die eingegebene Webadresse zu öffnen.

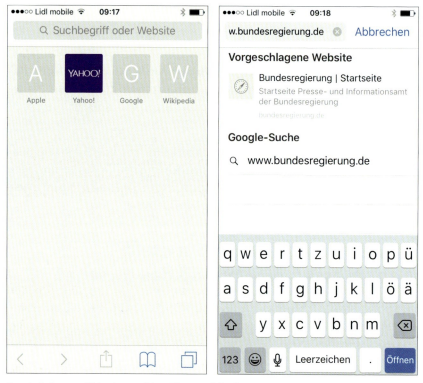

Das Aufrufen von Webseiten auf dem iPhone erfolgt fast genauso wie das Aufrufen von Webseiten auf dem PC.

Sie können die geöffnete Webseite entweder im Hochformat oder im Querformat anzeigen. Was gerade geeigneter ist, richtet sich nach der jeweils aufgerufenen Seite. Im Querformat werden das Eingabefeld und die Navigationselemente ausgeblendet. Um sie wieder einzublenden, streichen Sie auf dem Display mit dem Finger von oben nach unten.

Webadressen öffnen und das Internet durchsuchen

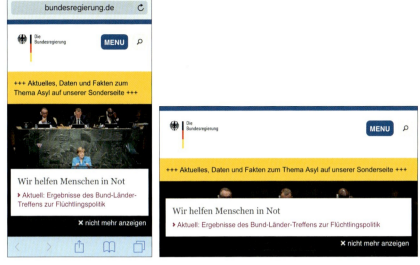

Dieselbe Webseite – einmal im Hoch-, einmal im Querformat.

> **Zoomen auf einer Webseite**
>
> Praktisch bei Kleingedrucktem: Bewegen Sie Daumen und Zeigefinger auf dem Display auseinander, um die dargestellten Inhalte zu vergrößern. Um die Inhalte wieder zu verkleinern, bewegen Sie Daumen und Zeigefinger auf dem Display zueinander (Kneifgeste).

Nach Webseiten zu Ihren Wunschthemen suchen

Das gleiche Eingabefeld, das Sie zum Öffnen einer Webadresse verwendet haben, nutzen Sie auch für die Websuche – das Feld wird deshalb auch »intelligentes Suchfeld« genannt. Um eine Websuche durchzuführen, gehen Sie fast genauso vor wie zum Öffnen einer Webadresse:

1. Tippen Sie oben in der App *Safari* in das Eingabefeld. Die gegebenenfalls darin vorhandene Webadresse wird blau unterlegt.

2. Geben Sie den gewünschten Suchbegriff ein, z. B. *kräutergarten*. Sie können auch mehrere Wörter eingeben, die dann durch ein unsichtbares UND verknüpft werden. Soll die Reihenfolge der Wörter berücksichtigt werden, setzen Sie diese in Anführungszeichen. Verwenden Sie noch weitere gängige Suchoperatoren – genau wie bei der Websuche auf dem PC.

3. Tippen Sie entweder einen der Vorschläge an oder bestätigen Sie auf der Tastatur mit *Öffnen*, um die Websuche mit Ihrem Standardsuchanbieter (in diesem Fall Google) durchzuführen.

Führen Sie eine Websuche durch und tippen Sie einen gefundenen Treffer an, um die entsprechende Webseite zu laden.

Standardsuchanbieter wechseln

Sie möchten statt mit Google lieber mit Bing, Yahoo! oder DuckDuckGo im Internet suchen? Entscheiden Sie sich dazu in den iPhone-Einstellungen für den Eintrag *Safari*, wählen Sie *Suchmaschine* und tippen Sie den gewünschten Suchanbieter an. Wenn Sie mit Siri (vgl. Kapitel 6) das Internet durchsuchen wollen, können Sie die zu verwendende Suchmaschine mit angeben, also z. B. »Such bei Yahoo nach Kräutergarten«, nur bei DuckDuckGo hat das bei Redaktionsschluss nicht funktioniert. DuckDuckGo ist übrigens eine Suchmaschine, die den Datenschutz in den Vordergrund stellt, die Suchergebnisse sind allerdings nur so lala (*duckduckgo.com*).

Sie können mit dem intelligenten Suchfeld übrigens nicht nur das Internet durchsuchen, sondern auch eine gerade aufgerufene Webseite. Tippen Sie dazu wiederum den gewünschten Suchbegriff ein. Ganz unten bei den Vorschlägen finden Sie den Abschnitt *Auf dieser Seite*. Tippen Sie dort den Suchbegriff an, um ihn auf der geöffneten Webseite zu suchen.

Ihr iPhone bietet zudem eine schnelle Website-Suche an. Wenn Sie auf einer Seite bereits eine Suche durchgeführt haben, etwa bei Amazon, können Sie zukünftig in das intelligente Suchfeld *amazon suchbegriff*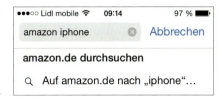
eintippen, um die Suche direkt auf dieser Seite angeboten zu bekommen.

Beachten Sie: Die Vorschläge sind jeweils damit verbunden, dass Daten zu Ihrer Suche übers Internet verschickt werden. Wenn Sie die Vorschläge deshalb lieber nicht wünschen, deaktivieren Sie diese in den *Einstellungen* unter *Safari*.

Auf einer Webseite navigieren

Die Navigation auf einer Webseite ist keine große Wissenschaft. Tippen Sie auf einer Webseite einen Link an, um diesen aufzurufen. Um zwischen den bereits geöffneten Webseiten hin- und herzuwechseln, streichen Sie mit dem Finger von links nach rechts bzw. von rechts nach links. Um nicht sichtbare Bereiche auf einer Webseite einzublenden, streichen Sie mit dem Finger von unten nach oben bzw. von oben nach unten.

Mehrere Webseiten gleichzeitig öffnen bzw. Webseiten schließen

Webseiten lassen sich auch in neuen Tabs (Registerkarten) öffnen, sodass Sie mehrere Webseiten gleichzeitig aufrufen können. Um einen Link in einem neuen Tab aufzurufen, halten Sie den Link leicht gedrückt und wählen im sich öffnenden Menü den Eintrag *In neuem Tab öffnen*. Die ursprüngliche Webseite bleibt geöffnet, die neue Webseite öffnet sich zusätzlich. Wenn Sie den Link auf dem iPhone 6s oder iPhone 6s Plus fest gedrückt halten, wird Ihnen eine Vorschau der Webseite angezeigt.

Um Ihre Tabs zu verwalten, tippen Sie rechts unten in Safari auf das Symbol ⬜. Sie erhalten eine Übersicht über die geöffneten Webseiten. Tippen Sie eine Seite an, um sie in Safari anzuzeigen. Um einen neuen leeren Tab zu erstellen, tippen Sie unten in der Tab-Ansicht auf das Plussymbol ⬛.

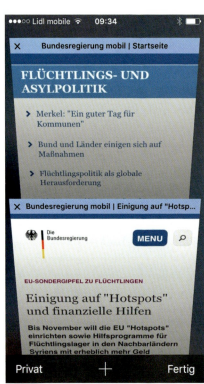

So wechseln Sie zwischen den in einzelnen Tabs aufgerufenen Webseiten.

> **iCloud-Tabs nutzen**
>
> Eine besondere Form der Tabs sind die iCloud-Tabs. Das sind Tabs, die Sie auf einem anderen Apple-Gerät aufgerufen haben, auf dem Sie mit der gleichen Apple-ID angemeldet sind. Voraussetzung ist, dass Sie jeweils die iCloud-Option *Safari* aktiviert haben. Die iCloud-Tabs werden dann automatisch synchronisiert und in der App *Safari* ebenfalls unter dem Symbol ⬜ angezeigt. Das Synchronisieren kann allerdings jeweils eine Weile dauern. Alles zum Thema iCloud dann in Kapitel 14.

Safari merkt sich die von Ihnen zuletzt geöffneten Webseiten und zeigt sie Ihnen beim nächsten App-Start erneut an. Um eine Webseite zu schließen, tippen Sie rechts unten in der App *Safari* auf das Symbol ⬜ und betätigen bei einem Tab das Kreuzsymbol ✕.

Damit keine Website-Daten auf Ihrem iPhone gespeichert werden

Standardmäßig werden zu allen Webseiten, die Sie auf dem iPhone aufrufen, Daten gespeichert. Das können Sie problemlos unterbinden, indem Sie sich für den privaten Modus entscheiden. Dazu halten Sie entweder das Symbol der App *Safari* fest gedrückt und wählen im Menü den Eintrag *Neuer privater Tab*. Oder Sie öffnen über das Symbol 🗗 die Tab-Ansicht; entscheiden Sie sich anschließend links unten für *Privat* und bestätigen Sie mit *Fertig*. Der private Modus ist so lange aktiviert, bis Sie erneut auf *Privat* tippen. Sie erkennen den privaten Modus an der nun dunkleren Bedienoberfläche der App *Safari*. Der private Modus bezieht sich allerdings nur auf die Daten, die auf Ihrem iPhone gespeichert werden – im Internet sind Sie deshalb noch lange nicht anonym!

Der private Modus, der für etwas Anonymität allerdings nur auf dem iPhone sorgt, lässt sich sowohl per Menü auf dem Home-Bildschirm als auch in der Tab-Ansicht aktivieren.

Möchten Sie auch die Daten bereits besuchter Webseiten löschen? Dazu öffnen Sie die iPhone-Einstellungen und wählen den Eintrag *Safari*. Tippen Sie auf *Verlauf und Websitedaten löschen* und bestätigen Sie anschließend noch einmal mit *Verlauf und Daten löschen*.

Bereits gespeicherte Website-Daten lassen sich in den iPhone-Einstellungen löschen.

Dank Reader störende Werbung ausblenden

Sie sind in einem Onlinemagazin oder auf sonst einer Webseite auf einen interessanten Artikel gestoßen, stören sich aber an der zu kleinen Schrift oder an der eingeblendeten Werbung? Tippen Sie in diesem Fall auf das Symbol ≡ im intelligenten Suchfeld (das Symbol erscheint, wenn die Funktion zur Verfügung steht) – der Artikel wird daraufhin übersichtlicher im Reader-Modus dargestellt. Um die Lektüre wieder zu beenden, tippen Sie im Eingabefeld erneut auf das Symbol. Unter dem Symbol ₐA rufen Sie Optionen zum Ändern von Schriftgröße, Schriftfarbe sowie Hintergrundfarbe auf.

Dank des Readers lesen Sie Onlineartikel deutlich komfortabler und können auch die Schriftgröße ganz Ihren Bedürfnissen anpassen.

> **Begriffe eben mal kurz nachschlagen**
>
> Stoßen Sie beim Surfen im Internet auf einen unbekannten Begriff, können Sie diesen direkt nachschlagen. Halten Sie dazu einfach das Wort gedrückt. Im sich öffnenden Menü wählen Sie *Nachschlagen*, um das Wörterbuch zu öffnen.

Dank Favoriten, Leseliste und Verlauf: Webseiten später aufrufen

Damit Sie die Webadressen Ihrer Lieblingswebseiten nicht jedes Mal neu eintippen müssen, richten Sie diese als Lesezeichen ein (häufig besuchte Webseiten zeigt Ihnen die App *Safari* aber auch automatisch an), speichern sie in einer Leseliste oder legen eine Verknüpfung zur Webseite auf den Home-Bildschirm. Diese Optionen werden nachfolgend erläutert.

Lesezeichen hinzufügen

Speichern Sie wichtige Webadressen als Lesezeichen ab. Lesezeichen sind gewissermaßen Links, auf die Sie direkt in der App *Safari* zugreifen. So einfach funktioniert das Ganze:

1. Öffnen Sie eine Webadresse, die Sie Ihren Lesezeichen hinzufügen möchten, in der App *Safari*.
2. Tippen Sie unten in Safari auf das Symbol.
3. Entscheiden Sie sich im sich öffnenden Menü für die Option *Lesezeichen*. (Um ein Lesezeichen direkt in den Favoriten zu sichern, wählen Sie die Option *Als Favorit sichern*.)

4. Bearbeiten Sie gegebenenfalls noch den Namen des Lesezeichens – zu lange Lesezeichen werden abgeschnitten – sowie den Speicherort. Bestätigen Sie mit *Sichern*, um das Lesezeichen zu erstellen.

5. Um das Lesezeichen jederzeit aufzurufen, tippen Sie in der App *Safari* unten auf das Symbol und wählen Sie dort den Speicherort des Lesezeichens aus. Am Speicherort *Favoriten* abgelegte Lesezeichen werden Ihnen außerdem jeweils in einem leeren Tab angezeigt.

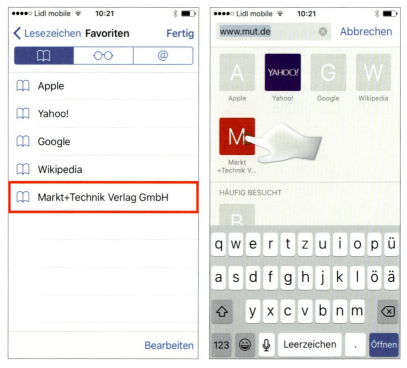

Auf die unter »Favoriten« gespeicherten Lesezeichen greifen Sie nicht nur in der Lesezeichenansicht, sondern auch in einem leeren Tab zu.

Dank Favoriten, Leseliste und Verlauf: Webseiten später aufrufen

> **Bilder auf einer Webseite speichern**
>
> Sie sehen auf einer Webseite ein schönes Bild und möchten dieses auf Ihrem iPhone (in der App Fotos) speichern? Gar kein Problem: Halten Sie das Bild hierzu einfach leicht gedrückt. Im sich öffnenden Menü entscheiden Sie sich dann für *Bild sichern*. Alternativ wählen Sie *Kopieren*, um das Bild andernorts, etwa in eine E-Mail, einfügen zu können. Wenn Sie das Bild auf einem iPhone 6s oder iPhone 6s Plus fest gedrückt halten, wird es Ihnen in einem Vorschaufenster vergrößert angezeigt.

Neue Ordner für Lesezeichen erstellen

Falls Sie in der App *Safari* sehr viele Lesezeichen speichern, erstellen Sie für diese Ordner, um die Lesezeichen thematisch sortieren zu können. Tippen Sie hierzu unten in der App *Safari* auf das Symbol. Tippen Sie zuerst rechts unten auf *Bearbeiten* und dann links unten auf *Neuer Ordner*.

Geben Sie dem neuen Lesezeichenordner eine schlüssige Bezeichnung und entscheiden Sie sich gegebenenfalls für einen anderen Speicherort, bevor Sie auf der Tastatur auf *Fertig* tippen, um den neuen Ordner zu erstellen.

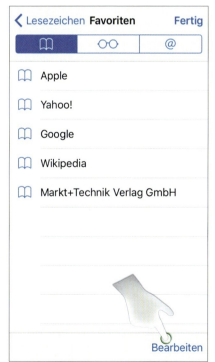 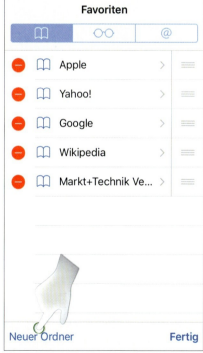

Erstellen Sie Lesezeichenordner, um Ihre Lesezeichen thematisch sortieren zu können.

Um ein bestehendes Lesezeichen in den neuen Ordner zu verschieben, tippen Sie dieses nun an, wählen im Abschnitt *Standort* den Ordner aus, in den das Lesezeichen verschoben werden soll. Die Reihenfolge der Lesezeichen innerhalb eines Ordners lässt sich, wie bereits in anderem Zusammenhang kennengelernt, durch Ziehen des zugehörigen Symbols ≡ anpassen.

Leseliste verwalten

Im Gegensatz zu den Lesezeichen werden bei der Leseliste nicht nur die Webadressen gespeichert, sondern die kompletten Webseiten. Sie können diese also später auch dann betrachten, wenn mal keine Internetverbindung bestehen sollte. So gehen Sie vor, um ein Lesezeichen hinzuzufügen und zu öffnen:

1. Rufen Sie eine Webseite, die Sie Ihrer Leseliste hinzufügen möchten, in der App *Safari* auf.

2. Tippen Sie unten in Safari auf das Symbol ↑.

3. Entscheiden Sie sich im sich öffnenden Menü für die Option *Zur Leseliste hinzufügen*. Alternativ halten Sie auf einer Webseite einen Link (leicht) gedrückt und wählen im sich öffnenden Menü *Zur Leseliste hinzufügen*.

Dank Favoriten, Leseliste und Verlauf: Webseiten später aufrufen

4. Um Ihre Lesezeichen aufzurufen, entscheiden Sie sich unter dem Symbol ⌑ für das Symbol ⚭ . Tippen Sie ein Lesezeichen an, um die entsprechende Webseite zu öffnen.

Sie möchten sich nur die noch nicht geöffneten Webseiten anzeigen lassen? Tippen Sie dazu rechts unterhalb der Lesezeichenliste auf *Ungelesene anzeigen*. Mit *Alle anzeigen* erhalten Sie wieder die Gesamtübersicht. Das Löschen eines Lesezeichens erfolgt wie gewohnt: Antippen, Finger nach links ziehen, Schaltfläche *Löschen* betätigen.

Verknüpfung auf dem Home-Bildschirm erstellen

Für häufig genutzte Webseiten können Sie ein Lesezeichen auch auf dem Home-Bildschirm erstellen. Die entsprechende Webadresse wird dann jeweils in einer neuen Registerkarte geladen – zusätzlich zu den etwaig bereits geöffneten Webseiten. Auch dazu eine kleine Schrittanleitung:

1. Öffnen Sie die Webadresse, die Sie als Lesezeichen auf dem Home-Bildschirm ablegen möchten, in der App *Safari*.

2. Entscheiden Sie sich unten in Safari erneut für das Symbol ⬆.

3. Wählen Sie diesmal die Option *Zum Home-Bildschirm*.

4. Bearbeiten Sie gegebenenfalls noch den Namen des Lesezeichens (zu lange Namen werden abgeschnitten) und bestätigen Sie mit *Hinzufügen*.

5. Um die Webadresse zu laden, tippen Sie nun einfach auf das auf dem Home-Bildschirm befindliche Lesezeichensymbol. Es lässt sich wie ein App-Symbol durch Gedrückthalten in den Bearbeitungszustand bringen und verwalten.

> **Download aus dem Internet**
>
> Sie möchten im Internet Downloads tätigen? Dateien aller Art aus dem Internet herunterzuladen, ist grundsätzlich auch auf dem iPhone möglich – nicht jedoch mit den Standard-Apps. Ich selbst verwende für diesen Zweck die App *Files Pro*, die allerdings bei Redaktionsschluss mit 4,99 Euro zu Buche schlug. Es handelt sich hierbei um einen nützlichen Dateimanager, der die einfache Datenübertragung vom PC und eben auch durch einen integrierten Browser das Herunterladen beliebiger Dateien aus dem Internet erlaubt.

Sicherheit und Datenschutz beim mobilen Surfen

Das Aufrufen von Webseiten auf dem iPhone ist relativ sicher, da sich ja nicht bzw. nicht in gleichem Ausmaß Schadprogramme installieren lassen, wie es z. B. auf einem Windows-Computer der Fall ist. Aber aufgepasst: Hacker haben das iPhone längst ins Visier genommen!

Die oberste Sicherheitsregel beim Surfen im World Wide Web lautet, egal ob Sie auf dem iPhone surfen oder auf dem PC: Lassen Sie stets den gesunden Menschenverstand walten! Geben Sie also keine persönlichen Daten auf unseriösen Seiten preis etc. Hier außerdem noch einige wichtige Infos zum Thema Sicherheit und Datenschutz:

- *Autom. ausfüllen*: Äußerst bequem, aber aus Gründen des Datenschutzes nicht von jedermann gewollt ist das Speichern von Passwörtern und Formulareingaben, um sich später das erneute Eintippen zu ersparen. Entscheiden Sie selbst, ob in den *Einstellungen* unter *Safari* das automatische Ausfüllen von Namen, Kennwörtern und Kreditkartendaten lieber aktiviert oder deaktiviert sein soll. Speichern Sie ansonsten nirgendwo wichtige Zugangsdaten auf Ihrem iPhone ab!

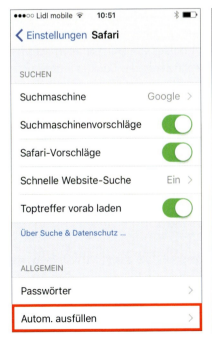 

Entscheiden Sie selbst, ob Sie das automatische Ausfüllen und das damit verbundene Speichern Ihrer Daten wünschen.

Übrigens: Dank iCloud-Schlüsselbund können die hier gespeicherten Daten auch auf Ihren anderen Apple-Geräten verwendet werden, sofern Sie dort mit der gleichen Apple-ID angemeldet sind und den iCloud-Schlüsselbund ebenfalls aktiviert haben.

- *Kein Tracking*: Diese Option finden Sie ebenfalls in den *Einstellungen* unter *Safari*. Aktivieren Sie diese, um Werbetreibenden zu untersagen, Ihre Surfspuren zu verfolgen, um Ihnen maßgeschneiderte Werbung anbieten zu können.

Schnüffelfunktionen wie Tracking sollten Sie in jedem Fall deaktivieren – in diesem Fall durch Aktivieren des entsprechenden Schalters.

- *Cookies blockieren*: Diese Option würde ich – in den *Einstellungen* unter *Safari* – so belassen, wie sie ist. Eine besuchte Webseite darf dann eine kleine Datei auf Ihrem iPhone speichern, um z. B. bei einer Bestellung eingegebene Adressdaten aufzubewahren. Cookies von Drittanbietern werden jedoch blockiert. Das vollständige Deaktivieren der Cookies würde zwar ein kleines Plus an Datenschutz bedeuten, könnte jedoch auf einigen Webseiten den Surfkomfort beeinträchtigen.

- *Betrugswarnung*: Achten Sie in den *Einstellungen* unter *Safari* darauf, dass diese Option aktiviert ist. Sie soll Sie vor betrügerischen Webseiten schützen, die versuchen, an Ihre Passwörter, Bankdaten und Co. zu gelangen, um sie für unlautere Zwecke zu verwenden.

Kapitel 8
E-Mails senden und empfangen

E-Mails so einfach wie eine SMS abrufen und verfassen – das iPhone macht es möglich! Auf die E-Mail-Funktionen Ihres iPhones wollen Sie schon bald nicht mehr verzichten. So sind Sie stets per E-Mail erreichbar, auch dann, wenn Sie mal unterwegs sind. Und am Wochenende müssen Sie nicht mehr extra den Computer hochfahren, nur um den Posteingang zu prüfen. Wie Sie ein oder mehrere E-Mail-Konten auf dem iPhone einrichten, verwenden und verwalten, erfahren Sie auf den folgenden Seiten.

So legen Sie E-Mail-Konten auf dem iPhone an

Das Einrichten eines E-Mail-Kontos auf dem iPhone ist meistens ein Kinderspiel. Die schnellste Möglichkeit besteht darin, in den *Einstellungen* unter *iCloud* die Option *Mail* zu aktivieren und mit wenigen Schritten ein neues iCloud-E-Mail-Konto einzurichten und in Betrieb zu nehmen. Zum Thema iCloud dann alles in Kapitel 14.

Aber auch das Einrichten anderer E-Mail-Konten bereitet keinerlei Schwierigkeiten, wie ich Ihnen hier am Beispiel eines 1&1-E-Mail-Kontos zeige – bei den vom iPhone vorgeschlagenen Anbietern läuft das Ganze sogar noch einfacher! Gehen Sie zum Einrichten des E-Mail-Kontos so vor:

8 ▪ E-Mails senden und empfangen

1. Öffnen Sie die App *Mail* per Fingertipp auf das entsprechende App-Symbol. Sie finden es standardmäßig im Dock.

2. Entscheiden Sie sich für den gewünschten Anbieter. Falls dieser in der Liste nicht aufgeführt werden sollte, entscheiden Sie sich für den Eintrag *Andere*. Übrigens: Wenn Sie bereits ein E-Mail-Konto eingerichtet haben, z. B. ein iCloud-E-Mail-Konto, erscheint die Auswahl an dieser Stelle nicht mehr – öffnen Sie diese dann in den iPhone-Einstellungen unter *Mail, Kontakte, Kalender*, indem Sie sich dort für den Eintrag *Account hinzufügen* entscheiden; dort lassen sich nicht mehr benötigte E-Mail-Konten auch wieder entfernen.

3. Es folgt die Eingabe des Namens, der E-Mail-Adresse sowie des Zugangspassworts. Bestätigen Sie Ihre Eingaben mit *Weiter*.

4. Bei Gmail & Co. wird das E-Mail-Konto nun automatisch eingerichtet. Nicht so in diesem Fall. Hier muss zunächst noch der Zugriffstyp ausgewählt werden (IMAP oder POP). Geben Sie dann die Adressen für Posteingangsserver und Postausgangsserver ein, die Sie bei Ihrem jeweiligen E-Mail-Anbieter erfragen bzw. in den dortigen FAQs aufspüren. Posteingangsserver und Postausgangsserver sind im Internet jederzeit verfügbare Rechner, die den Versand bzw. das Empfangen von E-Mails übernehmen. Bestätigen Sie Ihre Einstellungen wiederum mit *Weiter* und schließlich mit *Sichern*, um das E-Mail-Konto auf dem iPhone einzurichten.

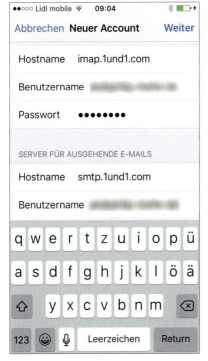
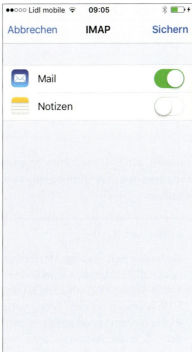

8 ▪ E-Mails senden und empfangen

Wenn Ihnen außer der Synchronisierung von E-Mails auch die Synchronisierung von Kontakten, Terminen oder Notizen angeboten wird, entscheiden Sie selbst, ob Sie diese Optionen nutzen möchten.

5. Fertig! Die App *Mail* lässt sich nun zum Senden und Empfangen Ihrer E-Mails einsetzen. Wenn Sie die App öffnen, werden E-Mails automatisch abgerufen. Zum manuellen Abrufen ziehen Sie das angezeigte Postfach nach unten. Tippen Sie eine empfangene E-Mail einfach an, um sie zu lesen.

Hinweis: Unter Umständen müssen Sie in den Einstellungen Ihres E-Mail-Anbieters den Zugriff mit einem anderen Gerät per IMAP oder POP zunächst erlauben.

> **IMAP vs. POP**
>
> Sie fragen sich, was der Unterschied zwischen IMAP und POP ist? Nun, beides sind Technologien zum Senden und Empfangen von E-Mails über einen E-Mail-Server. Während bei IMAP (**I**nternet **M**essage **A**ccess **P**rotocol) die E-Mails jedoch auf dem Server verbleiben, werden diese bei POP (**P**ost **O**ffice **P**rotocol) vom Server auf den Computer heruntergeladen. IMAP ist insbesondere dann die bessere Variante, wenn Sie auf Ihr E-Mail-Konto von mehreren Geräten aus zugreifen.

E-Mails automatisch abrufen, ohne die App Mail zu öffnen

Wenn Sie über neue E-Mails möglichst schnell informiert werden möchten, lassen Sie Ihr iPhone den Posteingang automatisch überprüfen. Gehen Sie dazu in die *Einstellungen*, wählen Sie den Eintrag *Mail, Kontakte, Kalender* und dann *Datenabgleich*. Sie erhalten die folgenden Optionen:

- *Push:* Diese Option ist standardmäßig aktiviert. Push bedeutet, dass E-Mails prompt vom Posteingangsserver auf das iPhone weitergeleitet werden. Voraussetzung ist allerdings, dass der E-Mail-Anbieter die Push-Funktion unterstützt. Dies ist beispielsweise bei iCloud-Mail der Fall.

Dank der Push-Option werden neue E-Mails unmittelbar auf das iPhone weitergeleitet.

- *Laden:* Darunter finden Sie verschiedene Intervalle für das automatische Laden von E-Mails, falls Push nicht zur Verfügung steht. Zur Verfügung stehen neben *Manuell* die Optionen *Alle 15 Minuten*, *Alle 30 Minuten* sowie *Stündlich*. Bestimmen Sie, in welchem Intervall das Prüfen des Posteingangs und Laden neuer E-Mails erfolgt, wobei Sie beachten sollten, dass dies wie die Push-Funktion zulasten sowohl der Akkuleistung als auch des mit Ihrem Mobilfunkanbieter vereinbarten Datenvolumens geht.

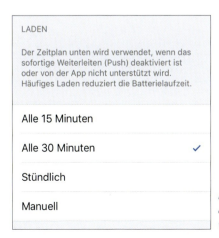

Bestimmen Sie das Intervall, in dem der Posteingang automatisch geprüft werden soll.

209

Auf dem iPhone neue E-Mails erstellen und versenden

Mit Ihrem frisch eingerichteten E-Mail-Konto können Sie nun ganz einfach elektronische Briefe bis ans andere Ende der Welt senden. So geht es Schritt für Schritt:

1. Tippen Sie rechts unten in der App *Mail* auf das Symbol . Auf einem iPhone 6s oder 6s Plus können Sie auch das Symbol der App *Mail* gedrückt halten und im *3D Touch*-Menü *Neue E-Mail* wählen.

2. Geben Sie die E-Mail-Adresse des Empfängers ein bzw. wählen Sie diesen per Plussymbol ⊕ aus Ihren Kontakten aus. Sie können die E-Mail auch, wenn Sie dies wollen, an mehrere Empfänger gleichzeitig versenden. Nennen Sie einen schlüssigen Betreff für Ihre E-Mail, die dem Empfänger dann in seinem Posteingang angezeigt wird, damit er weiß, welche Inhalte ihn in der E-Mail erwarten.

Auf dem iPhone neue E-Mails erstellen und versenden

3. Verfassen Sie nun Ihre E-Mail-Nachricht. Wenn Sie fertig sind, tippen Sie rechts oben auf *Senden*, um die E-Mail auf den Weg zu bringen.

Kopie oder Blindkopie versenden

Wenn Sie in den Kopfzeilen der E-Mail in das Feld *Kopie/Blindkopie* tippen, erhalten Sie die Möglichkeit, eine Kopie der E-Mail an eine oder mehrere Personen zu versenden. Während bei der Kopie (auch: Cc) der reguläre Empfänger sieht, dass auch noch eine Kopie versandt wurde, erfolgt der Versand der Blindkopie (auch: Bcc) anonym, d. h., der reguläre Empfänger erfährt nicht, dass auch noch eine Kopie versandt wurde.

Den E-Mail-Text formatieren

Sie möchten bestimmte Passagen in Ihrem E-Mail-Text hervorheben? Die App *Mail* bietet Ihnen hierzu einige Optionen zur Formatierung. So gehen Sie vor:

1. Erstellen Sie wie oben kennengelernt eine E-Mail.

2. Doppeltippen Sie in der E-Mail auf ein Wort, um dieses zu markieren.

3. Durch Ziehen der Markierungssymbole ● lässt sich die Markierung auch auf einen ganzen Satz oder Absatz ausdehnen.

8 ▪ E-Mails senden und empfangen

4. Tippen Sie im angezeigten Menü auf das Pfeilsymbol ▶.

5. Tippen Sie im Menü nun auf den Eintrag **B**/U. Wenn Sie mit dem Symbol ▶ weiterblättern, erhalten Sie auch noch eine Option zum Erhöhen bzw. Verringern der »Zitatebene«, was eine farbliche Markierung des markierten Absatzes beinhaltet.

6. Wählen Sie die gewünschte Formatierung aus: *Fett*, *Kursiv* oder *Unterstrichen*. Sie können auch alle drei Formatierungen gleichzeitig anwenden.

7. In diesem Fall wurde der markierte Text fett, kursiv und unterstrichen formatiert – so sieht das Ergebnis aus:

Copy-and-paste: Texte von anderswo in die E-Mail kopieren

Vielleicht möchten Sie in Ihrer E-Mail auch Text verwenden, der bereits in einem anderen Dokument zur Verfügung steht? Ebenfalls kein Problem dank Copy-and-paste – und Copy-and-paste funktioniert selbstverständlich nicht nur bei E-Mails! Zum Kopieren und Einfügen von Texten gehen Sie folgendermaßen vor:

1. Markieren Sie in einem Dokument den Text, den Sie in Ihrer E-Mail verwenden möchten. In diesem Fall markiere ich Text auf einer Webseite in der App *Safari* durch Gedrückthalten und Anpassen der Markierungen ●. Im sich öffnenden Menü wählen Sie *Kopieren* – manchmal erhalten Sie die zusätzliche Option *Ausschneiden*, die Sie ebenfalls auswählen können.

Auf dem iPhone neue E-Mails erstellen und versenden

2. Öffnen Sie die E-Mail, in die Sie den Text einfügen möchten, und tippen Sie an die Stelle, an welcher der Text eingesetzt werden soll. Im sich öffnenden Menü wählen Sie die Option *Einsetzen*.

3. Der Text wird prompt in die E-Mail eingefügt – gegebenenfalls inklusive der von der App *Mail* unterstützten Formatierungen.

Standardtexte per Textersetzung einfügen

Um Standardtexte zukünftig schneller in neue E-Mails und weitere Dokumente einzufügen, wählen Sie in den iPhone-Einstellungen den Eintrag *Allgemein*, dann *Tastatur* und schließlich *Textersetzung*. Fügen Sie hier per Plussymbol ➕ Ihre individuellen Kurzbefehle hinzu. So können Sie beispielsweise statt »Sehr geehrte Damen und Herren« den Kurzbefehl »sgduh« verwenden, um sich Tipparbeit zu ersparen. Übrigens: Auch in das Textfeld für die Kurzbefehle lassen sich Texte einfügen, die Sie zuvor in die Zwischenablage kopiert haben.

Bilder oder Videos in die E-Mail einfügen

Nicht nur fertige Texte lassen sich in eine E-Mail einfügen, sondern auch Aufnahmen (Fotos oder Videoclips), die Sie in der App *Fotos* gespeichert haben. Zum Thema Fotos erfahren Sie alles in Kapitel 10. Hier gehe ich davon aus, dass Sie bereits Aufnahmen gemacht und in der App *Fotos* gespeichert haben.

Um diese in eine E-Mail einzubinden, gehen Sie wie folgt vor:

1. Erstellen Sie eine E-Mail und tippen Sie an die Stelle, an der die Aufnahme eingebunden werden soll.

2. Im sich öffnenden Menü tippen Sie zunächst auf das Symbol ▶.

3. Entscheiden Sie sich anschließend für die nun angezeigte Option *Foto od. Video einfügen*.

4. Wählen Sie die gewünschte Aufnahme aus und bestätigen Sie mit einem Fingertipp auf *Auswählen*.

5. Die Aufnahme wird prompt in die E-Mail eingefügt.

E-Mail-Anhänge per iCloud Drive versenden

Ebenfalls als Dateianhang versenden lassen sich Dateien, die Sie auf iCloud Drive gespeichert haben. Dazu tippen Sie in die E-Mail und blättern im Menü zur Option *Anhang hinzufügen*. Wählen Sie anschließend die auf iCloud Drive gespeicherte Datei aus.

Fügen Sie einer E-Mail eine Datei hinzu, die Sie auf iCloud Drive gespeichert haben.

E-Mail-Anhänge, die Sie selbst erhalten, tippen Sie jeweils an, um sie zu öffnen; für weitere Optionen halten Sie einen Dateianhang gedrückt.

> **Weitere Dateien per E-Mail versenden**
>
> Sie können auch noch weitere Dateien per E-Mail versenden, die Sie aus den jeweiligen Apps heraus versenden. Bei den Standard-Apps erfolgt der Versand durch Drücken des Symbols ⬆ und der anschließenden Auswahl der Option *Mail*.

Die Standardsignatur ändern

Sicherlich ist Ihnen bereits aufgefallen, dass von Ihnen erstellte E-Mails standardmäßig mit der Signatur *Von meinem iPhone gesendet* versehen sind. Dies ist nicht immer gewünscht! Um die Signatur zu ändern, öffnen Sie die *Einstellungen*, wählen *Mail, Kontakte, Kalender* und dort im Abschnitt *Mail* den Eintrag *Signatur*. Tippen Sie in das Feld, löschen Sie den vorhandenen Text und geben Sie Ihre neue Signatur ein. Falls Sie gar keine Signatur wünschen, lassen Sie das Feld leer.

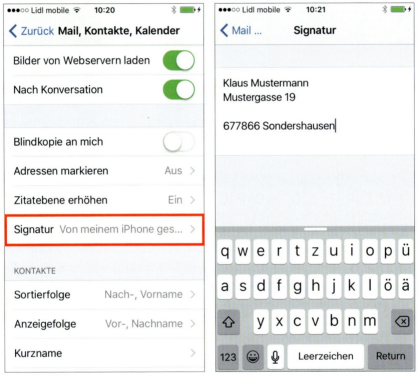

Statt der Standardsignatur verwenden Sie lieber eine individuelle Signatur oder gar keine.

Erhaltene E-Mails beantworten oder weiterleiten

Statt eine E-Mail neu zu erstellen, können Sie auch erhaltene E-Mails beantworten oder an andere Personen weiterleiten. Öffnen Sie dazu eine E-Mail und tippen Sie dann unten in der App *Mail* auf das Symbol ⤺. Ihnen werden Optionen zum Antworten (an die gleiche Person) sowie zum Weiterleiten (an eine andere Person) angezeigt.

Mails auf dem iPhone übersichtlich verwalten

Zum Beantworten oder Weiterleiten von E-Mails genügen zwei Fingertipps.

Welchen Umfang soll die Vorschau haben? Soll von jeder E-Mail eine Blindkopie an Sie selbst verschickt werden? Erkunden Sie diese und weitere Optionen zum Senden und Empfangen von E-Mails auf eigene Faust, und zwar in den iPhone-Einstellungen unter *Mail, Kontakte, Kalender* im Abschnitt *Mail*.

Übrigens: Auf einem iPhone 6s oder 6s Plus können Sie eine E-Mail im Posteingang gedrückt halten, um sich diese in einem »Peek und Pop«-Fenster anzusehen. So manche E-Mail brauchen Sie dann gar nicht erst richtig zu öffnen.

Mails auf dem iPhone übersichtlich verwalten

Damit Sie auch bei zahlreichen erhaltenen E-Mails nicht den Überblick verlieren, habe ich noch einige nützliche Tipps rund um die E-Mail-Verwaltung für Sie auf Lager. Der wichtigste Tipp vorweg: Löschen bzw. archivieren Sie nicht benötigte E-Mails möglichst sofort, um keinen Ballast in Ihren E-Mail-Postfächern aufzubewahren.

Wenn Sie den Finger auf einer E-Mail nach links ziehen, erscheint in der App *Mail* übrigens nicht nur die Schaltfläche *Löschen*, sondern Sie er-
halten noch weitere Optionen wie *Markieren* sowie unter *Mehr* das Antworten, das Weiterleiten sowie Markieren einer Mail als ungelesen, das Einblenden zugehöriger E-Mails, das Einschalten der Mitteilung oder das Bewegen der E-Mail.

E-Mails markieren

Damit Ihnen besonders wichtige E-Mails schnell ins Auge springen, versehen Sie diese mit einer Farbe (alternativ auch mit einem Symbol, dies bestimmen Sie in den *Einstellungen* unter *Mail, Kontakte, Kalender* und dort unter *Markierungsstil*).

Um eine E-Mail zu markieren, tippen Sie – wie eben gezeigt – mit dem Finger auf die E-Mail und ziehen diesen dann von rechts nach links. Entscheiden Sie sich für die Option *Markieren*. Um eine geöffnete E-Mail zu markieren, tippen Sie links unten auf das Symbol und wählen im sich öffnenden Menü den *Markieren*-Eintrag.

Markieren Sie E-Mails, um diese von anderen E-Mails im Postfach abzuheben.

Mails auf dem iPhone übersichtlich verwalten

Sie erhalten in dem Menü noch drei weitere Optionen zum Markieren von Nachrichten. Hier der Überblick:

- *Als ungelesen markieren*: Damit markieren Sie eine E-Mail als ungelesen, diese wird dann im Postfach durch eine Farbmarkierung ⬤ hervorgehoben. Bei einer als ungelesen markierten E-Mail lautet die Option entsprechend *Als gelesen markieren*.

- *In „Werbung" bewegen*: Wenn Sie sich für diese Option entscheiden, wird eine E-Mail in den Ordner für ungewünschte Werbung (Junk, Spam) verschoben, eine Alternative zum Löschen.

- *Mitteilung*: Wenn Sie diese Option aktivieren, erhalten Sie eine Mitteilung bei Antworten in dieser Konversation. Sie können eine Mitteilung auch bereits beim Erstellen neuer E-Mails einrichten, indem Sie im Feld *Betreff* auf das Symbol 🔔 tippen. Sorgen Sie mit dieser Option dafür, dass Sie nur über wichtige E-Mails benachrichtigt werden und nicht über alle.

E-Mails suchen

Sie haben eine Menge E-Mails im Posteingang. Oberhalb der Liste mit den E-Mails finden Sie ein Suchfeld, mit dessen Hilfe Sie sich alle E-Mails anzeigen lassen, die Sie von einer Person erhalten haben oder die einem beliebigen Suchbegriff entsprechen. Auf einem iPhone 6s oder 6s Plus kann die Suche auch gestartet werden, indem Sie das Symbol der App *Mail* gedrückt halten und im *3D Touch*-Menü *Suchen* wählen.

Verwenden Sie das in die App Mail eingebaute Suchfeld für die E-Mail-Suche; alternativ kann auch die Spotlight-Suche diesem Zweck dienen.

Neue Postfächer erstellen

Um auch bei vielen E-Mails den Überblick zu behalten, empfiehlt es sich, diese thematisch in verschiedenen E-Mail-Postfächern zu sortieren. Legen Sie also beispielsweise E-Mail-Postfächer für Ihre privaten E-Mails an, für geschäftliche Mails, für E-Mails Ihres Gartenbauvereins etc. So gelingt es Schritt für Schritt:

1. In der App *Mail* wird immer noch der Posteingang angezeigt. Tippen Sie links oben auf *Postfächer* bzw. streichen Sie auf dem Display mit dem Finger von links nach rechts.

2. Sie erhalten eine Postfachübersicht. Durch Antippen wählen Sie ein Postfach aus. Um ein neues Postfach zu erstellen, entscheiden Sie sich rechts oben für *Bearbeiten*.

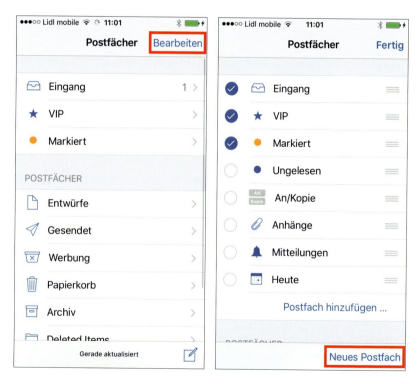

3. Im nächsten Schritt tippen Sie rechts unten auf *Neues Postfach*.

Mails auf dem iPhone übersichtlich verwalten

4. Geben Sie dem neuen E-Mail-Postfach eine schlüssige Bezeichnung und bestätigen Sie mit *Sichern*.

5. Um eine in der App *Mail* geöffnete E-Mail in das neue Postfach zu verschieben, tippen Sie unten in der Mail-App auf das Symbol .

6. Wählen Sie nun einfach das gewünschte Postfach in der Liste aus, um die E-Mail dorthin zu verschieben.

Die VIP-Liste verwenden

Für Ihre besonders wichtigen Kontakte können Sie in der Mail-App eine VIP-Liste anlegen. Die E-Mails der VIPs werden dann in einem eigenen Postfach gesammelt. In den *Einstellungen* unter *Mitteilungen* und dort unter *Mail* können Sie außerdem eigene Mitteilungsoptionen für Ihre ganz persönlichen VIPs festlegen. So zeigen Sie der App *Mail*, wer ein VIP ist:

1. Entscheiden Sie sich links oben in der Mail-App für *Postfächer* bzw. streichen Sie mit dem Finger von links nach rechts, um die Postfachliste einzublenden.

2. Tippen Sie auf den Eintrag *VIP*.

3. Tippen Sie als Nächstes auf *VIP hinzufügen*.

4. Wählen Sie den gewünschten Kontakt aus, um ihn in die VIP-Liste aufzunehmen. Tippen Sie erneut auf *VIP hinzufügen*, um die VIP-Liste zu ergänzen.

8 ▪ E-Mails senden und empfangen

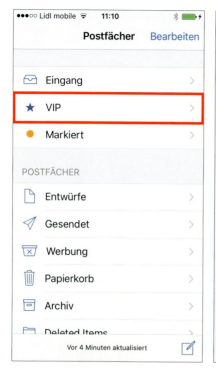

5. Wenn Sie die VIP-Liste später erneut aufrufen, werden Ihnen die E-Mails der betreffenden Kontakte angezeigt. Um wieder zur Verwaltung Ihrer VIP-Liste zu gelangen, tippen Sie beim VIP-Eintrag auf das Symbol ⓘ.

Kapitel 9

Musik, Filme und andere Medieninhalte auf dem iPhone

Sie wollen Ihr iPhone nicht nur für »ernste« Zwecke nutzen, sondern auch zur Unterhaltung? Sowohl das iPhone 6s als auch das iPhone 6s Plus sind dafür prädestiniert: Musik oder Hörbücher anhören, Videos auf dem iPhone betrachten, Podcasts und Univorlesungen aufrufen, Webradio hören oder übers Internet fernsehen – die Möglichkeiten, die Sie haben, sind schier unendlich! In diesem Kapitel möchte ich Ihnen die besten Funktionen rund um das Unterhaltungsgenie iPhone vorstellen.

Musikalben kaufen oder Spielfilme ausleihen – direkt auf dem iPhone

In Kapitel 3 habe ich Ihnen ausführlich gezeigt, wie Sie Apps aus dem App Store herunterladen. Vom Prinzip her funktioniert das Herunterladen von Musik, Hörbüchern, Filmen und weiteren Inhalten ebenso, wobei Sie Filme in vielen Fällen nicht nur kaufen, sondern auch ausleihen können. Voraussetzung ist wiederum, dass Sie Ihre Apple-ID – wie ebenfalls in Kapitel 3 beschrieben – mit Zahlungsdaten verknüpft haben.

Öffnen Sie die App *iTunes Store* und stöbern Sie in den einzelnen Rubriken nach Inhalten, die Sie ansprechen.

Unter *Suchen* finden Sie auch eine Suchfunktion, um einen ganz bestimmten Titel oder eine ganz bestimmte TV-Serie schnell aufzufinden.

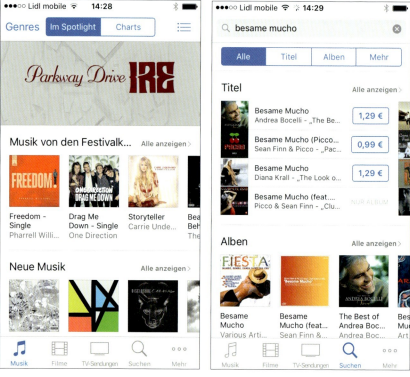

Herumstöbern oder gezielt suchen: Machen Sie im iTunes Store Inhalte ausfindig, die Sie ansprechen.

So läuft das mit dem Kaufen oder Leihen

Damit Sie nicht die Katze im Sack kaufen, können Sie einen Musiktitel oder ein Hörbuch vor dem Kauf probehören, bei Filmen stehen Ihnen Filmvorschauen (Trailer) zur Verfügung.

Zum Probehören eines Audiotitels tippen Sie diesen einfach an; um einen Trailer zu betrachten, tippen Sie im Abschnitt *Trailer* auf die dort dargestellte Minivorschau – der Trailer wird daraufhin im Vollbildmodus wiedergegeben.

Um einen Musiktitel bzw. ein ganzes Album oder einen Film bzw. eine TV-Staffel zu kaufen, tippen Sie jeweils auf den angezeigten Preis und bestätigen anschließend den Kauf. Bei Filmen haben Sie häufig die Möglichkeit, diese nicht nur zu kaufen, sondern auch für 24 Stunden auszuleihen – in diesem Fall tippen Sie auf die *Leihen*-Schaltfläche. Das lohnt sich bei Filmen, die Sie sich sowieso nur einmal ansehen wollen.

Musikalben kaufen oder Spielfilme ausleihen – direkt auf dem iPhone

Audiotitel probehören und Filmtrailer anschauen – so kaufen Sie nur das, was Ihnen wirklich gefällt.

Nach dem Herunterladen – Sie können den Download in der App *iTunes Store* unter *Mehr* und dort unter *Downloads* verfolgen – stehen die entsprechenden Mediendateien in der App *Musik* (Musik), in der App *Videos* (Filme, TV-Sendungen, Musikvideos) oder in der App *iBooks* (Hörbücher) zur Verfügung.

Auf bereits getätigte Käufe erneut zugreifen

Wie für die Apps gilt auch für die im iTunes Store getätigten Käufe, dass Sie diese nach einmaligem Erwerb jederzeit erneut herunterladen können. Um einen Überblick über Ihre Käufe zu erhalten, entscheiden Sie sich im iTunes Store für *Mehr* und dann für den Eintrag *Käufe*. Wählen Sie den gewünschten Medientyp aus und tippen Sie eine Datei an, um diese gegebenenfalls erneut herunterzuladen (wie bei den Apps geschieht dies per ⌓-Symbol).

9 ▪ Musik, Filme und andere Medieninhalte auf dem iPhone

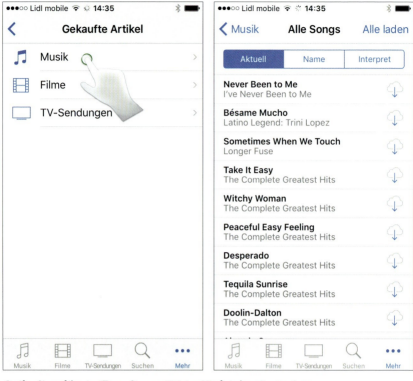

Greifen Sie auf Ihre im iTunes Store getätigten Käufe jederzeit erneut zu.

Wie bereits im Zusammenhang mit den Apps kennengelernt, lässt sich auch Musik automatisch auf das iPhone laden, die Sie auf einem anderen Gerät mit der gleichen Apple-ID gekauft haben. Aktivieren Sie dazu in den *Einstellungen* unter *App und iTunes Stores* im Abschnitt *Automatische Downloads* die Option *Musik*.

Auf anderen Geräten gekaufte Musik lässt sich automatisch herunterladen.

> **Mit iTunes Match alle Ihre Songs im Internet verfügbar machen**
>
> Sie möchten auch solche Musiktitel im Internet verfügbar machen, die Sie nicht bei iTunes gekauft haben? Dann ist vielleicht der Dienst iTunes Match interessant für Sie. Dieser Dienst schlägt zwar mit einer Abogebühr von 24,99 Euro jährlich zu Buche, dafür können aber zusätzlich zu den bei iTunes erworbenen Titeln bis zu 25.000 eigene Titel ins Internet geladen werden. Wenn die gleichen Titel in iTunes vorhanden sind, ist nicht mal ein Upload erforderlich. Der Abschluss des Abos erfolgt auf Ihrem iPhone in den *Einstellungen* unter *Musik*.
>
> Übrigens gibt es eine gute Alternative: Google Music (*music.google.com*); mit Google Music verläuft das Ganze allerdings nicht ganz so komfortabel wie mit iTunes Match.

Musik und Videos auf dem iPhone wiedergeben

Sie brauchen einen Musiktitel, ein Album, eine Videodatei etc. in der App *Musik* bzw. in der App *Videos* lediglich anzutippen, um die Wiedergabe zu starten. Die Steuerung der Wiedergabe erfolgt jeweils fast so wie bei einer Stereoanlage bzw. einem an das TV-Gerät angeschlossenen DVD-Player. Doch es gibt einige Besonderheiten! Verschaffen Sie sich zunächst einen Überblick über alle wichtigen Funktionen der Musikwiedergabe.

Wählen Sie in der App *Musik* in der Rubrik *Meine Musik* eine Sortierung aus – also eine Sortierung nach Interpreten, Songs, Alben etc. Tippen Sie, wie bereits geschrieben, ein Element einfach an, um es wiederzugeben. Standardmäßig wird ein Album oder eine Liste der Reihe nach wiedergegeben, und zwar ab dem Song, den Sie antippen. Um ein Album von vorne anzuhören, tippen Sie also den ersten Song an.

> **HINWEIS:** Musiktitel, die mit einem Wolkensymbol ☁ gekennzeichnet, also via iTunes Store bzw. iTunes Match verfügbar sind, müssen Sie für die Wiedergabe nicht herunterladen, sondern können diese auch übers Internet streamen. Das bedeutet zwar eine Menge Datenvolumen, ist aber praktisch, wenn der Speicherplatz auf dem iPhone knapp wird.

9 ▪ Musik, Filme und andere Medieninhalte auf dem iPhone

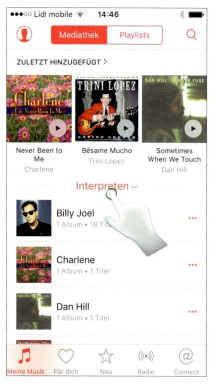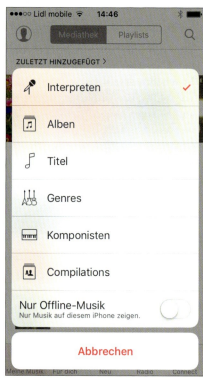

Wählen Sie in der Rubrik »Meine Musik« eine Sortierung Ihrer Musiktitel aus.

Die Musikwiedergabe steuern

Die Steuerung der Musikwiedergabe erfolgt mithilfe der eingeblendeten Steuerelemente. Dieses sind die Funktionen:

- ❙❙ Tippen Sie auf dieses Symbol, um die Wiedergabe zu pausieren.
- ▶ Um die Wiedergabe fortzusetzen, tippen Sie auf dieses Symbol.
- ◀◀ Bei kurzem Drücken dieses Symbols wechseln Sie zum vorherigen Titel, bei längerem Drücken »spulen« Sie den aktuellen Titel zurück.
- ▶▶ Bei kurzem Drücken dieses Symbols wechseln Sie zum nächsten Titel, bei längerem Drücken »spulen« Sie den aktuellen Titel vor.
- 🔁 Tippen Sie auf *das Symbol* 🔁, um die Wiederholung eines Titels oder des gesamten Albums bzw. der gesamten Liste zu veranlassen.
- 🔀 Um eine Wiedergabe des aktuellen Albums bzw. der aktuellen Liste in zufälliger Reihenfolge zu bewirken, tippen Sie auf *das Symbol* 🔀.

Musik und Videos auf dem iPhone wiedergeben

- ≡ Wenn Sie dieses Symbol antippen, lassen Sie sich statt des aktuell wiedergegebenen Titels alle Titel des zugehörigen Albums bzw. der zugehörigen Liste anzeigen.

Auf die wichtigsten Funktionen zur Steuerung der Musikwiedergabe greifen Sie auch auf dem Sperrbildschirm sowie über die Schalter am iPhone-Kopfhörer zu.

Den Lautstärkeregler in der App *Musik* benötigen Sie eigentlich nicht, da Sie die Lautstärke ja mithilfe der Tasten links am iPhone bzw. auch am mitgelieferten Kopfhörer regeln können.

> **Apple Music**
>
> In der App *Musik* lassen sich nicht nur Musikdateien abspielen, sondern Sie können auch unzählige Titel aus dem Internet streamen. Dafür steht der Dienst Apple Music zur Verfügung, der allerdings kostenpflichtig ist. Das kostenlose Probeabo von drei Monaten sollten Sie sich auf keinen Fall entgehen lassen! Falls Sie Apple Music sowieso nicht verwenden, lässt sich diese Rubrik in den *Einstellungen* unter *Musik* ausblenden.

9 ▪ Musik, Filme und andere Medieninhalte auf dem iPhone

Die Musikwiedergabe kann grundsätzlich im Hintergrund erfolgen, und es lassen sich gleichzeitig weitere Apps verwenden – es sei denn, diese möchten ebenfalls Musik abspielen (z. B. Webradio) oder Sprache ausgeben (z. B. Navigation). Die Musikwiedergabe in der App *Musik* wird dann entweder dauerhaft pausiert oder nur vorübergehend ausgeblendet.

Die Videowiedergabe steuern

Die Videowiedergabe erfolgt sogar noch einfacher als die Musikwiedergabe. Wählen Sie das gewünschte Video in der App *Videos* durch Antippen aus. Es lassen sich gegebenenfalls auch einzelne Kapitel für die Wiedergabe eines Spielfilms auswählen.

Auch im iTunes Store gekaufte Filme lassen sich streamen, um auf dem iPhone Speicherplatz zu sparen.

Drehen Sie das iPhone ins Querformat, um die Filmwiedergabe im Vollbildmodus zu genießen. Im Vergleich mit den bereits von der App *Musik* her bekannten Steuerelementen gibt es zwei neue Symbole:

- 🔼 Dieses Symbol rechts oben tippen Sie an, um gegebenenfalls das Format des Videos an das iPhone-Display anzupassen.

Musik und Videos auf dem iPhone wiedergeben

-  Tippen Sie auf dieses Symbol, um für das angezeigte Video die Sprachauswahl zu ändern.

Ähnlich wie bei Film-DVDs lässt sich auch bei Filmen, die im iTunes Store gekauft wurden, häufig eine Sprachauswahl treffen.

Die Steuerelemente werden während der Videowiedergabe automatisch ausgeblendet. Tippen Sie einfach in das Video, um die Steuerelemente erneut einzublenden.

> **Andere Optionen zum Streamen von Filmen**
>
> Man muss es schon klar sagen: Die Filme im iTunes Store sind recht teuer, egal ob zum Kaufen oder zum Ausleihen. Es gibt gute Alternativen, etwa die Videoplattform YouTube, auf der Sie ebenfalls Spielfilme finden (allerdings nicht in sonderlich guter Qualität), aber auch Anbieter wie Watchever oder Netflix, die für einen relativ geringen monatlichen Betrag den vollen Zugriff auf die gesamte Onlinevideothek bieten – passende Apps für die Wiedergabe sind jeweils im App Store verfügbar.

> So etwas gibt es natürlich auch für Musik, wie bereits im Zusammenhang mit Apple Music erwähnt, aber auch Spotify ist eine interessante Wahl, besonders da es auch eine kostenlose Version gibt.

Musikwiedergabelisten für jeden Anlass anlegen

Der Vorteil von Musik-Downloads aus dem Internet liegt ja gerade darin, dass Sie nicht mehr komplette Alben kaufen müssen, sondern sich auf das Kaufen Ihrer Lieblingstitel beschränken können. Solche Einzeltitel organisieren Sie am besten in Wiedergabelisten für jeden Anlass, etwa Musik zum Autofahren, zum Entspannen, Partymusik, ein romantisches Abendessen und was Ihnen sonst noch einfallen mag.

So einfach erstellen Sie in der App *Musik* eine neue Wiedergabeliste und fügen dieser die gewünschten Musiktitel hinzu:

1. Entscheiden Sie sich in der App *Musik* für die Rubrik *Meine Musik* und wählen Sie oben *Playlists*, um eine Übersicht über die bereits verfügbaren Wiedergabelisten zu erhalten.

2. Wählen Sie oberhalb der angezeigten Wiedergabelisten die Option *Neu*.

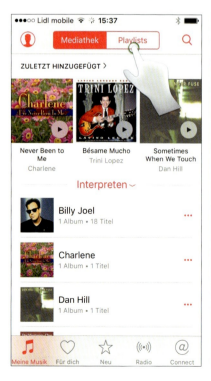 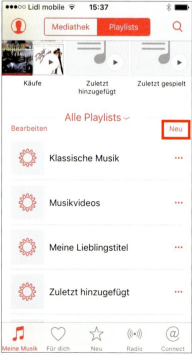

3. Geben Sie der neuen Wiedergabeliste zunächst einen schlüssigen Titel. Fügen Sie, wenn Sie möchten, auch noch eine kurze Beschreibung hinzu.

4. Die Wiedergabeliste wird Ihnen angezeigt, und Sie können diese nun mit den gewünschten Titeln füllen. Ich empfehle, dazu die Rubrik *Titel* zu wählen. Tippen Sie bei einem Titel, den Sie der Wiedergabeliste hinzufügen möchten, auf das zugehörige Symbol +. Sie können auch einfach direkt auf den Titel tippen, das zeigt den gleichen Effekt. Bestätigen Sie Ihre Auswahl mit *Fertig*.

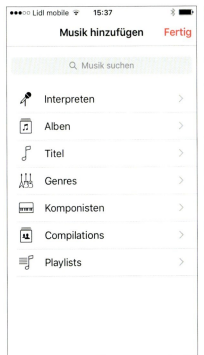
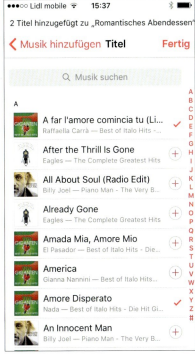

Die von Ihnen erstellte Wiedergabeliste rufen Sie zukünftig in der App *Musik* unter der Rubrik *Meine Musik* und dort unter *Playlists* auf. Um weitere Titel hinzuzufügen oder Titel aus der Liste zu entfernen, wählen Sie die Liste aus und entscheiden sich für *Bearbeiten* – schon können Sie weitere Titel hinzufügen bzw. mit dem Symbol ⊖ Titel entfernen.

9 ▪ Musik, Filme und andere Medieninhalte auf dem iPhone

> **Equalizer einsetzen**
>
> Wenn Sie den Klang bei der Musikwiedergabe Ihren Wünschen anpassen möchten: In den *Einstellungen* unter *Musik* finden Sie den Eintrag *Equalizer*, der Zugriff auf ganz unterschiedliche Voreinstellungen bietet, aber auch Bässe oder Höhen reduzieren bzw. verstärken kann. In den *Einstellungen* unter *Musik* finden Sie noch einige weitere nützliche Optionen wie die Anpassung der Lautstärke oder eine maximale Lautstärke, um Ihr Gehör zu schonen.

Interessante Medieninhalte zum Nulltarif: Podcasts und iTunes U

Eine App, die auf Ihrem iPhone ebenfalls bereits zur Verfügung steht, nennt sich Podcasts. Das Wort Podcast setzt sich aus **iPod** und Broad**cast** zusammen. Gemeint sind damit kostenlose und mehr oder weniger regelmäßige Folgen von Audio- oder Videoinhalten, die Sie direkt in der App *Podcasts* aufstöbern und wiedergeben. Für die Nutzung von iTunes U müssen Sie hingegen den App Store bemühen und die entsprechende Gratis-App von Apple herunterladen. Mit iTunes U werden Univorlesungen und weitere Inhalte großer Bildungseinrichtungen zugänglich. Lesen Sie auf den folgenden Seiten, wie Sie Podcasts und iTunes U nutzen.

Kostenlose Hörspiele, Motivationsseminare und mehr dank Podcasts

Die App *Podcasts*, die Sie standardmäßig auf der zweiten Seite des Home-Bildschirms finden, ist (kostenloser) Store und Wiedergabe-App in einem. Nachdem Sie bereits den iTunes Store und die App *Musik* kennengelernt haben, genügt es, sich mit einigen Besonderheiten der Podcasts vertraut zu machen. Hier zeige ich Ihnen Schritt für Schritt, wie Sie Podcasts perfekt verwenden:

1. Zunächst mal machen Sie sich in der App *Podcasts* auf die Suche nach einem Podcast, der Ihnen zusagt. Hier lasse ich mir unter der Rubrik *Top-*

Interessante Medieninhalte zum Nulltarif: Podcasts und iTunes U

charts die meistgeladenen Podcasts anzeigen. Alternativ verwenden Sie die Suchfunktion unter *Suchen*.

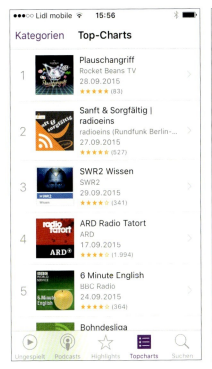 

2. Sie haben bei einem Podcast drei Möglichkeiten. Tippen Sie eine Folge an, um diese direkt wiederzugeben. Tippen Sie bei einer Folge auf das zugehörige Symbol ⌁, um diese auf Ihr iPhone herunterzuladen. Oder tippen Sie auf *Abonnieren*, um einen Podcast zu abonnieren – neue Folgen des Podcasts werden dann zukünftig automatisch auf Ihr iPhone heruntergeladen. Per Fingertipp auf *Abo beenden* lässt sich das Abonnement wieder beenden. Aber wie bereits erwähnt: Das alles ist kostenlos.

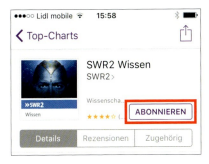 

3. Nachdem die Downloads erfolgt sind bzw. auch, um auf noch nicht heruntergeladene Folgen eines abonnierten Podcasts zuzugreifen, wählen Sie Ihre Podcasts in der Rubrik *Podcasts* aus. Tippen Sie eine Folge an, um diese wiederzugeben.

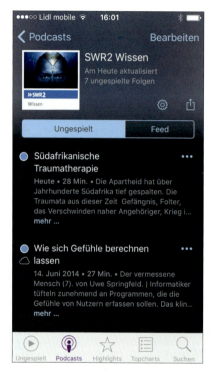

Vielleicht fragen Sie sich, wer die Podcasts überhaupt zur Verfügung stellt? Nun, da gibt es ein ganz breites Spektrum von Radio- und Fernsehsendern über größere und kleinere Unternehmen bis hin zu Privatleuten, die Freude dabei haben, anderen Menschen ihre Inhalte zu vermitteln.

> **Ruhezustandstimer verwenden**
>
> Wenn Sie eine Podcast-Folge beispielsweise zum Einschlafen anhören und nicht möchten, dass nach der einen Folge gleich die nächste Folge wiedergegeben wird, tippen Sie auf das Symbol ☽, das während der Wiedergabe einer Podcast-Folge angezeigt wird, um den Ruhezustandstimer zu verwenden. Wählen Sie im sich öffnenden Menü aus, nach welcher Zeit die Wiedergabe automatisch gestoppt werden soll, bzw. entscheiden Sie sich für das Beenden der Wiedergabe *Nach der aktuellen Folge*.

Für Ihr Privatstudium: Inhalte in iTunes U laden

Wollten Sie schon immer an Vorlesungen, Vorträgen und Kursen teilnehmen, die Universitäten und weitere Bildungseinrichtungen weltweit anbieten? Die App *iTunes U*, die Sie kostenlos aus dem App Store laden, macht es möglich. Und auch zu dieser spannenden App eine kleine Schrittanleitung:

1. Entscheiden Sie sich in der App *iTunes U* beispielsweise für die Rubrik *Empfohlen*, um nach interessanten Inhalten zu stöbern. Da sich viele Inhalte in englischer Sprache finden, kann ich z. B. die Möglichkeit empfehlen, sich im Abschnitt *Kurse nach Sprache* die Kurse nach Sprache gruppiert anzeigen zu lassen. Ansonsten steht auch in dieser App eine Suchfunktion für die Suche nach bestimmten Themen zur Verfügung.

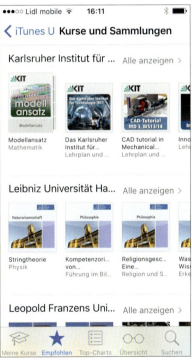

2. Ganz ähnlich wie bei den Podcasts: Sie können entweder eine Folge durch Antippen direkt wiedergeben bzw. per Fingertipp auf das Symbol ⌄ herunterladen. Tippen Sie auf *Abonnieren*, um alle Folgen, also z. B. eine Vorlesungsreihe, herunterzuladen. Die entsprechenden Folgen finden Sie dann in der gleichen App in der Rubrik *Meine Kurse*. Die Wiedergabe der Inhalte erfolgt praktisch genauso wie in den anderen Apps.

Auf dem PC gespeicherte Videodateien betrachten

Ein kleines Manko des iPhones besteht darin, dass standardmäßig nicht besonders viele Medienformate wiedergegeben werden können. Bei Musikdateien ist dies nicht weiter dramatisch, da diese sowieso meist im MP3- oder im AAC-Format vorliegen. Gravierender macht sich der Umstand aber bei Videodateien bemerkbar.

Um auch solche Videos auf Ihrem iPhone wiederzugeben, die standardmäßig nicht unterstützt werden, bieten sich Ihnen drei Optionen:

- Konvertierung: Verwenden Sie eine Konvertierungssoftware, um eine Videodatei in ein unterstütztes Format zu bringen. Bei kompletten Spielfilmen ist das allerdings sehr zeitaufwendig! Empfehlenswert für die Konvertierung ist z. B. das kostenlose Programm HandBrake, das Sie unter der Webadresse *handbrake.fr* herunterladen.

- Zusatz-App: Laden Sie die Videodatei in eine Zusatz-App, die mehr Formate unterstützt. Ich kann Ihnen die App *GPlayer* empfehlen (Kostenpunkt bei Redaktionsschluss: 2,99 Euro), die jede Menge Videoformate wieder-

Auf dem PC gespeicherte Videodateien betrachten

geben kann. Die Übertragung der Videodateien aufs iPhone kann entweder mit der Software iTunes erfolgen oder aber mithilfe des Webbrowsers auf dem PC.

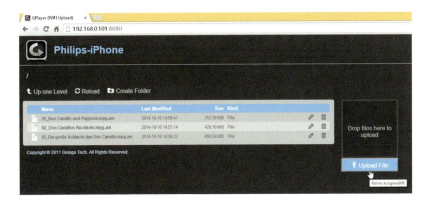

Hier lade ich Videodateien via Webbrowser auf das iPhone, um sie dort wiedergeben zu können.

- Streaming: Vielleicht muss die Videodatei gar nicht unbedingt auf dem iPhone gespeichert sein? Verwenden Sie die Gratis-App *Air Playit* und die zugehörige Serversoftware für den PC, um Ihre Videos vom Computer auf das iPhone zu streamen, also in Echtzeit zu übertragen.

Entscheiden Sie selbst, welcher dieser Varianten Sie den Vorzug geben möchten. Ich persönlich bevorzuge das Speichern und Wiedergeben der Videodateien in einer Zusatz-App.

Musik und Filme vom iPhone auf die Stereoanlage oder das TV-Gerät übertragen

Der Lautsprecher Ihres iPhones hat einen erstaunlich guten Klang, aber für eine Party reicht das nicht aus. Und einen kompletten Spielfilm auf dem iPhone-Display zu betrachten, macht auch nicht gerade Spaß, zumindest wenn Sie regelmäßig Filme gucken wollen. Lassen Sie mich Ihnen deshalb auf den nächsten Seiten die besten Geräte und Funktionen für die Wiedergabe von Musik und Filmen auf der Stereoanlage oder dem TV-Gerät aufzeigen.

Musik auf die Stereoanlage via AirPlay oder Bluetooth

Für die Übertragung von Musik auf die Stereoanlage können Sie mehrere Technologien verwenden. Die einfachste Möglichkeit besteht darin, mit einem passenden Kabel den Kopfhörerausgang des iPhones mit dem Audioeingang der Stereoanlage zu verbinden. Aber das Ganze funktioniert natürlich auch drahtlos – entweder in einem WLAN per AirPlay oder per Bluetooth.

Voraussetzung dafür, dass das Ganze funktioniert, ist jeweils, dass die Stereoanlage mit einer entsprechenden Funktion ausgestattet ist. Für die Verwendung der AirPlay-Funktion kann ansonsten ein zusätzliches Gerät wie das Apple TV angeschlossen werden, das ich Ihnen gleich noch näher vorstellen werde – Voraussetzung in diesem Fall ist aber, dass an der Stereoanlage ein entsprechender Anschluss vorhanden ist.

Die Funktionsweise ist jeweils sehr simpel. Im Zusammenhang mit Bluetooth stellen Sie eine Verbindung zwischen dem iPhone und der Stereoanlage her, wie ich es in Kapitel 2 im Zusammenhang mit einer Bluetooth-Tastatur beschrieben habe. Wenn Bluetooth sowohl auf dem iPhone als auch auf der Stereoanlage aktiviert ist, wird die Musik, die auf dem iPhone läuft, auf die Stereoanlage gestreamt.

Hier habe ich an meiner Stereoanlage Philips BTM2180/12 Bluetooth aktiviert und kann nun Musik vom iPhone auf die Anlage streamen.

Musik und Filme auf die Stereoanlage oder das TV-Gerät übertragen

Der Nachteil bei Bluetooth: Sie dürfen sich mit dem iPhone nicht zu weit von der Stereoanlage entfernen, in der Regel höchstens 10 m ohne Mauern dazwischen.

Die Verwendung von AirPlay basiert auf einem WLAN. Wenn sowohl das iPhone als auch das AirPlay-fähige Gerät sich im selben WLAN befinden, wird Ihnen die *AirPlay*-Option im Kontrollzentrum angeboten.

Aktivieren Sie AirPlay im Kontrollzentrum, um Ihre Musik auf ein AirPlay-fähiges Gerät zu streamen.

> **Möchten Sie selbst Musik aufnehmen?**
>
> Oder möchten Sie selbst Musik aufnehmen, mit verschiedenen auf dem iPhone dargestellten Instrumenten einspielen und mehrere Tonspuren zu einem ansprechenden Song zusammenmischen? Das ist kinderleicht und macht richtig Spaß mit der Apple-App *GarageBand*, die Sie im App Store finden!

Streaming vom iPhone, Zugriff auf Fotostream und noch viel mehr: Apple TV

Sie möchten Videos, Fotos, Musik oder einfach sämtliche Displayinhalte von Ihrem iPhone auf das TV-Gerät übertragen? Ich empfehle die Anschaffung eines Apple TV, das diese und noch weitere Funktionen bietet. Es handelt sich um eine kleine Box, die mit einem HDMI-Kabel an den Fernseher angeschlossen wird.

9 ▪ Musik, Filme und andere Medieninhalte auf dem iPhone

Bei der Inbetriebnahme eines Apple TV stellen Sie zunächst eine Verbindung mit dem WLAN her, in dem sich auch das iPhone befindet. Um auch auf die gleichen Medieninhalte wie auf dem iPhone zuzugreifen, melden Sie sich auf dem Apple TV zudem mit der gleichen Apple-ID an.

Das Apple TV wartet mit einer ganzen Reihe exzellenter Funktionen auf. Zunächst mal lassen sich via AirPlay sämtliche Inhalte vom iPhone auf den Fernsehbildschirm streamen. Öffnen Sie hierzu das Kontrollzentrum und wählen Sie die Übertragung auf das Apple TV. Zum Übertragen sämtlicher Displayinhalte vom iPhone auf das TV-Gerät aktivieren Sie außerdem die Option *Bildschirmsyncr.* Bestätigen Sie mit *Fertig*.

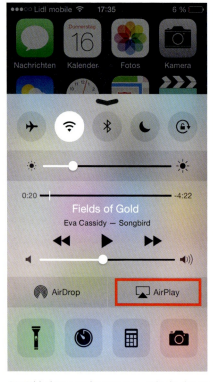 

Die Bildschirmsynchronisierung erlaubt das Streamen sämtlicher auf dem iPhone angezeigter Displayinhalte auf den Fernsehbildschirm.

Ein Apple TV hat noch einiges mehr zu bieten. Gestatten Sie mir, Ihnen für eine eventuelle Kaufentscheidung einen kleinen Überblick zu geben:

▪ Zugriff auf Inhalte aus dem iTunes Store: Sie können auch direkt auf dem Apple TV auf die im iTunes Store gekaufte Musik sowie auf gekaufte Filme und TV-Serien zugreifen. Videos lassen sich auch direkt auf dem Apple TV kaufen oder ausleihen.

Musik und Filme auf die Stereoanlage oder das TV-Gerät übertragen

Auch via Apple TV erhalten Sie Zugriff auf Ihre Einkäufe im iTunes Store.

- Privatfreigabe: Die Privatfreigabe ermöglicht es, auf die Mediathek zuzugreifen, die Sie in iTunes auf dem PC angelegt haben, also Inhalte vom Computer zu streamen. Falls eine Privatfreigabe besteht, lässt sich diese übrigens auch auf dem iPhone nutzen, sofern die Privatfreigabe in den *Einstellungen* unter *Musik* bzw. *Videos* aktiviert ist.

- Fotostream: Wenn Sie den iCloud-Fotostream nutzen, den Sie noch näher kennenlernen werden, können Sie mit dem Apple TV ebenfalls darauf zugreifen, um Ihre Aufnahmen direkt auf dem Fernsehbildschirm zu betrachten und zu präsentieren.

- Externe Anbieter: Auch auf dem Apple TV stehen eine Reihe von Apps externer Anbieter zur Verfügung. Geben Sie beispielsweise mit den Apps YouTube, Vimeo, Watchever oder Netflix Filme wieder oder hören Sie mittels einer anderen App übers Internet Radio.

Per App greifen Sie mit dem Apple TV auch auf die Medieninhalte externer Anbieter zu.

Webradio und Web-TV auf dem iPhone nutzen

Das iPhone lässt sich auch als Radio oder TV-Gerät einsetzen – dank Internet. Gerne stelle ich Ihnen meine in diesem Zusammenhang bevorzugten Apps vor:

- Webradio: Tausende Radiosender aus aller Welt kostenlos und in lupenreiner Qualität empfangen – verwenden Sie hierzu z. B. die App *radio.de*. Wenn Sie sich (wiederum kostenlos) registrieren, lassen sich Ihre Lieblingssender speichern, um jederzeit schnell darauf zuzugreifen. Auch eine Weckfunktion und ein Sleeptimer sind mit dabei.

Mit der entsprechenden App empfangen Sie übers Internet Radiosender aus der ganzen Welt.

Webradio und Web-TV auf dem iPhone nutzen

- Web-TV: Zum Empfangen von ARD, ZDF, Arte und zahlreichen weiteren Fernsehsendern empfehle ich die Gratis-App *Zattoo*. Nach der kostenlosen Registrierung müssen Sie lediglich einen Sender auswählen, um den Livestream zu starten. Drehen Sie das iPhone ins Querformat, um die Sendung im Vollbildmodus wiederzugeben. Ein etwas nerviger Haken bei der Zattoo-Nutzung: Beim Ein- und Umschalten wird jeweils ein 30-sekündiges Werbefilmchen eingeblendet.

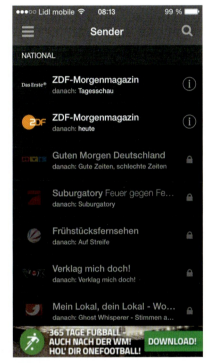 

Auch Fernsehen übers Internet ist auf dem iPhone möglich, z. B. mit der Gratis-App Zattoo.

- Mediatheken verwenden: Wer mal eine Sendung verpasst, kann diese häufig nachträglich in der Mediathek des entsprechenden Fernsehsenders betrachten. Auch von diesen gibt es meist Apps, z. B. die Apps *ZDF-App*, *ARD für iPhone*, *ORF TVthek* oder *Play SRF*. Teils gibt es auch in diesen Apps einen Livestream.

9 ▪ Musik, Filme und andere Medieninhalte auf dem iPhone

Diese Abbildungen zeigen die Mediathek-Apps von ARD und ZDF.

Falls Sie mit dem iPhone nicht nur übers Internet fernsehen, sondern es in ein richtiges TV-Gerät umwandeln wollen, suchen Sie bei Amazon und Co. nach tizi oder EyeTV Netstream, um entsprechende Geräte aufzuspüren.

Kapitel 10
Die iPhone-Kamera für geniale Fotos und Videos

Ein iPhone mag auf den ersten Blick teuer erscheinen – wenn Sie sich vergegenwärtigen, wie viele Funktionen es bietet, relativiert sich der Anschaffungspreis jedoch schnell. Ein Paradebeispiel hierfür ist die eingebaute Kamera. Sie bietet mit zwölf Megapixeln auf dem iPhone 6s und iPhone 6s Plus zwar keine Bildgrößen wie so manche andere Digitalkamera. Was die Bildqualität anbelangt, kann die iPhone-Kamera allerdings mehr als mithalten. Für das Urlaubs- oder Familienfoto zwischendurch benötigen Sie ganz bestimmt kein zusätzliches Gerät mehr! In diesem Kapitel stelle ich Ihnen alle wichtigen Funktionen der iPhone-Kamera vor.

Das iPhone als vollwertige Kamera nutzen

Um mit dem iPhone fotografieren oder filmen zu können, starten Sie die App *Kamera* – entweder über das Symbol auf dem Home-Bildschirm oder aber auf dem Sperrbildschirm, indem Sie das Symbol nach oben streichen, bzw. im Kontrollzentrum, indem Sie auf das Symbol tippen.

Wie bei einer herkömmlichen Digitalkamera gilt: Wenn Sie das iPhone im Hochformat halten, wird ein hochformatiges Bild bzw. Video aufgenommen; halten Sie das iPhone hingegen im Querformat, wird ein querformatiges Bild bzw. Video aufgenommen. Unabhängig davon, wie Sie Ihr iPhone halten, können Sie aber auch quadratische Bilder aufnehmen.

Wenn Sie das iPhone im Querformat halten, achten Sie darauf, dass sich die Lautstärketasten rechts oben befinden – die Lautstärketasten dienen nämlich, wenn Sie nicht das dafür vorgesehene Symbol in der App nutzen möchten, als Auslöser. Als »Sucher« dient das Display, auf dem jeweils dargestellt wird, was Sie mit der Kamera erfassen.

> **Achtung, Geotag!**
> Beim ersten Start der App *Kamera* werden Sie gefragt, ob die Kamera auf die Ortungsdienste Ihres iPhones zugreifen darf. Dies ermöglicht es, die aufgenommenen Bilder mit einem Geotag – den Koordinaten des Aufnahmeorts – zu versehen. Andere können dadurch sehen, an welchem Strand Sie die Delfine fotografiert haben, aber auch, in welchem Haus sich Ihre Schmucksammlung befindet.

Aufnahmefunktion wählen

Bestimmen Sie in der Kamera zunächst durch Streichen im Auswahlmenü, welche Aufnahmefunktion Sie nutzen möchten. Dies sind die angebotenen Optionen (die angegebenen Werte gelten jeweils für iPhone 6s und iPhone 6s Plus):

- *Foto:* Wählen Sie diese Option, um ein Foto in voller Größe aufzunehmen. Mit der iSight-Kamera auf der Rückseite aufgenommen, hat dieses eine Größe von 3.024 x 4.032 (Hochformat) bzw. 4.032 x 3.024 (Querformat) Pixeln. Eine Aufnahme mit der vorderen FaceTime-Kamera hat hingegen nur 1.932 x 2.576 (Hochformat) bzw. 2.576 x 1.932 (Querformat) Pixel. Pixel nennt man die einzelnen Bildpunkte, aus denen das Bild zusammengesetzt wird.

Die Kamera-App bietet verschiedene Aufnahmefunktionen – wählen Sie die gewünschte aus.

- *Quadrat:* Bevorzugen Sie eine quadratische Aufnahme? Mit der iSight-Kamera aufgenommen, hat diese eine Größe von 3.024 x 3.024 Pixeln. Eine

Aufnahme mit der FaceTime-Kamera schafft eine Bildgröße von 1.932 x 1.932 Pixeln.

- *Pano:* Wählen Sie diese Option aus, um ein Panoramafoto mit bis zu 63 Megapixeln Größe aufzunehmen.
- *Video:* Diese Option dient zur Aufnahme eines HD-Videos mit bis zu 2160p (iSight-Kamera) bzw. 720p (FaceTime-Kamera).
- *Slo-Mo:* Entscheiden Sie sich für diese Option, um das Video in Zeitlupe aufzuzeichnen, die Bildfrequenz also deutlich zu erhöhen.
- *Zeitraffer:* Wählen Sie diese Option, um das Video im Zeitraffer aufzuzeichnen, die Bildfrequenz also deutlich zu verringern.

Hier entscheide ich mich für eine Aufnahme in Zeitlupe (Slo-Mo).

Exzellente Fotos aufnehmen

Für Aufnahmen mit der iSight-Kamera gelten grundsätzlich die gleichen Regeln wie für Aufnahmen mit anderen Kameras auch. Bevor Sie sich mit den eigentlichen Kamerafunktionen vertraut machen, vorab fünf goldene Regeln für wirklich gelungene Aufnahmen:

- Das Motiv entscheidet! Nehmen Sie sich Zeit für die Motivsuche sowie für die Suche nach der besten Position, aus der Sie das Motiv fotografieren.
- Wackeln Sie während des Fotografierens nicht mit Ihren Händen – ansonsten ist das Risiko hoch, dass auch die Aufnahme verwackelt wird.
- Fotografieren Sie am besten bei Tageslicht; bei schlechten Lichtverhältnissen werden die Fotos unter Umständen körnig und unscharf. Notfalls setzen Sie den LED-Blitz Ihres iPhones ein.
- Fotografieren Sie niemals gegen das Licht, denn dann wird die Aufnahme nicht gelingen.

- Machen Sie von einem Motiv zahlreiche Aufnahmen. Sie können dann später die beste auswählen und nicht gelungene Bilder löschen. Das iPhone bietet für diese Methode genügend Speicherplatz!

Nun aber zu den eigentlichen Kamerafunktionen, welche die iPhone-Kamera zu bieten hat. Auch in diesem Zusammenhang verschaffe ich Ihnen gerne einen Überblick:

- Fokus und Belichtung: Der Fokus ist standardmäßig (auch bei Videos) in der Mitte des Bildes angesiedelt. Um den Fokus in eine andere Position zu versetzen, tippen Sie einfach auf eine andere Position. Gleichzeitig erscheint ein Schieberegler, um die Belichtung zu erhöhen oder zu verringern. Um Fokus und Belichtung auch beim Motivwechsel beizubehalten, halten Sie die Position einen Moment lang gedrückt, dadurch wird die AE/AF-Sperre aktiviert (AE steht für **A**uto-**E**xposure, AF für **A**uto-**F**okus). Durch erneutes Antippen lösen Sie die Sperre wieder.

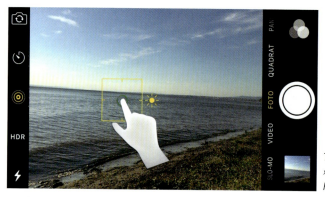

Tippen Sie in den »Sucher«, um den Fokus zu setzen.

- Zoom: Um sich – sowohl bei Foto- als auch bei Videoaufnahmen – an ein Motiv heranzuzoomen, bewegen Sie Daumen und Zeigefinger auf dem Display auseinander. Der daraufhin eingeblendete Schieberegler hilft Ihnen beim Feintuning.

Das Motiv ist zu weit weg? Dann zoomen Sie sich einfach ran.

Das iPhone als vollwertige Kamera nutzen

- Blitz: Der ins iPhone eingebaute LED-Blitz wird standardmäßig bei Bedarf aktiviert. Um ihn einzuschalten oder vollständig zu deaktivieren, tippen Sie auf das Symbol ⚡ und wählen entweder *Ein* oder *Aus*.

- HDR: Drei Bilder mit unterschiedlicher Belichtung zu einem einzigen Hochkontrastbild zusammenfügen – auch diese Funktion wird standardmäßig automatisch aktiviert. Um sie ein- bzw. auszuschalten, tippen Sie auf *HDR* und dann auf *Ein* bzw. *Aus*. In den *Einstellungen* unter *Fotos & Kamera* können Sie im Abschnitt *HDR* festlegen, ob neben der HDR-Version auch die normal belichteten Fotos gespeichert werden sollen oder nicht.

Nehmen Sie mit Ihrem iPhone Hochkontrastbilder auf.

- Timer: Wenn Sie auch selbst mit aufs Bild wollen, verwenden Sie den Timer, den Sie mit dem Symbol 🕐 aufrufen. Die Aufnahmeverzögerung kann entweder drei oder zehn Sekunden betragen. Betätigen Sie den Auslöser, um den Timer zu starten.

Hier wird eine Aufnahme mit dreisekündiger Verzögerung ausgelöst.

251

- Kamera wechseln: Um ein Selfie zu schießen, können Sie auch einfach von der iPhone-Kamera auf die vordere Kamera umschalten. Um dies zu bewerkstelligen, tippen Sie in der App *Kamera* auf das Symbol 🔄.

- Filter: Für pfiffige Aufnahmen stehen Ihnen unter dem Symbol ⬤ einige Filter zur Verfügung, mit denen sich ein Foto beispielsweise auf alt trimmen lässt. Tippen Sie einen Filter an, um ihn auszuwählen. Um wieder zum Standard zurückzukehren, wählen Sie unter dem Symbol ⬤ die Option *Ohne*.

Mit Filtern pfiffige Aufnahmen machen.

- Serienaufnahmen: Auch Serienaufnahmen sind für das iPhone kein Problem. Für eine Serienaufnahme halten Sie einfach den Auslöser gedrückt.

- Live Photos: Speziell auf dem iPhone 6s und iPhone 6s Plus lassen sich auch Live Photos – animierte Bilder – aufnehmen. Dem Deaktivieren bzw. Aktivieren der Live Photos dient in der App *Kamera* das Symbol ⬤. Um ein Live Photo zu betrachten, halten Sie es in der App *Fotos* länger gedrückt. Live Photos können auch auf anderen Apple-Geräten angezeigt werden – schauen Sie sich immer das komplette Live Photo an, bevor Sie es versenden!

Ihre Aufnahmen werden automatisch in der App *Fotos* gespeichert. Auch in der App *Kamera* haben Sie Zugriff darauf, indem Sie nach einem aufgenommenen Foto auf die Minivorschau tippen.

> **Raster einsetzen**
>
> Ein Raster aus waagerechten und senkrechten Linien hilft Ihnen bei der optimalen Positionierung des Motivs. Um ein solches Raster einzublenden, aktivieren Sie in den iPhone-Einstellungen unter *Fotos & Kamera* die Option *Raster*. Auf Ihren Aufnahmen sind die Linien selbstverständlich nicht zu sehen.

> **Displayfoto aufnehmen**
>
> Sie möchten die gerade auf dem iPhone-Display dargestellten Inhalte abfotografieren? Um ein Displayfoto aufzunehmen, drücken Sie gleichzeitig die Home-Taste sowie den Ein-/Ausschalter rechts am iPhone. Es ertönt ein Auslöserton. Das Displayfoto wird wie Ihre anderen Aufnahmen auch in der App *Fotos* gespeichert. Auf diese Weise sind übrigens auch die in diesem Buch abgebildeten Displayfotos entstanden.

So nehmen Sie ein Panoramafoto auf

Ein Sonderfall ist die Aufnahme von Panoramafotos. Bei diesen stehen Ihnen die meisten der genannten Aufnahmefunktionen nicht zur Verfügung. Wählen Sie in der App *Kamera* die Option *Pano* und zeichnen Sie beeindruckende Landschaftspanoramen oder Ihr eigenes Grundstück auf.

Das Aufzeichnen von Panoramafotos erfordert eine ruhige Hand, ist aber ansonsten ein Kinderspiel.

Zum Aufzeichnen eines Panoramafotos drücken Sie den Auslöser. Bewegen Sie die iPhone-Kamera dann langsam von links nach rechts – Sie erhalten vom iPhone automatisch entsprechende Anweisungen und auch Hinweise, falls Korrekturen bei der Panoramaaufnahme notwendig sein sollten. Um die Panoramaaufnahme zu beenden, drücken Sie erneut den Auslöser. Auch diese Aufnahme finden Sie anschließend in der App *Fotos*.

Diese Abbildung zeigt den Ausschnitt einer Panoramaaufnahme.

Mit dem iPhone HD- und 4K-Videos aufzeichnen

Die Aufzeichnung eines Videos funktioniert fast genauso wie die Aufnahme eines Fotos, nur dass Sie länger auf das Motiv draufhalten bzw. sogar dessen Bewegungen folgen müssen. Tippen Sie einfach auf den Auslöser, um die Aufnahme zu starten, und betätigen Sie den Auslöser erneut, um die Aufnahme zu beenden. Wie bei der Fotoaufnahme können Sie auch für die Videoaufnahme diese Optionen verwenden:

- Fokus und Belichtung: Tippen Sie vor oder während der Videoaufnahme in den »Sucher«, um Fokus und Belichtung anzupassen. Durch Gedrückthalten aktivieren Sie wie bei der Fotoaufnahme die AE/AF-Sperre.

- Zoom: Bewegen Sie Daumen und Zeigefinger auf dem Display auseinander, um das Motiv heranzuzoomen.

- Blitz: Aktivieren Sie bei Bedarf über das Symbol ⚡ den LED-Blitz, der dann während der Aufnahme konstant leuchtet.

- Kamera wechseln: Wechseln Sie über das Symbol 📷 von der iPhone-Kamera zur vorderen Kamera, um ein Video von sich selbst aufzuzeichnen. Ein Anwendungsbeispiel hierfür wäre ein Liebesgruß zum Valentinstag.

Ihre Fotos direkt auf dem iPhone bearbeiten

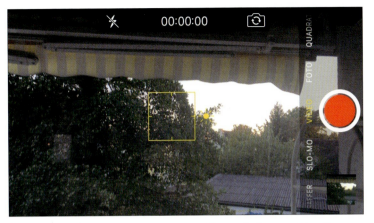

Fokus und Belichtung anpassen sowie weitere Kamerafunktionen stehen Ihnen auch für die Videoaufnahme zur Verfügung.

Zeitlupenvideos mit der Option *Slo-Mo* nehmen Sie standardmäßig mit 240 fps (**f**rames **p**er **s**econd) auf. Tippen Sie auf den entsprechenden Eintrag, um stattdessen Aufnahmen mit 120 fps zu tätigen. In den *Einstellungen* unter *Fotos & Kamera* legen Sie außerdem fest, in welcher Qualität die normalen Videos aufgezeichnet werden. Standard sind 1080p-HD-Videos mit 30 fps, die beste Auflösung liefern beim iPhone 6s und iPhone 6s Plus 4K-Videos mit 30 fps.

Im App Store finden Sie übrigens unzählige Kamera-Apps für Foto- und Videoaufnahmen, die noch weitere Funktionen bieten. Stöbern Sie im App Store nach den Begriffen *foto* bzw. *video*, um diese Apps aufzuspüren.

Ihre Fotos direkt auf dem iPhone bearbeiten

Mit Ihrem iPhone können Sie nicht nur erstklassige Fotos schießen – Sie können diese auch direkt auf dem iPhone bearbeiten. Öffnen Sie dazu auf dem Home-Bildschirm die App *Fotos*, in der Ihre Aufnahmen gespeichert sind. Wählen Sie ein Foto, das Sie bearbeiten möchten, durch Antippen aus und gehen Sie auf *Bearbeiten*.

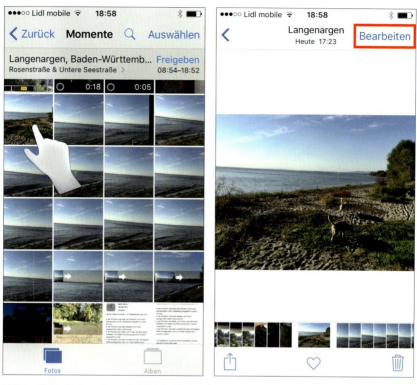

Wählen Sie in der App Fotos ein Bild für die Bearbeitung aus.

Ihnen werden nun die verschiedenen Bearbeitungsoptionen in Form von Symbolen angeboten. Tippen Sie jeweils ein Symbol an, um die Bearbeitungsoption zu verwenden. Um einen Bearbeitungsschritt zu speichern, tippen Sie auf das Symbol ✓. Um einen Bearbeitungsschritt oder die Bearbeitung insgesamt abzubrechen, tippen Sie auf das Symbol ✗.

Wählen Sie per Fingertipp eine Bearbeitungsoption aus.

Ihre Fotos direkt auf dem iPhone bearbeiten

Dies sind die Bearbeitungsoptionen, die Ihnen in der App *Fotos* angeboten werden (Sie können weitere Bearbeitungsoptionen durch Zusatz-Apps erhalten, die Sie aus dem App Store laden, etwa die App Adobe Photoshop Express):

- **Zuschneiden:** Um ein Bild zuzuschneiden, tippen Sie auf das Symbol ▢. Ziehen Sie den Zuschnittrahmen mit dem Finger in die gewünschte Position und Größe. Unter dem Symbol ▢ können Sie alternativ auch ein bestimmtes Zuschnittformat bestimmen. Die angezeigte Skala hilft Ihnen beim perfekten Ausrichten des Bildes.

Ein Bild zuschneiden – das geht in der App Fotos ganz einfach.

- **Drehen:** Unter dem Symbol ▢ finden Sie auch das Symbol ↰ zum Drehen des Bildes jeweils um 90 Grad gegen den Uhrzeigersinn.

- **Filter:** Die bereits von der Aufnahme neuer Fotos her bekannten Filter lassen sich auch nachträglich auf ein Bild anwenden. Tippen Sie dazu auf das Symbol ⦿ und wählen Sie einen Filter aus.

Um einen Filter zu nutzen, brauchen Sie diesen bloß anzutippen.

- **Licht:** Ist ein Bild zu dunkel oder zu hell geraten, dann tippen Sie auf das Symbol ⚙ und wählen die Option *Licht*. Wählen Sie anschließend *Helligkeit*, um eine Skala zum Anpassen der Helligkeit zu erhalten. Genauso lassen sich auch der Kontrast und andere Bildparameter bearbeiten.

- **Farbe:** Oder sind Sie mit der Farbsättigung unzufrieden? Tippen Sie unter dem Symbol ⚙ auf *Farbe*, um Einstellungsmöglichkeiten im Zusammenhang mit der Farbe des Bildes zu erhalten.

- **S/W:** Wählen Sie über das Symbol ⚙ die Option *S/W*, um Einstellungsmöglichkeiten speziell für Schwarz-Weiß-Aufnahmen zu erhalten, etwa das Anpassen der Intensität.

- **Rote Augen entfernen:** Wenn Sie rote Augen in einem Porträtfoto feststellen, tippen Sie auf das Symbol ⊘, um die Korrektur durchzuführen. Dieses Symbol wird nicht immer angezeigt.

- **Automatische Verbesserung:** Um eine automatische Verbesserung des Bildes zu veranlassen, tippen Sie einfach auf das Symbol ✨.

Die Bearbeitungsschritte, die Sie in der App *Fotos* vorgenommen haben, sind übrigens nicht in Stein gemeißelt. Wenn Sie die Bearbeitungsoptionen für ein Foto erneut aufrufen, erscheint das Symbol ↩, mit dessen Hilfe Sie ein Foto wieder in den Originalzustand versetzen können.

Video mit Bordmitteln trimmen oder in iMovie bearbeiten

Bei Ihren Videoaufnahmen sind die Bearbeitungsmöglichkeiten allein mit Bordmitteln begrenzt. Sie können ein Video aber immerhin trimmen, sprich vorne und hinten störende Elemente wegschneiden.

Ihre Fotos direkt auf dem iPhone bearbeiten

Zum Trimmen einer Videoaufnahme rufen Sie diese in der App *Fotos* auf und wählen oben *Bearbeiten*. Unten werden die Einzelbilder des Videos dargestellt. Tippen Sie dort links oder rechts auf den Rahmen, um einen Zuschnittrahmen einzublenden und mit dem Finger in Position zu ziehen. Bestätigen Sie mit *Fertig* und entscheiden Sie anschließend noch, ob Sie die Änderungen in der Originaldatei oder in einer neuen Datei speichern möchten.

So trimmen Sie eine Videoaufnahme allein mit Bordmitteln.

Um mehr Bearbeitungsfunktionen für Ihre Videoaufnahmen zu erhalten, verwenden Sie die App *iMovie*. Sie können Aufnahmen in dieser App öffnen. Sie können aber auch direkt in der App *Fotos* auf die Bearbeitungsfunktionen zugreifen.

Öffnen Sie hierzu die Videoaufnahme in der App *Fotos*, wählen Sie *Bearbeiten* und tippen Sie rechts oben auf das Symbol ⬤. Wenn Sie nun die Option *iMovie* auswählen, werden Ihnen die verschiedenen Bearbeitungsfunktionen angeboten. Wenn Sie die Bearbeitung mit *Fertig* bzw. *Abbrechen* beenden, gelangen Sie zurück zur App *Fotos*.

Auf weitere Funktionen für die Videobearbeitung direkt aus der App Fotos heraus zugreifen.

Ihre Aufnahmen in der App Fotos verwalten

Ihre eigenen Aufnahmen sowie auch Bilder, die Sie von einer Webseite herunterladen oder anderweitig auf dem iPhone speichern, sind in der App *Fotos* zugänglich. Lassen Sie mich Ihnen an dieser Stelle einige wichtige Verwaltungsfunktionen vorstellen. Wussten Sie beispielsweise, dass Sie sich Ihre Aufnahmen auch nach dem Aufnahmeort sortiert anzeigen lassen können oder dass Bilder, die Sie löschen, auf dem iPhone weiterhin einen Monat lang abgerufen werden können?

Wenn Sie die App *Fotos* öffnen, ist standardmäßig die Rubrik *Fotos* geöffnet. Hier haben Sie Zugriff auf sämtliche gespeicherte Aufnahmen, und zwar standardmäßig in chronologischer Sortierung.

Sofern Sie der App *Kamera* den Zugriff auf die Ortungsdienste gestatten, werden die Aufnahmen mit den Koordinaten des Aufnahmeorts versehen – und Sie können auf einer Karte die Auswahl nach dem Aufnahmeort treffen. Tippen Sie dazu in der App *Fotos* auf eine Ortsangabe. Tippen Sie anschließend auf die angezeigte Minivorschau, um sich alle dort aufgenommenen Fotos oder Videos anzeigen zu lassen.

Ihre Aufnahmen in der App Fotos verwalten

In der Rubrik »Fotos« lassen Sie sich Ihre Aufnahmen standardmäßig chronologisch anzeigen.

Tippen Sie eine Ortsangabe an, um sich alle dort gemachten Aufnahmen auf einer Karte anzeigen zu lassen.

Übrigens: Auf einem iPhone 6s und 6s Plus können Sie sich eine Aufnahme auch in einem »Peek und Pop«-Fenster anzeigen lassen, indem Sie diese gedrückt halten.

Alben verwalten und neue Alben erstellen

Sofern Sie (in den *Einstellungen* unter *iCloud* und dort unter *Fotos*) die iCloud-Option *iCloud-Fotofreigabe* aktiviert haben, wird in der App *Fotos* auch die Rubrik *Für alle* angezeigt. Dazu kommen wir noch. Befassen Sie sich zunächst mit der Rubrik *Alben*. Hier werden Ihnen zunächst, sofern mit Aufnahmen gefüllt, verschiedene Standardalben angezeigt: ein Album für die zuletzt hinzugefügten Fotos, ein Album für Favoriten, ein Album für Panoramaaufnahmen, ein Album für Videos etc.

Wichtig zu wissen: Sie finden hier auch das Standardalbum *Zuletzt gelöscht*. Darin befinden sich Aufnahmen, die Sie in der App *Fotos* eigentlich gelöscht haben – im Album *Zuletzt gelöscht* lassen sie sich jedoch weiterhin einen Monat lang abrufen, bevor sie endgültig gelöscht werden. Es wird bei jeder Aufnahme angezeigt, wie lange das endgültige Löschen noch dauert. Wenn Sie ein Foto in dem Album auswählen, erhalten Sie eine Option sowohl zum endgültigen Löschen der Aufnahme als auch zum Wiederherstellen.

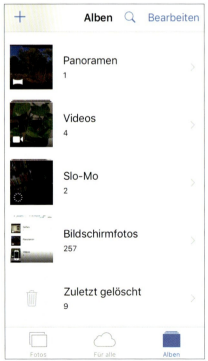 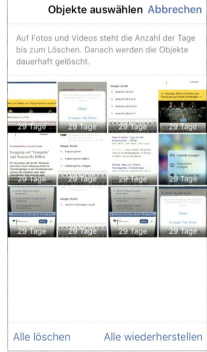

Ihre Aufnahmen in der App Fotos verwalten

Es lassen sich selbstverständlich auch eigene Alben anlegen, um Ihre Bilder thematisch zu sortieren (Urlaub, Betriebsfeier etc.). So gehen Sie zum Erstellen eines neuen Albums vor:

1. Entscheiden Sie sich in der App *Fotos* für die Rubrik *Alben* und tippen Sie links oben auf das Plussymbol +.

2. Geben Sie dem neuen Album eine schlüssige Bezeichnung und bestätigen Sie mit *Sichern*.

3. Wählen Sie nun durch Antippen die Bilder aus, die Sie in das Album aufnehmen möchten. Bestätigen Sie Ihre Auswahl mit *Fertig*.

Sie können einem Album jederzeit nachträglich Aufnahmen hinzufügen. Wählen Sie das Album dazu in der Rubrik *Alben* aus, tippen Sie auf *Auswählen* und anschließend auf *Hinzufügen*, um zur Auswahl wie in Schritt 3 zu gelangen.

Gut zu wissen: Auch wenn Sie Aufnahmen mit iTunes auf dem PC synchronisieren, werden die vom PC übertragenen Aufnahmen in entsprechenden Alben abgelegt. Zur Synchronisierung mit iTunes erfahren Sie dann alles in Kapitel 14.

Die wichtigsten Verwaltungsoperationen rund um Ihre Fotos

Sie möchten eine Aufnahme löschen, Ihren Favoriten hinzufügen oder als Hintergrund festlegen? Hier erhalten Sie eine Übersicht über die wichtigsten Verwaltungsoperationen rund um Ihre Aufnahmen auf einen Blick:

- Aufnahmen löschen: Wenn Sie eine einzelne Aufnahme löschen möchten, rufen Sie diese in der App *Fotos* auf und tippen auf das Papierkorbsymbol 🗑. Um mehrere Fotos gleichzeitig zu löschen, gehen Sie in der Rubrik *Fotos* oder in einem geöffneten Album auf *Auswählen*, tippen die zu löschenden Aufnahmen an und bestätigen wiederum mit dem Papierkorbsymbol 🗑. Beachten Sie, dass sich die gelöschten Aufnahmen noch einen Monat lang im Standardalbum *Zuletzt gelöscht* finden lassen.

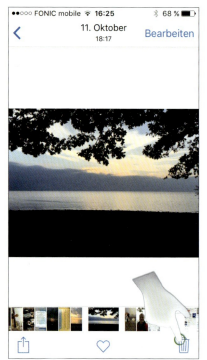 

Sie können Aufnahmen in der App Fotos einzeln löschen, aber auch mehrere Aufnahmen zum gleichzeitigen Löschen auswählen.

- Zu den Favoriten hinzufügen: Um eine Aufnahme Ihren Favoriten hinzufügen, also sie in das Standardalbum *Favoriten* aufzunehmen, öffnen Sie die Aufnahme und tippen auf das Symbol ♡. Um die Aufnahme wieder aus den Favoriten zu entfernen, tippen Sie das Symbol erneut an.

Ihre Aufnahmen in der App Fotos verwalten

- Aufnahme in einer Nachricht versenden oder anderweitig einsetzen: Sie können Aufnahmen auch aus der App *Fotos* heraus versenden. Suchen Sie dazu eine oder mehrere Aufnahmen aus und tippen Sie links unten in der App *Fotos* auf das Symbol. Entscheiden Sie sich anschließend für die Option *Nachricht*. Auch weitere Optionen zur Veröffentlichung finden Sie hier.

Versenden Sie eine Aufnahme direkt aus der App Fotos heraus.

- Foto in die Zwischenablage kopieren: Entscheiden Sie sich unter dem Symbol für die Option *Kopieren*, um ein Foto in die Zwischenablage zu kopieren und andernorts beispielsweise in ein Dokument einzufügen.

- Foto ausblenden: Wählen Sie unter dem Symbol die Option *Ausblenden*, um das Foto aus der Rubrik *Fotos* zu verbannen. In der Rubrik *Alben* können Sie weiterhin darauf zugreifen.

- Foto einem Kontakt zuweisen: Tippen Sie unter dem Symbol auf die Option *Kontakt hinzufügen*, um das ausgewählte Foto einem auf Ihrem iPhone gespeicherten Kontakt zuzuweisen.

- Foto als Hintergrundbild verwenden: Tippen Sie unter dem Symbol auf die Option *Als Hintergrundbild*, um das ausgewählte Foto als Hintergrundbild auf dem Home- und/oder Sperrbildschirm einzusetzen (Sie erhalten die gleiche Auswahl wie beim Einrichten des Hintergrundbildes in den iPhone-Einstellungen).

- Foto ausdrucken: Tippen Sie unter dem Symbol schließlich auf die Option *Drucken*, um das ausgewählte Foto zu (Foto-)Papier zu bringen, wobei Sie dazu den Hinweis in der Infobox beachten.

> **So klappt der Ausdruck**
>
> Um Ihre Fotos – sowie auch Dokumente – direkt vom iPhone aus drucken zu können, benötigen Sie einen AirPrint-fähigen Drucker, der sich im gleichen WLAN befindet. Apple bietet auf der Webadresse *support.apple.com/kb/HT4356* eine Übersicht über AirPrint-Drucker.

Ihre Aufnahmen gekonnt in einer Diashow wiedergeben

Auf Ihrem iPhone können Sie durch Streichen nach links bzw. rechts durch Ihre Fotos bzw. ein Album blättern, um Ihre Aufnahmen komfortabel zu betrachten. Sie können jedoch auch eine automatische Diashow für alle Fotos bzw. alle in einem Album enthaltenen Fotos ablaufen lassen.

Um die Diashow zu starten, tippen Sie einfach das Foto, mit dem die Diashow beginnen soll, in der Rubrik *Fotos* bzw. in einem Album an. Entscheiden Sie sich anschließend unter dem Symbol für die Option *Diashow*.

Möchten Sie die Standardeinstellungen für die Diashow ändern, tippen Sie während der Wiedergabe auf das Display und tippen dann rechts unten auf *Optionen*.

Rufen Sie die Optionen für die Diashow auf.

Ihre Aufnahmen auf den PC übertragen

Unter dem Eintrag *Thema* lassen sich die Übergänge für die Diashow bestimmen. Die Diashow lässt sich auch mit einer Musikuntermalung versehen. Tippen Sie dazu auf den Eintrag *Musik*, um – wiederum durch Antippen – einen Titel auszuwählen.

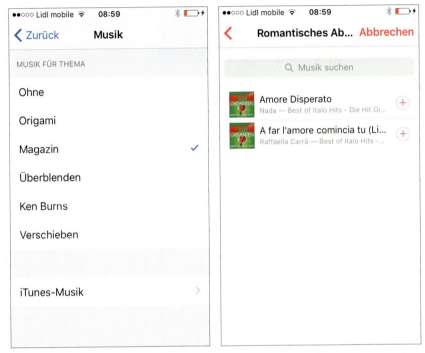

Sie wünschen eine Musikuntermalung für Ihre Diashow? Dann wählen Sie einen Titel aus, der zur Diashow passt.

Bestätigen Sie zum Schluss mit *Fertig*, um wieder zur Diashow zurückzukehren.

Ihre Aufnahmen auf den PC übertragen

Sie möchten Ihre Aufnahmen auf Ihren Computer kopieren oder verschieben? Das funktioniert ganz genauso wie bei einer herkömmlichen Digitalkamera oder bei Dateien, die Sie auf einem USB-Stick gespeichert haben. Hier beschreibe ich den Vorgang anhand von Windows 10.

1. Nutzen Sie das dem iPhone beigelegte USB-Kabel, um eine Verbindung mit dem Computer herzustellen. Gegebenenfalls wird zunächst die benötigte Treibersoftware installiert, was einen Moment dauern kann.

2. Sobald die Treibersoftware zur Verfügung steht, wird rechts unten auf dem Bildschirm ein Hinweisfenster eingeblendet, das darüber informiert,

dass ein angeschlossenes iPhone erkannt wurde. Tippen Sie dieses Hinweisfenster an.

3. Entscheiden Sie sich im nachfolgenden Auswahlmenü für die Option *Gerät zum Anzeigen der Dateien öffnen*.

4. Auf dem iPhone bestätigen Sie die Verbindung per Fingertipp auf die Option *Zulassen*.

5. Der Windows-Explorer wird geöffnet und ein Ordner mit der Bezeichnung *Internal Storage* angezeigt. Doppelklicken Sie auf diesen Ordner und auch die folgenden Ordner, bis Sie die auf dem iPhone gespeicherten Aufnahmen angezeigt bekommen.

Ihre Aufnahmen auf den PC übertragen

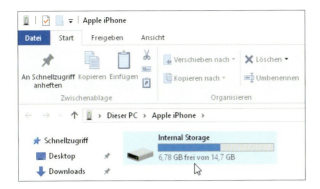

6. Markieren Sie die Dateien, die Sie auf den PC kopieren möchten. Klicken Sie die markierten Dateien mit der rechten Maustaste an und wählen Sie im sich öffnenden Kontextmenü den Eintrag *Kopieren*.

7. Öffnen Sie nun den gewünschten Speicherort für die Aufnahmen, klicken Sie mit der rechten Maustaste auf eine freie Fläche des Ordners und entscheiden Sie sich im sich öffnenden Kontextmenü für den Eintrag *Einfügen* – Kopien der Aufnahmen werden prompt am neuen Speicherort erstellt.

Die Originalaufnahmen sollen nach der Übertragung vom iPhone gelöscht werden? Dann wählen Sie in Schritt 5 den Eintrag *Ausschneiden*. Ansonsten bleibt die Vorgehensweise die gleiche.

> **Einfachere Übertragung im WLAN**
>
> Die Übertragung Ihrer Aufnahmen vom iPhone auf den PC ist auch ohne eine Kabelverbindung in einem WLAN möglich. Ich selbst verwende zu diesem Zweck die kostenlose App *WiFi Photo Transfer*. Sie müssen dieser App beim ersten Start zunächst den Zugriff auf Ihre Aufnahmen erlauben. Öffnen Sie dann auf dem PC den Browser und geben Sie die in der App angezeigte URL ein – schon können Sie auf Ihre Bilder und Videoclips zugreifen und diese am PC betrachten bzw. auf den PC herunterladen.

Ihre Aufnahmen mit anderen teilen

Gelungene Aufnahmen möchten Sie ganz sicher mit anderen Menschen teilen. Die in diesem Zusammenhang interessanten Optionen zum Versand in einer Nachricht oder in einer E-Mail sowie zum Veröffentlichen bei Twitter oder Facebook kennen Sie ja bereits. Darüber hinaus können Aufnahmen direkt aus der App *Fotos* heraus bei YouTube oder Vimeo (zwei großen Video-Communitys) sowie bei Flickr (einer großen Foto-Community) veröffentlicht werden. Oder Sie verwenden die iCloud-Fotofreigabe, um anderen den Zugriff auf Ihre Aufnahmen zu erlauben.

Flickr, Vimeo, YouTube

Die Anmeldung bei Flickr sowie bei Vimeo erfolgt mit den entsprechenden Zugangsdaten in den iPhone-Einstellungen unter *Flickr* bzw. *Vimeo*. Für die Veröffentlichung bei YouTube melden Sie sich direkt während des Veröffentlichungsvorgangs an. Lassen Sie mich Ihnen das Ganze am Beispiel eines Videoclips zeigen, den ich bei YouTube hochlade:

1. Wählen Sie die Aufnahme, die Sie im Internet veröffentlichen möchten, in der App *Fotos* aus und tippen Sie links unten auf das Symbol.

2. Entscheiden Sie sich im folgenden Menü für den gewünschten Anbieter, in diesem Fall also *YouTube*.

Ihre Aufnahmen mit anderen teilen

3. Wie bereits erwähnt: Für die Veröffentlichung auf YouTube melden Sie sich direkt in der App *Fotos* an, die Anmeldung bei Vimeo und Flickr erfolgt hingegen in den iPhone-Einstellungen. Hier gebe ich meine YouTube-Zugangsdaten ein und bestätige mit *Anmelden*.

4. Machen Sie ein paar Angaben zu der Datei, bestimmen Sie etwa die Qualitätsstufe *HD* oder den Freigabemodus. Bestätigen Sie mit *Veröffentlichen*, um den Upload des Videoclips auf den YouTube-Server zu starten.

5. Ihnen wird angezeigt, wie lange der Upload ungefähr dauern wird. Sobald der Hochladevorgang abgeschlossen ist, steht das Video auf YouTube zur Verfügung.

Die Verwaltung Ihrer Aufnahmen erfolgt dann direkt auf den Webseiten der jeweiligen Anbieter, also *www.youtube.com*, *www.flickr.com* oder *vimeo.com*.

Fotostream und iCloud-Fotofreigabe

Wenn Sie iCloud verwenden (alles dazu in Kapitel 14), können Sie damit auch Ihre Aufnahmen ins Internet hochladen. Die Optionen *iCloud-Fotomediathek* sowie *Mein Fotostream* sind dabei für den eigenen Zugriff auf die Aufnahmen gedacht, etwa mit einem Apple TV, um die Fotos auf den Fernsehbildschirm zu holen oder um die Aufnahmen auch auf Ihrem iPad verfügbar zu haben.

Die Option *iCloud-Fotofreigabe* hingegen dient dazu, Ihre Aufnahmen mit anderen Personen zu teilen. Alle drei Optionen *aktivieren Sie* in den iPhone-Einstellungen unter *iCloud/Fotos*. Was den Fotostream betrifft, können Sie zusätzlich per Schalter entscheiden, ob Sie auch Serienfotos ins Internet hochladen möchten oder nicht.

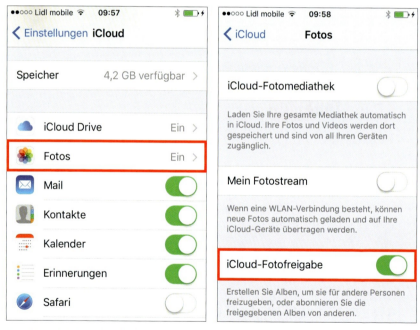

Die iCloud-Fotofreigabe aktivieren.

Ein neues freigegebenes Album erstellen

Ich habe Ihnen vorhin gezeigt, wie Sie auf Ihrem iPhone Alben erstellen und diese mit Aufnahmen füllen. Nachdem Sie die iCloud-Freigabe aktiviert haben, können Sie nun auch freigegebene Alben erstellen und bestimmen, wer darauf zugreifen darf. Gehen Sie dazu folgendermaßen vor:

1. Entscheiden Sie sich in der App *Fotos* für die nach dem Aktivieren der Option *iCloud-Fotofreigabe* angezeigte Rubrik *Für alle*.

Ihre Aufnahmen mit anderen teilen

2. Falls Ihnen zunächst Ihre Aktivitäten angezeigt werden sollen, tippen Sie links oben auf *Freigabe* bzw. streichen mit dem Finger von links nach rechts. Entscheiden Sie sich für das Erstellen eines neuen freigegebenen Albums.

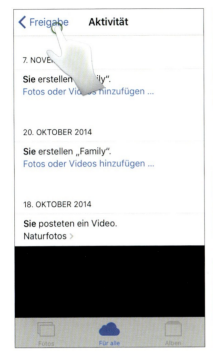

3. Geben Sie dem Album eine schlüssige Bezeichnung und bestätigen Sie mit *Weiter*.

4. Im nächsten Schritt könnten Sie bereits Personen für die Freigabe einladen, doch es gibt auch noch andere Optionen, die Sie gleich kennenlernen werden. Bestätigen Sie einfach mit *Erstellen*.

5. Das freigegebene Album wird nun in der Liste aufgeführt. Tippen Sie es an, um es zu öffnen.

6. Wählen Sie die Fotos, die Sie in das freigegebene Album aufnehmen möchten, durch Antippen aus und bestätigen Sie mit *Fertig*. Sie können die Bilder anschließend noch mit einem Text versehen. Bestätigen Sie die Aufnahme in das freigegebene Album mit einem Fingertipp auf *Posten*.

7. Nun legen Sie noch fest, wer alles auf das freigegebene Album zugreifen darf. Gehen Sie dazu unten in einem freigegebenen Album auf *Personen*. Tippen Sie auf *Einladen*, um einzelnen Personen den Zugriff auf das freigegebene Album zu gestatten. Ist die Option *Abonnenten können posten* aktiviert, so können auch die eingeladenen Personen Aufnahmen im freigegebenen Album veröffentlichen. Ist die Option *Mitteilungen* aktiviert, können die Fotos mit Kommentaren versehen werden. Eine Alternative bietet die Veröffentlichung auf einer kostenlosen Webseite. Hierzu brau-

Ihre Aufnahmen mit anderen teilen

chen Sie lediglich die Option *Öffentliche Website* zu aktivieren und dann den angezeigten Link an andere Personen zu senden.

 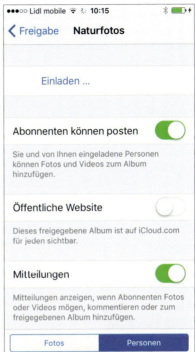

Um einem bereits freigegebenen Album weitere Aufnahmen hinzuzufügen, brauchen Sie das Album nicht mal zu öffnen. Wählen Sie in der App *Fotos* stattdessen ein oder mehrere Fotos aus und tippen Sie auf das Symbol ↑. Wählen Sie die Option *iCloud-Fotofreigabe* (es können auch Videoclips freigegeben werden) und posten Sie anschließend die weiteren Aufnahmen – gegebenenfalls wieder mit einem neuen Text.

Hinweis: Wenn Sie mehrere freigegebene Alben verwenden, wählen Sie auch noch dasjenige aus, in dem die Bilder veröffentlicht werden sollen.

275

Das Family-Album

Falls Sie sich wundern, dass auf dem iPhone bereits ein freigegebenes Album mit dem Namen *Family* zur Verfügung steht: Dieses dient der einfachen Freigabe an Familienmitglieder, die Sie bei der Familienfreigabe hinzufügen. In Kapitel 14 werde ich Ihnen diese bereits seit iOS 8 verfügbare Funktion noch ausführlich vorstellen.

KAPITEL 11
Das iPhone als idealer Begleiter für unterwegs

Sie wünschen sich einen Begleiter für unterwegs, mit dem Sie Ihre Gesundheitsdaten verwalten und einen Notfallpass immer dabeihaben können? Der alle Wege kennt und alle Sprachen beherrscht? Der Ihnen das Wetter vorhersagt, Ihre Tickets für Sie speichert und einfach immer zur Hand ist? Natürlich ahnen Sie es bereits: Ihr iPhone ist ein solcher Begleiter! In diesem Kapitel zeige ich Ihnen die besten Funktionen und Apps für unterwegs – sie sind Ihnen nützlich, egal ob Sie lediglich eine kürzere Autofahrt oder eine längere Reise unternehmen.

> **Datenübertragung im Ausland**
>
> Die Handynutzung im Ausland kann mitunter teuer werden – dies betrifft nicht nur Telefonate, sondern auch Datentransfers. Erkundigen Sie sich in jedem Fall vor einer Reise bei Ihrem Mobilfunkanbieter, welche Kosten bei Telefonaten und Datentransfers im jeweiligen Ausland auf Sie zukommen. Die Übertragung von Daten im Ausland ist standardmäßig deaktiviert, lässt sich aber in den iPhone-Einstellungen unter *Mobiles Netz* jederzeit aktivieren, indem Sie dort die Optionen *Datenroaming* sowie gegebenenfalls *EU-Internet* einschalten. Da weltweit Hotspots für Sie bereitstehen, ist der WLAN-Zugang im Ausland in den meisten Fällen die günstigere Variante, um ins Internet zu gehen.

Gesundheitsdaten verwalten, Notfallpass bereithalten: die App Health

Eine App, die schon unter iOS 8 neu hinzugekommen ist, nennt sich Health. Health ist das englische Wort für Gesundheit. Tatsächlich besteht der Sinn dieser App darin, Ihre Gesundheitsdaten aller Art übersichtlich zu verwalten. Sogar ein Schrittzähler ist eingebaut, es lassen sich jedoch auch Daten aus anderen Gesundheits-Apps, z. B. der Jogging-App Runtastic, übernehmen. Eine Funktion, auf die Sie auf gar keinen Fall verzichten sollten, ist der Notfallpass, auf den andere Personen dann auf dem Sperrbildschirm zugreifen können.

Gesundheitsdaten eintragen und übersichtlich anzeigen lassen

Sie können die App Health mit Gesundheitsdaten wirklich aller Art füttern. Schritte werden, wie gesagt, automatisch gezählt, sofern Sie das iPhone dabeihaben. Weitere Daten lassen sich manuell ergänzen – z. B. von einem Spaziergang, bei dem Sie das iPhone zu Hause gelassen haben, oder Werte einer Blutuntersuchung. Hier zeige ich Ihnen das Ganze am Beispiel von Blutdruckwerten:

1. Entscheiden Sie sich in der App *Health* für die Rubrik *Daten* und wählen Sie nun entweder eine Kategorie aus oder tippen Sie – wie ich es hier tue – auf *Alle*, um sich alle Optionen anzeigen zu lassen. Da ich einen Blutdruckwert hinzufügen möchte, wähle ich anschließend den Eintrag *Blutdruck*.

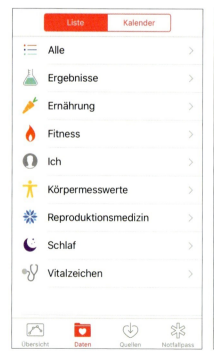
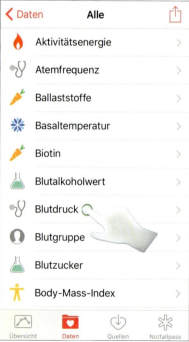

Gesundheitsdaten verwalten, Notfallpass bereithalten: die App Health

2. Nun möchten Sie das Ergebnis Ihrer letzten Blutdruckmessung speichern. Tippen Sie dazu auf *Datenpunkt hinzufügen*.

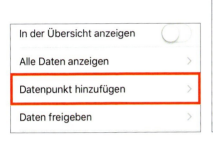

3. Geben Sie im nächsten Schritt die entsprechenden Messwerte ein und bestätigen Sie Ihre Eingabe mit *Hinzufügen*.

4. Der eingetragene Wert wird grafisch dargestellt, wobei die Ansichten *Tag*, *Woche*, *Monat* sowie *Jahr* zur Verfügung stehen. Werte, die Sie regelmäßig verfolgen möchten, fügen Sie der Übersicht hinzu, indem Sie die Option *In der Übersicht anzeigen* aktivieren. Tippen Sie in der Health-App auf die Rubrik *Übersicht*, um jederzeit schnell auf die der Übersicht hinzugefügten Werte zuzugreifen.

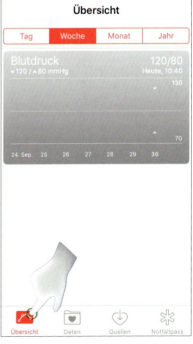

So einfach ist das! Welche Werte Sie speichern möchten, bestimmen Sie selbst. Wenn Sie sich in der App *Health* für die Rubrik *Quellen* entscheiden, werden die Apps angezeigt, die Informationen in der Health-App speichern können. Wenn Sie dies bei einer App nicht wünschen, wählen Sie den entsprechenden Eintrag aus und deaktivieren den zugehörigen Schalter.

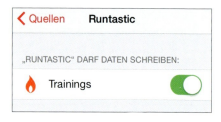

Umgekehrt können Sie auch Daten für andere Apps freigeben. Wenn Sie sich unter *Daten* für einen Eintrag entscheiden, finden Sie dazu die Option *Daten freigeben*.

So richten Sie den Notfallpass ein

Eine wirklich sinnvolle Einrichtung der App *Health* ist der Notfallpass, der es anderen Personen gestattet, auch auf dem Sperrbildschirm auf wichtige Notfalldaten zuzugreifen.

Erstellen Sie einen Notfallpass für Fälle, die hoffentlich nie eintreten werden.

Teilen Sie Ihren Rettern mit, wer im Notfall informiert werden soll, geben Sie Ihre Blutgruppe an, sagen Sie anderen, ob Sie Organspender sind oder nicht und geben Sie noch einige weitere Daten ein. Öffnen Sie dazu die App *Health*, wählen Sie die Rubrik *Notfallpass* und tippen Sie auf *Notfallpass erstellen*. Machen Sie anschließend Ihre persönlichen Angaben. Achten Sie darauf, dass die Option *Im Sperrzustand zeigen* aktiviert bleibt. Bestätigen Sie zum Schluss mit *Fertig*.

Ein Retter wird mit hoher Wahrscheinlichkeit Ihr iPhone checken, um auf Ihre persönlichen Daten zugreifen zu können. Versucht er, dass iPhone zu entsperren, erscheint links unten der Hinweis *Notfall*. Tippt er diesen Hinweis an, kann er einen Notruf tätigen. Links unten findet sich außerdem der Hinweis *Notfallpass*, den er nur antippen muss, um die von Ihnen hinterlegten Daten zu finden.

Die aktuelle Wetterprognose stets mit dabei: die App Wetter

Damit Sie nie wieder unvorbereitet im Regen stehen, befragen Sie vor einer Fahrt oder dem Ausflug zum Strand Ihr iPhone, wie das Wetter wohl werden wird. Hier zeige ich Ihnen, wie Sie die App *Wetter* mit wenigen Handgriffen einrichten:

1. Die App *Wetter* kann Ihnen das Wetter an Ihrem jeweiligen Standort anzeigen (Sie müssen der App *Wetter* dazu den Zugriff auf die Ortungsdienste gestatten). Sie können aber auch noch beliebige weitere Orte hinzufügen. Streichen Sie im oberen Bereich der

App oder ganz unten mit dem Finger von rechts nach links bzw. nachher auch umgekehrt, um sich die Wetterprognose für die angelegten Orte anzusehen. Um mehr Orte hinzuzufügen, tippen Sie rechts unten in der App *Wetter* auf das Symbol . Übrigens: Der Hintergrund der App passt sich der jeweiligen Wetterprognose an.

2. Sie erhalten eine Übersicht über die bereits verfügbaren Orte. Um einen Ort zu entfernen, tippen Sie ihn an, streichen mit dem Finger nach links und tippen auf die Schaltfläche *Löschen*. Zum Hinzufügen eines Ortes tippen Sie auf das Plussymbol .

3. Suchen Sie mithilfe des eingebauten Suchfeldes nach dem Ort, den Sie hinzufügen möchten, und tippen Sie den gefundenen Eintrag an.

4. Schon steht der Ort in der App *Wetter* zur Verfügung und Sie können durch horizontales Streichen den gewünschten Ort auswählen.

Unnötig zu erwähnen, dass sich im App Store noch massenhaft weitere Wetter-Apps finden lassen, oder? Sehr beliebt ist beispielsweise die App *Wetter+*, die bei Redaktionsschluss allerdings mit 1,99 Euro zu Buche schlug. Es gibt aber auch kostenlose Alternativen, stöbern Sie im App Store einfach mal nach dem Suchbegriff *wetter*.

> **Wertpapiere immer im Blick**
>
> Ihnen ist sicherlich nicht entgangen, dass sich auf dem Home-Bildschirm auch die Standard-App *Aktien* finden lässt. Verfolgen Sie darin die Wertentwicklung verschiedener Indizes sowie einzelner Wertpapiere, die Sie in der App hinzufügen. Das Ganze funktioniert ganz ähnlich wie das Hinzufügen von Orten in der App *Wetter*, deshalb die Info an dieser Stelle.

Hotelsuche, Routenplanung und Navigation mit Bordmitteln: die App Karten

Straßenpläne, einen Routenplaner und sogar ein Navigationssystem haben Sie auf Ihrem iPhone ebenfalls bereits mit an Bord, nämlich in Form der App *Karten*. Selbst ein GPS-Empfänger wurde in Ihr iPhone eingebaut, der die Ortung durch GPS-Satelliten in der Erdumlaufbahn ermöglicht.

Der Nachteil der App *Karten* zuerst: Für die Nutzung ist jeweils eine Internetverbindung erforderlich. Für die Offlinenavigation setzen Sie eine alternative App ein wie z. B. *Navfree GPS Live Deutschland* (kostenlos), *NAVIGON select Telekom Edition* (für Telekom-Kunden kostenlos) oder *V-Navi* (für die Nutzung aus den Apps). Natürlich gibt es kostenpflichtige Navigations-Apps, die aber immer noch weniger kosten als ein Navigationsgerät.

Die App *Karten* hat Ihnen in jedem Fall eine Menge zu bieten. Lassen Sie mich Ihnen auf den folgenden Seiten die besten Funktionen der App vorstellen.

Straßenkarte oder Satellitenaufnahme aufrufen

In der App *Karten* wird Ihnen zunächst Ihr aktueller Standort auf einer Straßenkarte angezeigt (Sie müssen der App den Zugriff auf die Ortungsdienste erlauben). Per Symbol links unten in der App können Sie jederzeit zu Ihrem aktuellen Standort zurückkehren. Oben in der App *Karten* finden Sie ein Suchfeld, um Adressen weltweit zu suchen. Tippen Sie in das Suchfeld und geben Sie die vollständige Adresse ein oder nur einen Ortsnamen. Wählen Sie anschließend einen der Vorschläge aus oder tippen Sie auf *Suchen*, um den entsprechenden Ort zu öffnen.

 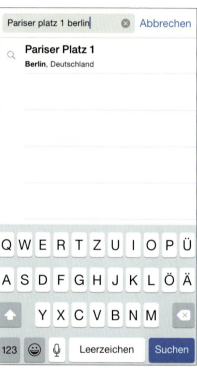

Die entsprechende Straßenkarte wird daraufhin prompt geladen. Durch Auseinander- bzw. Zueinanderbewegen von Daumen und Zeigefinger auf dem Display können Sie die Ansicht heran- bzw. herauszoomen. Das Heranzoomen kann auch durch Doppeltippen mit einem Finger erfolgen und das Herauszoomen durch Doppeltippen mit zwei Fingern.

Hotelsuche, Routenplanung und Navigation mit Bordmitteln: die App Karten

Wenn Sie mit zwei Fingern – in der Regel Zeigefinger und Mittelfinger – auf der Karte eine Streichbewegung von unten nach oben vollführen, wandeln Sie außerdem die 2D-Karte in eine 3D-Karte um. Streichen Sie mit zwei Fingern von oben nach unten, um wieder die 2D-Karte zu erhalten.

Standardmäßig ist die Karte nach Norden ausgerichtet. Das lässt sich ganz leicht ändern, indem Sie auf der Karte mit Daumen und Zeigefinger eine Drehbewegung nach links bzw. rechts durchführen. Wenn Sie wieder die Ausrichtung nach Norden erhalten möchten, tippen Sie einfach auf den eingeblendeten Kompass ❖.

Durch eine Drehbewegung auf dem Display richten Sie die Karte anders aus.

Statt der Straßenkarten lassen sich auch Satellitenaufnahmen, unter dem Reiter *ÖPNV* außerdem Stationen des öffentlichen Nahverkehrs einblenden. Um die Ansicht zu wechseln, tippen Sie rechts unten in der App *Karten* auf das Symbol ⓘ. Im sich öffnenden Menü haben Sie dann die Auswahl.

Wenn Sie die Ansicht *Satellit* auswählen, lassen sich Beschriftungen auf dem Satellitenbild aus- oder einblenden – mit Beschriftungen erhalten Sie die Hybridansicht, wie sie in früheren App-Versionen ausgewählt werden konnte.

11 ▪ Das iPhone als idealer Begleiter für unterwegs

Die App Karten bietet mehrere Ansichten.

Die linke Abbildung zeigt eine Satellitenaufnahme mit Beschriftungen, auf der rechten Abbildung wurde der öffentliche Nahverkehr eingeblendet.

Hotelsuche, Routenplanung und Navigation mit Bordmitteln: die App Karten

Auch für die Ansicht *Satellit* gelten die bereits kennengelernten Möglichkeiten zum Zoomen, zur Anzeige in 3D (optional nutzen Sie die Option *Auf 3D-Karte zeigen* unter dem Symbol (i)) oder für eine andere Ausrichtung. Suchen Sie doch einmal bekannte Gebäude weltweit in der App *Karten* auf.

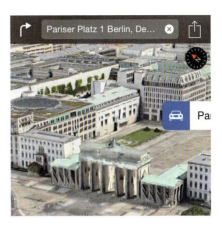

Hier werfe ich einen 3D-Blick auf das Brandenburger Tor.

Street View mit Google Maps

Die 3D-Ansichten in der App *Karten* sind zwar beeindruckend, aber noch nicht das Ende der Fahnenstange. Google bietet mit seinem Dienst Google Maps (*maps.google.de*) Rundum-Straßenansichten aus vielen Ländern der Welt. Auch die zwanzig größten Städte Deutschlands sind in Street View vertreten. Ich empfehle Ihnen zum Erkunden die Webadresse *www.google.com/maps/views*. Auch das Google Art Project sollten Sie sich nicht entgehen lassen, Sie können damit in Street-View-Manier berühmte Museen der Welt durchschreiten – auch auf dem iPhone. Die Webadresse des Google Art Project und weiterer kultureller Projekte lautet *www.google.com/culturalinstitute*.

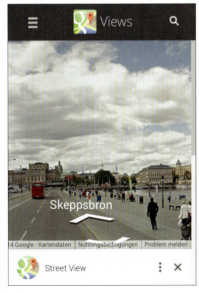 

Städte, Museen und weitere spannende Orte auf dem iPhone beschreiten – Google macht's möglich.

11 • Das iPhone als idealer Begleiter für unterwegs

Wenn Sie gerade eine Fahrt planen und wissen möchten, wie es an einem Ort mit dem Verkehr aussieht, entscheiden Sie sich unter dem Symbol (i) für den Eintrag *Verkehr einblenden*. Ihnen werden dann Verkehrshinweise angezeigt. Um diese Hinweise wieder auszublenden, entscheiden Sie sich unter dem Symbol (i) für den Eintrag *Verkehr ausblenden*.

So suchen Sie in der App Karten nach einem Hotel, einer Apotheke etc.

Mit der App *Karten* suchen Sie nicht nur nach Adressen, sondern auch nach Geschäften aller Art. Wenn Sie lediglich nach der Art des Geschäfts suchen, etwa nach dem Begriff *hotel*, werden die gefundenen Geschäfte in der gerade geöffneten Ansicht angezeigt. Genauso können Sie die Suche aber auch mit einer Ortsangabe verknüpfen, suchen Sie also z. B. nach *hotel in moskau*.

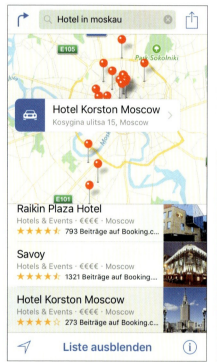 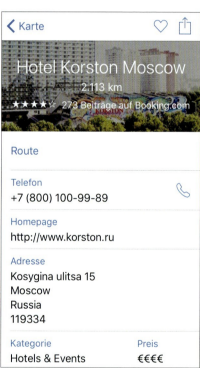

Die App Karten können Sie als eine Art Gelbe Seiten für Geschäfte auf der ganzen Welt einsetzen.

Jede angezeigte Stecknadel entspricht einer gefundenen Örtlichkeit. Wenn Sie einen Stecknadelkopf antippen, wird Ihnen der Name des Geschäfts angezeigt. Sie können unten in der App *Karten* eine Liste der Geschäfte einblenden. Um sich über ein Geschäft näher zu informieren, tippen Sie auf den angezeigten Namen. Sie erhalten dann die Adresse sowie weitere Daten.

Hotelsuche, Routenplanung und Navigation mit Bordmitteln: die App Karten

Die schnellste Route zum Zielort planen und sich zum Ziel navigieren lassen

Nun möchten Sie sich von Ihrem iPhone zuverlässig von Ihrem aktuellen Standort zu einer gefundenen Adresse bzw. einem gefundenen Geschäft navigieren lassen. Wie einfach das geht, zeige ich Ihnen Schritt für Schritt:

1. Suchen Sie in der App *Karten* nach dem Zielort und tippen Sie bei dem Ort auf das zugehörige Symbol .

2. Wählen Sie aus, ob Sie mit einem Fahrzeug oder zu Fuß unterwegs sind (gegebenenfalls können Sie auch auf andere Navigations-Apps zugreifen). Auf der Karte wird Ihnen eine Route angezeigt; falls mehrere Routen angezeigt werden, wählen Sie die für Sie passende aus. Unter *Details* können Sie sich die Route auch in Listenform anzeigen lassen. Tippen Sie auf *Start*, um sich zum Ziel navigieren zu lassen.

3. Die Navigation wird prompt gestartet. Noch ein kleiner Tipp: Auf längeren Autobahnstrecken schalten Sie das Display am besten aus, um den iPhone-Akku zu schonen (die Navigation übers Internet strapaziert den Akku sehr). Die Navigationsführung wird auch auf dem Sperrbildschirm angezeigt.

Falls Sie eine Route zu zwei beliebigen Orten planen möchten, tippen Sie links oben in der App *Karten* auf das Symbol . Geben Sie Start- und Zielort ein und tippen Sie auf *Route*, um die Routenplanung zu starten.

Wenn Sie den Namen einer auf der Karte angezeigten Adresse antippen, finden Sie ebenfalls Optionen zum Planen der *Route*. Mit der Auswahl der Option *Neuen Kontakt erstellen* lässt sich beispielsweise ein von Ihnen gebuchtes Hotel Ihren Kontakten hinzufügen.

> **Navigationsstimme lauter stellen**
>
> Die Navigationsstimme ist Ihnen zu leise? Dann entscheiden Sie sich in den iPhone-Einstellungen für den Eintrag *Karten* und tippen anschließend im Abschnitt *Lautstärke der Sprachführung* auf die Option *Laut*.

So fügen Sie einen Ort Ihren Favoriten hinzu

Um Ihre Lieblingsorte jederzeit schnell wiederzufinden, fügen Sie diese Ihren Favoriten hinzu. Ein Verlauf der von Ihnen aufgerufenen Orte wird sowieso gespeichert. Um einen Ort den Favoriten hinzuzufügen und den Favoriten jederzeit aufzurufen, gehen Sie folgendermaßen vor:

Hotelsuche, Routenplanung und Navigation mit Bordmitteln: die App Karten

1. Rufen Sie den gewünschten Ort in der App *Karten* auf und tippen Sie rechts oben auf das Symbol ⬆.

2. Im sich öffnenden Menü entscheiden Sie sich für die Option *Als Favorit sichern*.

3. Ändern Sie gegebenenfalls noch die automatische Bezeichnung für den Favoriten, bevor Sie mit *Sichern* bestätigen.

4. Um Ihre Favoriten aufzurufen, tippen Sie in der App *Karten* oben in das Suchfeld und entscheiden sich für den Eintrag *Favoriten*.

5. Wählen Sie einen Favoriten aus, um diesen anzuzeigen. Unten erhalten Sie die Option *Letzte Suche*, um sich Ihre bereits getätigten Suchanfragen anzeigen zu lassen und diese gegebenenfalls zu löschen. Unter *Kontakte* können Sie die mit einer Adresse versehenen Kontakte aufrufen.

Sie sehen: Die App *Karten* kann mehr, als es auf den ersten Blick erscheinen mag. Unternehmen Sie doch gleich mal eine kleine virtuelle Weltreise, um die tollen Funktionen der App *Karten* zu verinnerlichen!

> **Eigene Stecknadel setzen**
>
> Damit Sie nie wieder vergessen, wo Sie Ihr Auto in einer fremden Stadt geparkt haben, setzen Sie manuell eine Stecknadel am Abstellort. Dazu wählen Sie entweder unter dem Symbol (i) den Eintrag *Stecknadel* oder Sie halten den Ort auf der Karte einfach kurz mit dem Finger gedrückt. Sie können die eigene Stecknadel verschieben, indem Sie den Stecknadelkopf antippen und ihn in die gewünschte Position ziehen. Um die eigene Stecknadel wieder zu entfernen, tippen Sie auf den angezeigten Namen und wählen anschließend die Option *Stecknadel entfernen*.

Tickets, Bordkarten und Coupons auf einen Blick: die App Wallet

Für Ihre realen Reisen, aber auch fürs tägliche Shoppen oder Events steht die App *Wallet* auf dem Home-Bildschirm für Sie bereit. Damit haben Sie Ihre Boardingkarten, Tickets, Coupons und Co. immer mit dabei. Wallet bedeutet übersetzt so viel wie »Brieftasche« – und in der Tat sparen Sie sich damit das Herumtragen so mancher Dokumente, die normalerweise in einer Brieftasche Platz finden. Auch der Bezahldienst Apple Pay wird von der App unterstützt – wann dieser in Deutschland eingeführt wird, stand bei Redaktionsschluss allerdings noch nicht fest.

Es stehen allerlei Apps zur Verfügung, die mit Wallet zusammenarbeiten – werfen Sie ruhig mal einen Blick in den App Store.

Wenn Sie die App *Wallet* öffnen, werden Sie zunächst auf die für Wallet verfügbaren Apps verwiesen – vertreten sind viele Fluglinien, aber auch Ticket-, Coupon-, Mietwagenanbieter etc. Tickets und Co. lassen sich auch per Link in einer E-Mail oder auf einer Webseite hinzufügen. Darüber hinaus steht in der App ein Codescanner zur Verfügung.

In der App *Wallet* tippen Sie ein Ticket, einen Coupon etc. einfach an, um Ihre Auswahl anzuzeigen. Wenn Sie die gewählten Tickets nicht mehr brauchen, schieben Sie sie mit dem Finger nach unten, um wieder alle Inhalte des Wallets zu sehen.

Tippen Sie ein Ticket in der App Wallet an, um es sich anzeigen zu lassen.

Die App *Wallet* kann automatisch die Informationen der hinzugefügten Tickets und Co. ändern. Auch Hinweise auf dem Sperrbildschirm sind kein Problem. Diese Einstellungen finden Sie jeweils unter dem Symbol ℹ️ rechts unten in einem Ticket. Dort erhalten Sie auch die Option zum Löschen eines Tickets.

Die besten Reise-Apps für Sie zusammengestellt

Auf ein paar Zusatz-Apps sollten Sie auf Ihren Fahrten und Reisen nicht verzichten. Entnehmen Sie der folgenden Tabelle in diesem Zusammenhang empfehlenswerte Apps, die bei Redaktionsschluss allesamt kostenlos zu haben waren.

App-Name	Symbol	Kurze Beschreibung
AroundMe		Tankstellen, Restaurants, Apotheken und mehr – diese App zeigt Ihnen jeweils übersichtlich an, was Sie gerade in der Nähe suchen.
meinestadt.de		Auch diese App eignet sich bestens für die Umgebungssuche, jedoch nur in Deutschland. Es werden eine Menge Zusatzfunktionen geboten, z. B. der Zugriff auf die aktuelle Wetterprognose.
Wikitude		Mit dieser App erkunden Sie Ihre Umgebung nach dem Augmented-Reality-Prinzip, d. h., in der realen Umgebung, die die iPhone-Kamera erfasst, werden virtuelle Informationen eingeblendet.
TripAdvisor		Verlassen Sie sich bei der Auswahl einer Reise nicht auf die Hochglanzprospekte der Reisebüros! Die App *TripAdvisor* bietet Bewertungen, Bilder und weitere Informationen direkt von Reisenden.

App-Name	Symbol	Kurze Beschreibung
Holiday-Check		Auch HolidayCheck ist ein beliebtes Portal zur Reisebewertung. Mit dieser App checken Sie Hotels und mehr komfortabel auf Ihrem iPhone.
KAYAK		Eine sehr nützliche App für die Reisevorbereitung: Finden Sie damit den günstigsten Flug und das beste Hotel, schlagen Sie Gepäckgebühren nach, rechnen Sie Währungen um etc.
trivago – die Hotelsuche		Für die Suche speziell nach günstigen Hotels kann ich Ihnen diese App empfehlen. Grundsätzlich sollten Sie aber die gefundenen Angebote mit denen anderer Anbieter vergleichen, um wirklich den besten Preis zu erhalten.
NAVIGON traffic4all		Eine längere Autofahrt ist geplant? Verschaffen Sie sich mit dieser App einen Überblick über mögliche Staus auf der Strecke.
mehr-tanken		Auf der Suche nach den aktuell günstigsten Benzinpreisen kann Ihnen diese App behilflich sein – der eine oder andere Euro lässt sich damit in jedem Fall sparen.
mytaxi		Ein Taxi rufen, dessen Weg auf einer Karte verfolgen, den Fahrpreis berechnen und noch mehr – in vielen Großstädten können Sie das mit dieser App tun.

Die besten Reise-Apps für Sie zusammengestellt

App-Name	Symbol	Kurze Beschreibung
Uber		Mit dieser App können Sie in vielen Großstädten einen »privaten« Fahrer anheuern, der Sie von A nach B bringt. Im Vergleich zu einem herkömmlichen Taxi können Sie dabei einiges an Geld sparen.
skyscanner – Mietwagen		Sie unternehmen eine Flugreise und möchten direkt am Flughafen einen Mietwagen buchen? Beim Preisvergleich hilft Ihnen diese App.
Fahrplan		Eine schlichte, aber äußerst nützliche App für alle, die viel mit öffentlichen Verkehrsmitteln unterwegs sind: Fragen Sie Haltestellen in der Umgebung sowie Abfahrts- und Ankunftszeiten ab.
DB Navigator		Ohne langes Anstehen am Bahnschalter: Planen Sie Ihre Bahnreisen zukünftig mit dieser App der Deutschen Bahn. In Österreich nutzen Sie die App ÖBB Scotty, in der Schweiz die App SBB Mobile.
alpenverein-aktiv.com		In dieser App greifen Sie auf tolle Wandertouren, Bergtouren, Skitouren etc. zu. Verzichten Sie bei zukünftig auf übergroße Wanderkarten und lassen Sie sich den richtigen Weg dank GPS-Ortung von Ihrem iPhone weisen.

App-Name	Symbol	Kurze Beschreibung
Bikemap		Eine tolle App für Radfahrer: Finden Sie darin Hunderttausende Routen weltweit – ganz sicher ist da auch die passende für Sie dabei!
Google Übersetzer		Automatische Übersetzung von und in über 70 Sprachen – dank der App Google Übersetzer brauchen Sie keinen Dolmetscher mehr.
Reisesprachführer		Diese App stellt einen Reisesprachführer für über 20 Sprachen dar – in der kostenlosen Version können Sätze allerdings nur gelesen werden. Alternativ setzen Sie auf die – allerdings meist recht teuren – Apps der großen Sprachführer-Anbieter.
Woxikon Wörterbuch		Mit dieser kostenlosen Wörterbuch-App übersetzen Sie online Begriffe von und in 13 verschiedene Sprachen.
LEO Wörterbuch		Auch dieses kostenlose Onlinewörterbuch beherrscht gleich mehrere Sprachen, z. B. Spanisch, Italienisch, Russisch, Chinesisch.

Denken Sie daran: Die vorgestellten Apps bilden lediglich eine kleine Auswahl aus dem schier unendlichen Fundus des App Stores. Ganz sicher finden Sie im App Store genau die App, die Sie für Ihre individuelle Reise benötigen!

> **Dank Kompass stets gut orientiert**
>
> Für die Orientierung in freier Wildbahn sehr nützlich: Setzen Sie auf Ihrem iPhone die bereits verfügbare App Kompass ein, die Sie standardmäßig auf der zweiten Seite des Home-Bildschirms im Ordner *Extras* finden, um damit Ihre aktuelle Position zu bestimmen und die zugehörigen Koordinaten anzuzeigen. Die App Kompass beinhaltet auf der zweiten Seite einen Steigungsmesser, der sich auch als Wasserwaage verwenden lässt.

Kapitel 12
So funktionieren die Apps iBooks und News

Das elektronische Lesen mag anfangs etwas gewöhnungsbedürftig sein – aber so haben Sie Ihre Lektüre immer mit dabei. Dank des Retina-Displays zeigt Ihr iPhone alle Texte gestochen scharf an. Lediglich vom Lesen am späten Abend raten Wissenschaftler ab, denn die Hintergrundbeleuchtung kann bei längerem Lesen zu einem unruhigen Schlaf führen. Doch erst mal wird ja nicht geschlafen, sondern Sie lernen in diesem Kapitel die besten Funktionen rund um *iBooks* und *News* kennen.

So lesen Sie kostenlose Klassiker oder aktuelle Bestseller in iBooks

Zum Herunterladen und Lesen von E-Books (sowie auch von Hörbüchern) steht Ihnen auf Ihrem iPhone die App *iBooks* bereits zur Verfügung. In diesem Zusammenhang ist zu erwähnen, dass es neben iBooks bzw. dem iBooks Store noch viele andere E-Book-Anbieter auf dem Markt gibt. Marktführer mit deutlichem Abstand ist Amazon mit seinem Lesegerät und Dienst Kindle. Mit der App *Onleihe*  können Sie sogar E-Books aus einer Stadtbibliothek ausleihen. Und es gibt noch viele weitere Anbieter, die meist auch jeweils eine eigene App anbieten. Entscheiden Sie selbst, welchen E-Book-Anbieter Sie verwenden möchten. Ich empfehle aber grundsätzlich, möglichst bei einem E-Book-Anbieter zu bleiben, ansonsten verlieren Sie schnell die Übersicht.

Elektronische Bücher aus dem iBooks Store laden

Der Vorteil von iBooks: Das Herunterladen von Büchern im iBooks Store funktioniert mit Ihrer Apple-ID genauso, wie Sie es bereits im Zusammenhang mit dem Herunterladen von Apps bzw. Inhalten aus dem iTunes Store kennengelernt haben. Und wie die Inhalte aus dem App Store sowie iTunes Store lassen sich auch die einmal im iBooks Store gekauften Bücher jederzeit erneut herunterladen. Sie müssen also nicht alle Titel auf dem iPhone gespeichert lassen.

Entscheiden Sie sich etwa unter *Topcharts* für ein E-Book (Sie können alternativ auch die Suchfunktion unter *Suchen* nutzen, um nach Buchtiteln oder Autoren zu fahnden) und laden Sie dieses per Fingertipp auf die Schaltfläche *Laden* bzw. auf den angezeigten Preis herunter. Bei kostenpflichtigen E-Books empfehle ich Ihnen, zunächst die Option *Auszug* zu wählen, um sich in ein Buch erst mal einzulesen. Nur wenn es Ihnen zusagt, kaufen Sie den Rest. Der Auszug umfasst meist zehn Prozent des E-Books. Logisch, dass für einen kostenpflichtigen Download Ihre Apple-ID mit Zahlungsdaten verknüpft sein muss, wie ja bereits in Kapitel 3 kennengelernt.

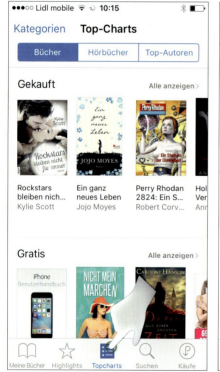 

So laden Sie ein E-Book aus dem iBooks Store herunter.

So lesen Sie kostenlose Klassiker oder aktuelle Bestseller in iBooks

Bestätigen Sie das Herunterladen durch Eingabe des zu Ihrer Apple-ID gehörenden Passworts bzw. per Touch ID. Nach dem Herunterladen steht das E-Book in der App *iBooks* unter *Meine Bücher* zur Verfügung.

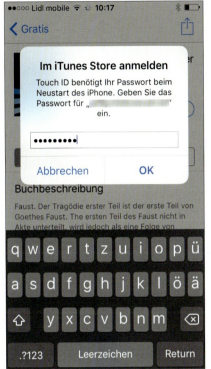 

Greifen Sie sofort nach dem Download auf das heruntergeladene Buch zu.

> **Bereits vorhandene E-Books importieren**
>
> Haben Sie E-Books im gängigen E-Book-Format EPUB oder als PDF-Datei auf Ihrem PC gespeichert und möchten diese auf Ihr iPhone übertragen? Zur Synchronisierung mit iBooks verwenden Sie die Software iTunes, mit der Sie sich in Kapitel 14 noch ausführlich vertraut machen.

Um ein E-Book zu lesen, tippen Sie es unter *Meine Bücher* an. Das Umblättern erfolgt durch horizontales Streichen nach links bzw. rechts oder per Fingertipp auf den rechten bzw. linken Displayrand. Gut zu wissen: Die App *iBooks* merkt sich die Stelle, die Sie zuletzt gelesen haben, und öffnet das E-Book beim nächsten Mal automatisch an dieser Stelle.

Das Umblättern erfolgt in iBooks entweder durch Streichen oder Tippen.

Sie können ein E-Book übrigens auch auf einer Webseite, z. B. www.gutenberg.org, aufrufen und in iBooks öffnen, sind also bei der iBooks-Nutzung keineswegs an den iBooks Store gebunden.

E-Books auf dem iPhone lesen

Ihr iPhone riecht nicht so gut wie ein Buch und es fühlt sich auch anders an. Aber das Lesen von E-Books bietet auch spannende Vorteile. So hat auf Ihrem iPhone eine komplette Bibliothek Platz, weitere online gespeicherte Bücher lassen sich innerhalb kürzester Zeit abrufen. Ihre E-Books beanspruchen keinerlei zusätzlichen Platz in Ihrer Wohnung und sie verstauben nicht. Aber das ist natürlich noch nicht alles. Erfahren Sie nachfolgend, wie praktisch das Lesen und Verwalten Ihrer E-Books mit iPhone und iBooks ist.

- E-Book-Suche: Auch bei vielen gespeicherten E-Books brauchen Sie keinen Bibliothekar einzustellen. Ziehen Sie unter *Meine Bücher* einfach die Bücherliste nach unten, um ein Suchfeld einzublenden und damit schnell jedes gesuchte Buch ausfindig zu machen. Wenn Sie sich per Fingertipp auf das Symbol links oben für die Listenansicht entscheiden, wird

So lesen Sie kostenlose Klassiker oder aktuelle Bestseller in iBooks

nicht nur ebenfalls ein Suchfeld eingeblendet, sondern Sie erhalten auch mehrere Sortieroptionen.

Dank der eingebauten Such- und Sortierfunktion finden Sie schnell jedes gesuchte Buch.

> **iCloud-Bücher ausblenden**
>
> Standardmäßig werden in der App *iBooks* unter *Meine Bücher* auch diejenigen E-Books angezeigt, die Sie zwar im iBooks Store erworben, aber gerade nicht geladen haben. Falls Sie dies nicht wünschen, aktivieren Sie ganz unten in der Übersicht über Ihre Sammlungen die Option *iCloud-Bücher ausblenden*.

- Regale anbauen: Ähnlich wie mit den Bücherregalen in Ihrem Wohnzimmer lassen sich auch in der App *iBooks* »Regale« aufstellen, um Ihre Bücher thematisch zu sortieren. Die Regale werden in der iBooks-App *Sammlungen* genannt. Tippen Sie dazu oben unter *Meine Bücher* auf die gerade angezeigte Sammlung, standardmäßig *Alle Bücher*. Wählen Sie *Neue Sammlung*, geben Sie der neuen Sammlung eine schlüssige Bezeichnung und bestätigen Sie zweimal mit *Fertig*. Um E-Books einer Sammlung hinzuzufügen, tippen Sie unter *Meine Bücher* auf *Auswählen* und suchen die gewünschten E-Books aus. Entscheiden Sie sich dann für *Bewegen* und tippen Sie die Sammlung an, in die die E-Books verschoben werden sollen.

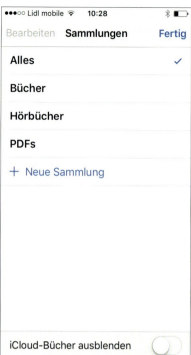

- Schrift anpassen: Sie möchten die Schrift vergrößern, die Schriftart ändern oder beim Lesen die Hintergrundbeleuchtung dimmen? Wünschen Sie den automatischen Nachtmodus oder möchten Sie, statt ein Buch umzublättern, vertikal streichen (Rollmodus)? Wenn Sie ein E-Book geöffnet haben, tippen Sie dazu auf das Symbol $_A\!A$ und legen im sich öffnenden Menü Ihre gewünschten Einstellungen fest.

iBooks bietet eine Reihe von Optionen für angenehmeres Lesen.

So lesen Sie kostenlose Klassiker oder aktuelle Bestseller in iBooks

- Text durchsuchen: Besonders interessant für Recherchen, aber auch, wenn Sie in einem Krimi zu einer erhellenden Passage wechseln wollen, ist die Textsuche. Starten Sie unter dem Symbol 🔍 eine beliebige Suche im Text des aktuell aufgeschlagenen E-Books. Durch Antippen eines Treffers gelangen Sie zur jeweiligen Position.

In einem E-Book können Sie nach ganz bestimmten Begriffen suchen und sich die passenden Textstellen anzeigen lassen.

- Lesezeichen setzen: Wie bereits erwähnt, startet iBooks ein E-Book jeweils mit der zuletzt aufgeschlagenen Seite. Wenn Sie dennoch ein Lesezeichen setzen möchten, etwa um interessante Inhalte zu markieren, tippen Sie auf das Symbol 🔖. Das Abrufen der Lesezeichen erfolgt über das Symbol ☰.

- Notizen und Co. hinzufügen: Falls Sie schon den Einwand auf den Lippen haben, dass Sie in einem E-Book doch keine Notizen eintragen und keine Textpassagen markern könnten – doch, das geht! Halten Sie ein Wort gedrückt, um es auszuwählen, passen Sie anschließend gegebenenfalls die Markierungen an. Im sich öffnenden Menü finden Sie die Optionen *Definition* (zum prompten Nachschlagen im Lexikon), *Markieren* (zum Markern in Ihrer Wunschfarbe), *Notiz* (zum Hinzufügen von Notizen), *Suchen* (zur Suche nach dem Begriff im gesamten E-Book) sowie gegebenenfalls *Sprechen* (zum Vorlesen des E-Books, sofern Sie in den Bedienungshilfen die Sprachausgabe aktiviert haben). Auch Ihre Markierungen und Notizen rufen Sie jederzeit unter dem Symbol ☰ auf.

Auch E-Book-Texte lassen sich mit Markierungen und Notizen versehen.

News-Apps nutzen und Nachrichten mit der App News personalisieren

Unter iOS 9 wurde der Zeitungskiosk verbannt, in dem in früheren iOS-Versionen E-Paper-Apps verschiedener Anbieter gesammelt wurden. Sie finden im App Store aber natürlich weiterhin massenhaft Apps von News-Anbietern – sowohl als E-Paper als auch in Onlineausgaben. Nur ein Beispiel sind die Apps des Nachrichtenmagazins Focus, nämlich *Focus Magazin* (E-Paper) und *Focus Online* (Onlineausgabe).

Meistens bietet die Onlineausgabe gegenüber dem E-Paper nicht viel weniger Inhalte und noch einiges an interaktiven Möglichkeiten. Bei der App *Focus Online* lassen sich beispielsweise auch Push-Mitteilungen zu Nachrichtenthemen Ihrer Wahl (kostenlos) abonnieren.

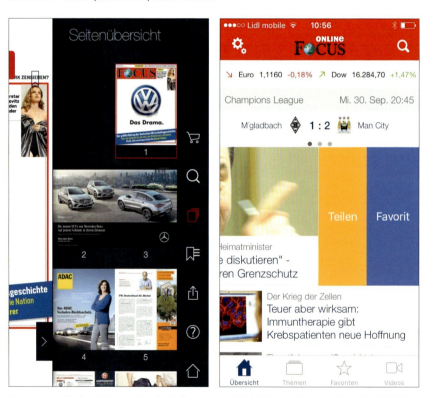

Bevorzugen Sie das E-Paper oder die Onlineausgabe? Bei vielen Anbietern haben Sie die Wahl.

News-Apps nutzen und Nachrichten mit der App News personalisieren

Wenn Sie zur Suchseite links neben dem Home-Bildschirm streichen, wird Ihnen ebenfalls eine News-Auswahl angezeigt.

Mit iOS 9 wurde außerdem eine News-App eingeführt, die das Personalisieren von Nachrichten aus unterschiedlichen News-Quellen ermöglicht. Diese stand aber bei Redaktionsschluss zunächst nur in den USA zur Verfügung, der Zeitpunkt für die Einführung in Deutschland, Österreich und der Schweiz stand noch nicht fest.

Die App *News* lässt sich allerdings schon jetzt auf dem iPhone testen. Dazu wählen Sie in den *Einstellungen* den Eintrag *Allgemein* und dann *Sprache & Region*. Stellen Sie die Region auf *Vereinigte Staaten* um und starten Sie das iPhone neu.

Anschließend steht die App *News* auf dem Home-Bildschirm zur Verfügung – wenn auch mit englischsprachigen Nachrichten. Um nach Themen zu suchen und diese Ihren personalisierten Nachrichten hinzuzufügen, verwenden Sie die in die App eingebaute Suchfunktion.

Mit der App News, die bei Redaktionsschluss zunächst nur in den USA zur Verfügung stand, lassen sich Nachrichten ganz einfach personalisieren.

Kapitel 13
Apps für jeden Zweck und Anlass

Nach dem Lesen der bisherigen Kapitel haben Sie sicherlich Lust bekommen, neue Apps auf eigene Faust zu erkunden. In diesem Kapitel finden Sie 50 von mir empfohlene (und, wenn nicht anders angegeben, bei Redaktionsschluss kostenlose) Apps zu wichtigen Themenbereichen. Und natürlich gibt es auch wieder einige nützliche Tipps! Laden Sie auf Ihr iPhone, was Ihnen gefällt – zu den meisten Apps gibt es im App Store Alternativen, falls Sie lieber auf andere Anbieter setzen möchten.

Shopping-Apps

Ob Sie in der App *Erinnerungen* eine Einkaufsliste erstellen oder mit der App *Rechner* die bei einem Einkauf fälligen Beträge ausrechnen möchten – das iPhone sollte auch bei Ihren Einkäufen nicht fehlen! In der folgenden Tabelle finden Sie zehn tolle Apps, die Ihnen beim Shopping behilflich sein werden.

App	Symbol	Kurzbeschreibung
Preis.de		Scannen Sie mit der iPhone-Kamera den Barcode einer Ware ein und finden Sie heraus, ob der Artikel anderswo günstiger zu haben ist.
barcoo		Codes einscannen und detaillierte Produktinformationen aufrufen – dazu dient diese App, die auch noch mit einer Einkaufsliste und weiteren Extras aufwartet.

309

13 • Apps für jeden Zweck und Anlass

App	Symbol	Kurzbeschreibung
kaufDa		Geschäfte in der Nähe aufspüren und deren Werbeprospekte ansehen – das alles geht auch auf dem iPhone.
eBay Mobile		Kaufen und Verkaufen beim weltgrößten Internetauktionshaus – dank dieser App verpassen Sie kein Schnäppchen mehr, auch wenn Sie gerade unterwegs sind. Das Einstellen eigener Artikel fällt mit der App dank Barcodescan und Co. richtig leicht.

App	Symbol	Kurzbeschreibung
Amazon		Wer häufiger beim Internetversender Amazon bestellt, sollte auch diese App auf sein iPhone holen. Waren bestellen, Sendungen verfolgen und mehr – das alles in einer App.
IKEA Katalog		Sie blättern immer wieder gerne im IKEA-Katalog? Mit dieser App können Sie dies zukünftig auch auf dem iPhone tun.
Apple Store		Falls Sie iPhone-Zubehör und Co. direkt bei der Quelle bestellen möchten (allerdings nicht immer zum günstigsten Preis) – mit dieser App gelingt das sehr komfortabel.
Quoka Kleinanzeigen		Kostenlose Kleinanzeigen schalten oder Waren und Dienstleistungen aller Art finden – mit dieser App ist das kein Problem.
Lidl		Haben Sie mit der App Ihres Discounters oder Supermarkts die aktuellen Angebote stets im Blick. Außer Lidl sind auch Aldi, Penny, Netto, Norma, Edeka und viele weitere Märkte im App Store vertreten.
Öffnungszeiten		Damit Sie nie wieder vor verschlossenen Türen stehen: Schlagen Sie in dieser App die Öffnungszeiten nach, bevor Sie losfahren.

Finanzen-Apps

Vielleicht sagt Ihnen die auf Ihrem iPhone bereits verfügbare App *Aktien* nicht zu? Entnehmen Sie der folgenden Tabelle noch weitere Apps für die Wertpapierverwaltung sowie weitere Finanzen-Apps.

13 ▪ Apps für jeden Zweck und Anlass

App	Symbol	Kurzbeschreibung
finanzen.net		Verschaffen Sie sich mit dieser App einen detaillierten Überblick über die Märkte und – in von Ihnen angelegten Watchlisten – über alle Ihre Wertpapiere.
OnVista		Auch dieses Finanzportal bietet Ihnen Informationen zu Wertpapieren aller Art.
Tagesgeld-News.de		Wer über ein Tagesgeldkonto verfügt, kann sich von dieser App über Zinsänderungen und sonstige Neuigkeiten zum Thema informieren lassen.
Finanzen mobile		Finden Sie mit dieser App Geldautomaten und Bankfilialen auch in fremden Städten. Greifen Sie außerdem auf nützliche Adressen zum Thema Finanzen zu.
OutBank DE		Diese App dient der Verwaltung Ihrer Bankkonten, sofern diese einen entsprechenden Zugang bieten. Die App konnte bei Redaktionsschluss allerdings nur 30 Tage lang kostenlos getestet werden.
Sparkasse		Die meisten großen Banken bieten eigene Apps für die mobile Kontenverwaltung an – die App der Sparkassen ist dafür nur ein Beispiel.

Finanzen-Apps

App	Symbol	Kurzbeschreibung
Jobs		Sie sind auf der Suche nach einem (neuen) Job? Finden Sie mit dieser App von Indeed.com jede Menge Jobangebote auch in Ihrer Nähe!
Nettolohn.de		Berechnen Sie mit dieser App, was Ihnen jeden Monat vom Brutto übrig bleibt.
VSB Haushaltsplaner		Dieses Haushaltsbuch fürs iPhone wird vom Verbraucher Service Bayern kostenlos bereitgestellt.
n-tv Immobilien		Eine interessante Immobilien-App des bekannten Nachrichtensenders, die multimediale Informationen zu den angebotenen Immobilien bietet.

Büro-Apps

Für die Textverarbeitung unterwegs, das »Einscannen« von Dokumenten und noch für weitere Office-Zwecke gibt es ebenfalls eine Menge toller Apps – in der folgenden Tabelle finden Sie besonders empfehlenswerte.

App	Symbol	Kurzbeschreibung
Pages		Die Textverarbeitungs-App von Apple erlaubt das Erstellen, Bearbeiten und Synchronisieren von Dokumenten. Für Sie als iPhone-Käufer ist sie kostenlos, normaler Preis bei Redaktionsschluss: 9,99 Euro.
Numbers		Mit der Tabellenkalkulations-App von Apple erstellen Sie beliebige Tabellen und Diagramme und greifen auch unterwegs auf Ihre Buchhaltungsdateien zu. Für Sie als iPhone-Käufer ist sie kostenlos, normaler Preis bei Redaktionsschluss: 9,99 Euro.
Keynote		Die Präsentations-App von Apple ermöglicht nicht nur das Erstellen und Bearbeiten von Präsentationen, sondern auch die direkte Wiedergabe via WLAN. Für Sie als iPhone-Käufer ist sie kostenlos, normaler Preis bei Redaktionsschluss: 9,99 Euro.
Microsoft Word		Als Alternative zur App *Pages* steht auch Microsoft Word als App zur Verfügung (neben den Apps *Excel* und *PowerPoint*). Die Basisfunktionen sind mit einem Microsoft-Konto kostenlos; für weitere Funktionen ist ein Office-365-Abo erforderlich.

Büro-Apps

App	Symbol	Kurzbeschreibung
Google Drive		Google Drive ist ein in der Basisversion kostenloser Onlinespeicher von Google. Greifen Sie mit dieser App auf die in Google Drive gespeicherten Dokumente und weitere Dateien zu.
Adobe Acrobat Reader		Der Adobe Acrobat Reader ist auch auf dem iPhone die perfekte App zum Lesen von PDF-Dateien.
Genius Scan		Mit der iPhone-Kamera Dokumente abfotografieren und sie als Bilddatei oder als PDF-Datei speichern – diese App unterstützt Sie dabei.
Visitenkarten Scanner		Scannen Sie mit dieser App speziell Visitenkarten ein und speichern Sie die Daten in der App *Kontakte*. In der kostenfreien App-Version können allerdings maximal drei Visitenkarten pro Woche eingescannt werden.
Stunden		Erfassen Sie mit dieser App Ihre Arbeitszeiten und berechnen Sie, wenn Sie auch noch den Stundenlohn eingeben, Ihren Verdienst.
FAX.de FreeFax		Nachrichten auch auf Faxgeräte senden – dies gelingt z. B. mit dieser App, bei der der Faxversand von einer Seite pro Tag gratis angeboten wird.

315

13 ▪ Apps für jeden Zweck und Anlass

> **Dokumente ohne AirPrint ausdrucken**
>
> Ich habe bereits erwähnt, wie einfach das Ausdrucken direkt vom iPhone aus mithilfe eines AirPrint-fähigen Druckers gelingt. Aber es geht auch ohne Air-Print, über den Umweg PC. Unter der Webadresse *netputing.com* (für Mac) bzw. *iblueray.de* (für Windows, bei Redaktionsschluss war allerdings noch keine Version für iOS 9 verfügbar) finden Sie die benötigte Gratis-Software. Nach der Aktivierung kann der an den PC angeschlossene Drucker auf dem iPhone ausgewählt werden.

Spiele-Apps

Wenn Sie Ihr iPhone auch gerne mal zum Spielen verwenden, sind Sie nicht der Einzige – Spiele-Apps zählen zu den beliebtesten Apps im App Store, und die Auswahl ist riesig! Sie finden (allerdings meist kostenpflichtig) Gesellschaftsspiele wie Monopoly oder Kniffel genauso wie fürs iPhone optimierte Videospiele. Ich hoffe, dass Ihnen die kleine Auswahl in der Tabelle zusagt.

App	Symbol	Kurzbeschreibung
Chess – Play & Learn		Eine tolle App, mit der Sie Ihr iPhone in einen perfekten Schachcomputer verwandeln.
Solitär!		Wer es auf seinem Computer gerne spielt, wird es auch auf dem iPhone nicht missen wollen: das Kartenspiel Solitär.
Sudoku		Fürs Gehirnjogging oder die Unterhaltung zwischendurch: Lösen Sie auf Ihrem iPhone knifflige Sudokus.

Spiele-Apps

App	Symbol	Kurzbeschreibung
Lep's World		Bei diesem Jump'n'Run-Spiel helfen Sie dem kleinen Kobold Lep, in einer Welt voller Gefahren zu bestehen.
Blamieren oder Kassieren		Diese App bietet ein rasantes Quizspiel, bei dem man seine Kenntnisse mit anderen Teilnehmern messen kann. Es wurde dem Quiz aus der Sendung »TV total« mit Stefan Raab nachgeahmt.
The Sims FreePlay		Leben Sie in dieser App, wie Sie es sich im wirklichen Leben wünschen würden: Bauen Sie Ihr Traumhaus, schließen Sie wundervolle Freundschaften und verdienen Sie haufenweise Geld.
Zen Pinball		Funktionieren Sie Ihr iPhone mit dieser App in einen Flippertisch um. Ein Flipper von mehreren steht kostenlos zur Verfügung, und der reicht für den Adrenalinkick in der Mittagspause aus.
Jetpack Joyride		Ein Jump'n'Run-Spiel mit viel Action: Töten Sie mit dem Raketenstrahl Ihres Raketenrucksacks die Bösewichter, sammeln Sie Münzen ein und weichen Sie allgegenwärtigen Gefahren aus.
Wo liegt das?		Trainieren Sie mit dieser App Ihre geografischen Kenntnisse! Lassen Sie sich z. B. die Frage »Wo liegt Südafrika?« anzeigen und tippen Sie die Lösung auf einer Karte an.
Talking Pierre		Ein Papagei, der Ihnen alles nachspricht und lustige Sachen macht – das bietet diese App.

> **Das Game Center verwenden**
>
> Wie Sie sicherlich bereits gesehen haben: Auch ein Game Center ist – standardmäßig im Ordner *Extras* auf der zweiten Seite des Home-Bildschirms – auf Ihrem iPhone mit an Bord. Hierbei handelt es sich um eine Art soziales Netzwerk, bei dem Sie Ihre Freunde zum gemeinsamen Spielen einladen können, sofern jeder über diese Spiele-App verfügt. Sie können sich dann gegenseitig die jeweils erreichten Punktestände ansehen. Einige Spiele, sogenannte Multiplayer-Spiele, lassen sich sogar in Echtzeit gegeneinander austragen. Im App Store erkennen Sie mit dem Game Center kompatible Spiele an dem Symbol 🎴 in den App-Informationen.

Sonstige Apps

Zum Schluss habe ich noch zehn weitere Apps für Sie, die nicht wirklich in eine Kategorie passen, die Sie sich aber trotzdem nicht entgehen lassen sollten!

App	Symbol	Kurzbeschreibung
Messwerkzeuge		Eine nützliche Wasserwaage und noch weitere Messwerkzeuge bringt diese App auf Ihr iPhone.
Energiecheck co2online		Erfassen Sie mit dieser App regelmäßig die Stände von Strom-, Wasser- und Gaszähler, um jederzeit einen Überblick über die zu erwartenden Nachzahlungen zu haben.
Müllwecker		Damit Sie nie wieder vergessen, die Mülltonne rechtzeitig an die Straße zu stellen, tragen Sie die Mülltermine in diese App ein.
Survival Guide		Für den Fall der Fälle haben Sie mit dieser App einen umfassenden Survival-Ratgeber immer mit dabei. Die Anleitungen sind allerdings in englischer Sprache.
Mini WebCam		Sie möchten Ihr iPhone als Überwachungskamera nutzen, z. B. um das Baby im Schlafzimmer zu überwachen, während Sie am Computer arbeiten? Kein Problem mit dieser App!

Sonstige Apps

App	Symbol	Kurzbeschreibung
AKW Finder		Wie weit sind die nächsten Kernkraftwerke Luftlinie von Ihrem Wohnort entfernt? Mit dieser App ermitteln Sie diese Information blitzschnell.
TeamViewer Remote Control		Diese App dient dazu, via Internet einen Computer fernzusteuern
Fing – Network Scanner		Ihr WLAN voll unter Kontrolle – mit dieser App erhalten Sie eine komplette Übersicht über das von Ihnen eingerichtete Netzwerk.

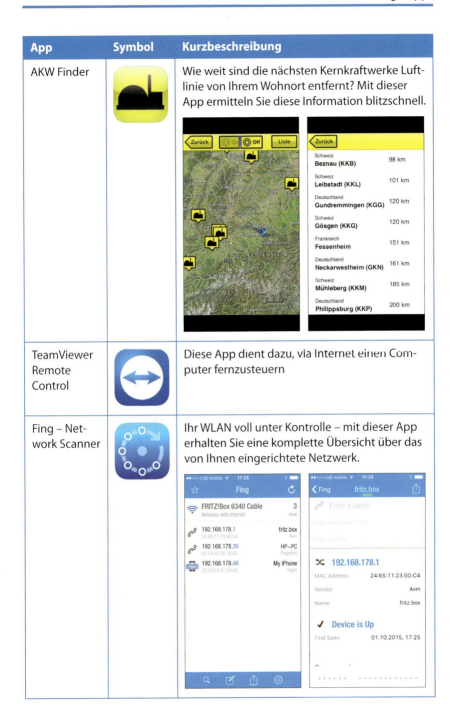

13 ▪ Apps für jeden Zweck und Anlass

App	Symbol	Kurzbeschreibung
Runtastic		Wenn Sie gerne joggen oder anderweitig Sport treiben, zeichnen Sie z. B. mit dieser App Ihre Aktivitäten auf. Die kostenlose Version eignet sich allerdings eher zum Testen; die Vollversion schlug bei Redaktionsschluss mit 4,99 Euro zu Buche.
Sport1FM		Hören Sie mit dieser App alle wichtigen Fußballspiele im Livestream, egal ob es sich um ein Spiel in der Bundesliga oder in der Champions League handelt.

Das iPhone ist abgestürzt?

Falls Ihr iPhone bei der Verwendung einer App einmal nicht mehr reagieren sollte: Halten Sie die Home-Taste und den Ein-/Ausschalter gleichzeitig ein paar Sekunden gedrückt, um einen Reset durchzuführen und das iPhone neu zu starten. Machen Sie von dieser Funktion aber wirklich nur in Notfällen Gebrauch!

Kapitel 14

Mit iCloud & iTunes Daten sichern und austauschen

Ich habe in diesem Buch schon mehrfach Apples Onlinespeicherdienst iCloud sowie die Software iTunes erwähnt. Nun lernen Sie iCloud und iTunes endlich richtig kennen. Sichern Sie damit Ihre kompletten iPhone-Daten entweder im Internet oder auf Ihrem PC und tauschen Sie einzelne Daten mit mehreren Geräten aus. Wie das alles funktioniert, lesen Sie ausführlich in diesem Kapitel.

iCloud: Datensicherung und Datenaustausch übers Internet

Dank iCloud ist der Zugang zu einem PC für die iPhone-Nutzung nicht zwingend notwendig, und wichtige Daten stehen Ihnen sofort auch auf Ihren anderen Apple-Geräten (Mac, iPad und Co.) zur Verfügung. 5 GByte Onlinespeicherplatz sind pro Apple-ID kostenlos. Weiterer Speicherplatz lässt sich bei Bedarf per Monatsabo nachrüsten. Wenn der Speicher knapp wird, erhalten Sie auf Ihrem iPhone einen entsprechenden Hinweis, Sie haben dann immer noch genügend Zeit zu handeln.

Entscheiden Sie, welche iCloud-Funktionen Sie nutzen

Tippen Sie in den iPhone-Einstellungen auf den Eintrag *iCloud*, um diesen Dienst zunächst einzurichten. Die iCloud-Nutzung würde ich Ihnen in jedem Fall empfehlen, dabei müssen Sie aber nicht alle iCloud-Funktionen nutzen. Gestatten Sie mir, Ihnen zunächst einen Überblick über die angebotenen Funktionen zu geben:

- Account verwalten: Tippen Sie auf Ihren Account, um diesen zu verwalten, beispielsweise um das zu Ihrer Apple-ID gehörende Passwort zu ändern. In

Kapitel 15 zeige ich Ihnen die Vorgehensweise noch anhand der Webseite *appleid.apple.com*.

- *Familienfreigabe einrichten*: Um Inhalte verschiedener Art mit den Mitgliedern Ihrer Familie zu teilen, muss die Familienfreigabe zunächst eingerichtet werden. Wie Sie dazu vorgehen, zeige ich Ihnen in diesem Kapitel noch.

- *iCloud Drive*: Mit dieser Option gestatten Sie den unterschiedlichsten Apps, Daten in iCloud zu speichern. Wenn Sie den Eintrag antippen, erhalten Sie die Möglichkeit, die Nutzung des iCloud Drive für einzelne Apps zu deaktivieren. Tun Sie dies, wenn eine Sicherung auf iCloud Drive gar keinen Sinn macht oder den Onlinespeicher zu schnell verstopfen würde. Ich empfehle Ihnen außerdem, unten unter dem Eintrag *iCloud Drive* die Option *Mobile Daten verwenden* zu deaktivieren, ansonsten ist Ihr monatliches Datenvolumen unter Umständen schnell aufgebraucht.

Welche Apps Daten in iCloud Drive speichern dürfen, bestimmen allein Sie.

- *Fotos*: Diese Option zum Aktivieren von iCloud-Fotomediathek und iCloud-Fotofreigabe kennen Sie bereits aus Kapitel 10. Speichern Sie Ihre Aufnahmen im Internet, um auch auf anderen Geräten darauf zugreifen und sie mit anderen Personen teilen zu können.

- *Mail*: Wenn Sie eine iCloud-E-Mail-Adresse einrichten und in der App *Mail* automatisch nutzen möchten, dann aktivieren Sie diese Option.

iCloud: Datensicherung und Datenaustausch übers Internet

- *Kontakte*: Laden Sie Ihre auf dem iPhone gespeicherten Kontaktdaten zur Sicherung und für den Zugriff auch von anderen Geräten aus in den Onlinespeicher.

- *Kalender*: Ihre Termine im Internet sichern und, wenn gewünscht, für andere Personen freigeben – diese iCloud-Option macht es möglich.

- *Erinnerungen*: Ihre in der App *Erinnerungen* erstellten Listen und Einträge lassen sich ebenfalls im Internet sichern und so auf einfache Weise mit anderen Apple-Geräten synchronisieren.

- *Safari*: Wenn Sie diese Option aktivieren, werden Ihre in Safari gesicherten Lesezeichen im Internet gespeichert, außerdem stehen die iCloud-Tabs auf Ihren anderen Apple-Geräten zur Verfügung, auf denen Sie mit der gleichen Apple-ID angemeldet sind.

- *Notizen*: Machen Sie mit dieser Option Ihre Notizen auch auf anderen Apple-Geräten verfügbar.

- *Wallet*: Die in die App *Wallet* aufgenommenen Tickets, Coupons und Co. lassen sich ebenfalls in den Onlinespeicher laden.

- *Backup*: Erstellen Sie mit dieser Option ein vollständiges iPhone-Backup im Internet. Den genauen Vorgang beschreibe ich gleich noch ausführlicher.

- *Schlüsselbund*: Wenn Sie den iCloud-Schlüsselbund nutzen, können Sie auch auf anderen Geräten auf die Zugangs- und Kreditkartendaten zugreifen, die Sie auf Ihrem iPhone speichern (in erster Linie Daten, die Sie in Safari speichern, aber auch Ihre WLAN-Passwörter). Vor dem Zugriff auf die Daten von anderen Geräten aus ist die Eingabe eines Sicherheitscodes erforderlich.

- *Mein iPhone suchen*: Wenn Sie diese Option aktivieren, können Sie Ihr eingeschaltetes iPhone jederzeit übers Internet orten. Wie das genau geht, zeige ich Ihnen noch in Kapitel 15. Bei aktivierter Option *Mein iPhone suchen* kann das iPhone außerdem nicht zurückgesetzt bzw. aktiviert werden, ohne dass das zu Ihrer Apple-ID gehörende Passwort eingegeben wird.

- *Erweitert*: In diesem Abschnitt finden Sie noch weitere Angaben, die in iCloud gespeichert werden können. Aktivieren Sie z. B. die Option *Standortfreigabe*, um anderen Personen den Zugriff auf Ihren jeweils aktuellen Standort zu ermöglichen.

Wie gesagt: Das alles sind Optionen. Entscheiden Sie selbst, welche davon Sie nutzen möchten. Wenn es Ihnen lediglich um die Datensicherung geht, können Sie auch nur die gleich im Anschluss beschriebene Backup-Funktion nutzen – ein Backup lässt sich allerdings nur vollständig wiederherstellen, das Importieren einzelner Daten ist bei dieser Funktion nicht möglich.

So einfach erstellen Sie ein iCloud-Backup

Das Erstellen eines iCloud-Backups dauert nur beim ersten Mal etwas länger, da eine große Menge Daten ins Internet geladen werden muss. Bei den weiteren Backups werden dann nur noch Änderungen hochgeladen. So einfach geht's:

1. Entscheiden Sie sich in den Einstellungen unter *iCloud* für den Eintrag *Backup*.

2. Aktivieren Sie die Option *iCloud-Backup* und bestätigen Sie den anschließend angezeigten Hinweis mit *OK*.

3. Die Backup-Funktion wird prompt aktiviert. Wenn Sie Ihr iPhone mit dem Stromnetz verbinden und es sich im gesperrten Zustand befindet, wird ein Backup automatisch durchgeführt. Eine WLAN-Verbindung ist Voraussetzung. Um ein Backup manuell zu veranlassen, tippen Sie auf den Eintrag *Backup jetzt erstellen*.

iCloud: Datensicherung und Datenaustausch übers Internet

Das war's schon! Wenn Sie ein iCloud-Backup nach dem Zurücksetzen des iPhones bzw. bei der Inbetriebnahme eines neuen iPhones einsetzen möchten, entscheiden Sie sich während des Vorgangs der Inbetriebnahme (vgl. Kapitel 2) für die Option *Aus iCloud-Backup wiederherstellen*.

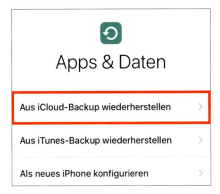

Die Wiederherstellung aus einem iCloud-Backup erfolgt im Assistenten, der Ihnen bei der Inbetriebnahme eines neuen oder zurückgesetzten iPhones behilflich ist.

Den iCloud-Speicher gekonnt verwalten

Da mitunter größere Datenmengen in iCloud gespeichert werden (insbesondere dann, wenn Sie mit mehreren Apple-Geräten auf den gleichen Onlinespeicher zugreifen), sollten Sie die Speicherbelegung stets im Blick behalten. Auf Ihrem iPhone entscheiden Sie sich dazu in den *Einstellungen* für *Allgemein* und dann für *Benutzung*. Im Abschnitt *iCloud* finden Sie eine Angabe zum insgesamt verfügbaren und noch freien Speicherplatz. Um den iCloud-Speicher zu verwalten, tippen Sie auf den Eintrag *Speicher verwalten*.

Behalten Sie in den iPhone-Einstellungen den iCloud-Speicher im Blick.

Ihnen wird angezeigt, mit welchen Daten der iCloud-Speicher belegt ist. Am meisten Speicherplatz benötigen in der Regel die Backups. Löschen Sie unbedingt nicht mehr benötigte Backups, etwa das Backup eines älteren Gerätes, das Sie bereits verkauft haben. Sie können ein Backup auch auswählen und per Schalter im Einzelnen festlegen, welche Daten ins Backup aufgenommen bzw. vom Backup ausgeschlossen werden sollen. Die Sortierung der Apps erfolgt nach der Datenmenge, die eine App im Backup jeweils beansprucht.

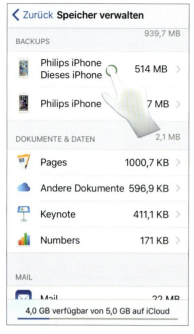

Bei einer App ist nicht unbedingt ein Backup notwendig? Dann deaktivieren Sie das Backup für diese App, um iCloud-Speicherplatz zu sparen.

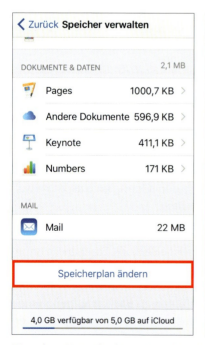

Wenn die 5 GByte iCloud-Speicher nicht mehr ausreichen, können Sie zusätzlichen Speicherplatz abonnieren.

iCloud: Datensicherung und Datenaustausch übers Internet

Und falls doch eine Erweiterung des iCloud-Speicherplatzes notwendig sein sollte, können Sie diesen direkt auf dem iPhone abonnieren. Entscheiden Sie sich dazu in den iPhone-Einstellungen erneut für *Allgemein* und dann für *Benutzung* und tippen Sie im Abschnitt *iCloud* auf *Speicher verwalten*. Entscheiden Sie sich anschließend für die Option *Speicherplan ändern*. Wählen Sie das nächstmögliche Abo aus (Sie können später bei Bedarf immer noch upgraden) und bestätigen Sie mit *Kaufen*. Voraussetzung ist auch hier, dass für Ihre Apple-ID Zahlungsdaten hinterlegt wurden, wie ich es in Kapitel 3 beschrieben habe.

Dank Familienfreigabe gekaufte Apps und weitere Inhalte mit der ganzen Familie teilen

Bereits mit iOS 8 wurde die Familienfreigabe eingeführt, die es erstmals mehreren Personen ermöglicht, auf dieselben Käufe zuzugreifen. Allerdings besteht ein kleiner Haken darin, dass Sie als Organisator der Familienfreigabe Ihre Kreditkarte zur Verfügung stellen müssen – Kinder müssen Käufe allerdings erst von einem Erwachsenen autorisieren lassen. Ich gehe im Folgenden davon aus, dass Sie Ihrer Apple-ID bereits eine Kreditkarte zugewiesen haben (vgl. Kapitel 3). Um die Familienfreigabe durchzuführen, entscheiden Sie sich zunächst in den *Einstellungen* unter *iCloud* für den Eintrag *Familienfreigabe einrichten*. Lesen Sie sich anschließend die Hinweise zur Familienfreigabe durch und starten Sie die Einrichtung mit *Los geht's*.

Verwenden Sie die Familienfreigabe für den gemeinsamen Zugriff auf Einkäufe, aber auch auf Fotos (im iCloud-Album »Family«), Standorte (in den Apps Nachrichten und Meine Freunde suchen) oder Termine (im iCloud-Kalender »Family«).

Familienmitglieder hinzufügen

Nun folgt ein Assistent, mit dessen Unterstützung Sie Ihre Familienmitglieder hinzufügen. Jede der Personen muss über eine Apple-ID verfügen und auf dem eigenen Apple-Gerät auch bei iCloud angemeldet sein. Diese Schritte sind erforderlich:

1. Sie erhalten zunächst allgemeine Hinweise zu Ihrer Rolle als Organisator. Tippen Sie auf *Fortfahren* und bestätigen Sie auch den folgenden Hinweis zur Freigabe Ihrer Käufe mit *Fortfahren*. Anschließend folgt ein Hinweis zur Verwendung Ihrer Kreditkarte, den Sie ebenfalls mit *Fortfahren* bestätigen.

2. Sie werden gefragt, ob Sie Ihren Standort für die Familienmitglieder freigeben möchten. Wählen Sie entweder *Ihren Standort freigeben* oder *Später*.

3. Tippen Sie nun im Abschnitt *Familienmitglieder*, in dem bisher nur Sie als Organisator aufgeführt werden, auf den Eintrag *Familienmitglied hinzufügen*.

4. Geben Sie die Apple-ID des Familienmitglieds ein und bestätigen Sie mit *Weiter*.

iCloud: Datensicherung und Datenaustausch übers Internet

5. Wenn das Familienmitglied gerade anwesend ist, wählen Sie im nächsten Schritt die Option *Passwort eingeben* und lassen das Familienmitglied das zu seiner Apple-ID gehörende Passwort eintippen. Alternativ wählen Sie die Option *Einladung senden*.

6. Auch das Familienmitglied muss nun noch den Hinweis zum Freigeben der Käufe bestätigen und seine Auswahl im Hinblick auf die Standortfreigabe treffen. Sobald dies erledigt ist, findet er sich ebenfalls im Abschnitt *Familienmitglieder* und die Vorteile der Familienfreigabe können gemeinsam genutzt werden.

Das Familienmitglied wurde hinzugefügt – fügen Sie gegebenenfalls noch weitere Familienmitglieder hinzu.

Kinder hinzufügen

Einem Kind möchten Sie im Normalfall die Verwendung Ihrer Kreditkarte nicht selbst überlassen. Kein Problem, denn es lässt sich direkt im Zusammenhang mit der Familienfreigabe eine Apple-ID für das Kind erstellen. Scrollen Sie dazu auf der Seite, auf der die Familienmitglieder angezeigt werden, ganz nach unten und tippen Sie auf *Apple-ID für ein Kind erstellen*. Folgen Sie anschließend dem Assistenten durch den Erstellungsvorgang.

Erstellen Sie eine Apple-ID für Ihr Kind, damit dieses vor einem Kauf bei einem erwachsenen Familienmitglied anfragen muss.

Um festzulegen, wer Kaufanfragen eines Kindes genehmigen darf, tippen Sie ein Familienmitglied in der Übersicht an. Aktivieren Sie den Schalter *Elternteil/Erziehungsberechtigter*. Mit der Option *Entfernen* können Sie ein Familienmitglied hier auch wieder aus der Liste löschen.

Nur ein Elternteil bzw. ein Erziehungsberechtigter kann einem Kind einen Kauf gestatten.

Sie stellen fest, dass die Familienfreigabe einiges zu bieten hat. Experimentieren Sie doch ein wenig mit den einzelnen Funktionen – die ganze Familie wird dabei ihren Spaß haben.

Auf viele iCloud-Daten auch im Webbrowser zugreifen

Um auch unterwegs auf viele der in iCloud gespeicherten Daten zugreifen zu können, muss nicht unbedingt ein Apple-Gerät parat sein. Der Zugriff kann auch ganz einfach im Webbrowser an jedem beliebigen PC erfolgen. Melden Sie sich dazu unter der Webadresse *www.icloud.com* mit Ihrer Apple-ID an.

iCloud: Datensicherung und Datenaustausch übers Internet

Hier rufe ich die iCloud-Website im Webbrowser auf einem Windows-PC auf.

Ihnen bieten sich nun auch auf der Webseite verschiedene Apps, mit denen Sie auf die unterschiedlichen Daten zugreifen können. Tippen Sie eine Web-App an, um diese zu öffnen. Hier der Überblick:

- **Mail:** Greifen Sie in dieser Web-App auf Ihr iCloud-E-Mail-Konto zu, d. h. Sie können genauso wie auf dem iPhone E-Mails senden und empfangen, sowie Ihre E-Mails verwalten.

Klicken Sie das Symbol einer Web-App im Browser an, um die Web-App zu öffnen. Mit der App Mail erhalten Sie z. B. Zugriff auf Ihre iCloud-E-Mails.

- **Kontakte:** Um auch unterwegs auf Ihre in iCloud gespeicherten Kontakte zuzugreifen und gegebenenfalls neue Kontakte hinzuzufügen, wählen Sie diese Web-App.
- **Kalender:** In dieser Web-App erhalten Sie Zugriff auf alle Ihre Termine und Kalender sowie die Option, neue Termine und Kalender anzulegen.
- **Fotos**: Mit dieser App greifen Sie im Webbrowser auf Ihre iCloud-Fotomediathek zu, sofern Sie diese iCloud-Einstellung aktiviert haben.

- **iCloud Drive:** Diese Web-App gestattet nicht nur den Zugriff auf Daten, die von verschiedenen Apps in das iCloud Drive hochgeladen wurden, sondern auch das Anlegen neuer Ordner in iCloud Drive und das Hochladen beliebiger Dateien in denselben.

iCloud Drive lässt sich auf der iCloud-Website mit eigenen Ordnern und Dateien bestücken.

- **Notizen:** Greifen Sie mit dieser Web-App auf die mit der App *Notizen* erstellten und in iCloud gespeicherten Notizen zu.
- **Erinnerungen:** Auch für Ihre mit der App *Erinnerungen* erstellten Listen und Aufgaben steht eine Web-App zur Verfügung, natürlich auch hier inklusive der Option, weitere Listen anzulegen und Aufgaben einzutragen.
- **Pages:** In dieser Web-App können Sie nicht nur auf Dokumente zugreifen, die Sie in der App *Pages* auf dem iPhone erstellt haben – es lassen sich auch neue Dokumente anlegen und direkt im Webbrowser bearbeiten.

Ich habe in der Web-App Pages ein neues Dokument auf der Basis einer Vorlage angelegt und kann dieses nun direkt im Webbrowser bearbeiten.

- **Numbers:** Diese Web-App bietet den Zugriff auf Tabellen und Diagramme, die Sie mit der App *Numbers* auf dem iPhone erstellt haben – sie bietet aber ebenfalls gleichzeitig das Anlegen und Bearbeiten neuer Dateien an.

iCloud: Datensicherung und Datenaustausch übers Internet

- **Keynote:** Schließlich können Sie mit dieser Web-App auch auf Präsentationen zugreifen, die Sie mit der App *Keynote* auf dem iPhone erstellt haben, sowie neue Dateien anlegen und bearbeiten.

- **Mein iPhone:** Wenn Sie auf Ihrem iPhone die iCloud-Option *Mein iPhone suchen* aktiviert haben, können Sie es mit dieser Web-App orten. Den genauen Vorgang beschreibe ich noch ausführlich in Kapitel 15.

- **Einstellungen:** Eine wichtige Web-App, in der Sie Ihre Familienfreigabe sowie Ihre iCloud-Geräte verwalten. Sie erhalten außerdem die Option, Ihre Apple-ID zu verwalten sowie gegebenenfalls die iCloud-Systemsteuerung auf Ihrem Windows-Computer zu installieren (dazu gleich noch mehr).

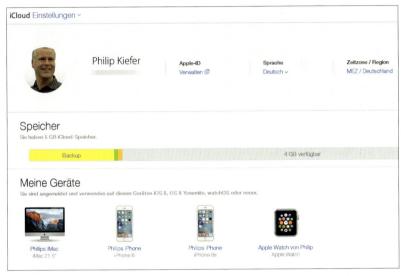

Greifen Sie in der Web-App Einstellungen auf Ihre Familienfreigabe und iCloud-Freigabe zu und verwalten Sie Ihre Apple-ID.

Wichtig auf fremden PCs: Speichern Sie bei der Anmeldung nicht Ihre Anmeldedaten und melden Sie sich nach einer Session jeweils ab, indem Sie rechts oben auf der iCloud-Website auf Ihren Benutzernamen klicken und im sich öffnenden Menü den Eintrag *Abmelden* wählen.

Die iCloud-Systemsteuerung unter Windows installieren

Wie Sie gesehen haben, erhalten Sie mithilfe des Webbrowsers Zugriff auf eine ganze Menge Ihrer in iCloud gespeicherten Daten. Auf einem Mac lassen sich alle diese Daten automatisch mit den entsprechenden Mac-Apps synchronisieren – dazu gehören dann auch noch Fotos, die Sie in den iCloud-

Fotostream geladen haben, sowie Lesezeichen, die Sie in Safari auf dem iPhone gespeichert haben.

Auch auf einem Windows-PC lassen sich Fotos, Lesezeichen sowie gegebenenfalls mit Outlook erstellte Kalender, Kontakte und Aufgaben synchronisieren. Installieren Sie dazu die iCloud-Systemsteuerung. Gerne zeige ich Ihnen Schritt für Schritt, wie Sie zur Installation und Anmeldung vorgehen:

1. Öffnen Sie die Webadresse *support.apple.com/kb/DL1455* und klicken Sie auf die Schaltfläche *Laden*, um die entsprechende Installationsdatei auf Ihren Windows-PC herunterzuladen. (Sie können auch bei Google nach *icloud-systemsteuerung* suchen und den ersten Treffer anklicken, um sich die Eingabe der komplizierten Webadresse zu sparen.)

2. Öffnen Sie die Installationsdatei nach dem Herunterladen. Hier z. B. doppelklicke ich auf dem Desktop darauf.

3. Es öffnet sich der Installationsassistent. Starten Sie die Installation mit *Installieren*. Nach der Installation klicken Sie auf *Fertigstellen*.

iCloud: Datensicherung und Datenaustausch übers Internet

4. Starten Sie den Computer neu und öffnen Sie anschließend *iCloud* im Startmenü. Melden Sie sich mit Ihrer Apple-ID an.

5. Bestimmen Sie per Kontrollkästchen, welche Daten Sie mit iCloud synchronisieren möchten. Wo eine *Optionen*-Schaltfläche vorhanden ist, können Sie noch detaillierte Einstellungen zur Synchronisierung vornehmen.

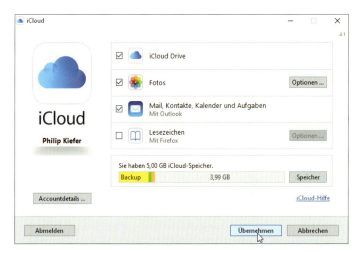

6. Der Zugriff auf die Lesezeichen erfolgt im Browser, der Zugriff auf Mails, Kontakte, Kalender und Aufgaben gegebenenfalls in Outlook und der Zugriff auf iCloud Drive ebenfalls in unterstützenden Programmen. Um auf die iCloud-Fotos zuzugreifen, wählen Sie den Eintrag *iCloud-Fotos* wie hier im Startmenü oder im Explorer unter *Dieser PC* aus. Übrigens: Die Startmenü-Einträge für E-Mails, Erinnerungen und Co. öffnen jeweils die entsprechende Web-App.

Für die Synchronisierung Ihrer Käufe im App Store, iTunes Store und iBooks Store verwenden Sie die Software iTunes, die ich Ihnen gleich als Nächstes vorstellen werde.

Datensicherung, Datenaustausch und Medienverwaltung mit iTunes

Mit der Software iTunes holen Sie sich eine kostenlose Software zur Verwaltung von Mediendateien auf Ihren PC, die es gleichzeitig erlaubt, Mediendateien mit dem iPhone zu synchronisieren. Auf einem Mac steht iTunes bereits zur Verfügung. Auf einem Windows-PC laden Sie iTunes unter der Webadresse *www.apple.com/de/iTunes* auf Ihren Computer und installieren die Software nach dem Download. Ein kleiner Hinweis: Die Darstellung erfolgt hier anhand eines Windows-PCs, die Menüführung auf einem Mac kann im einen oder anderen Fall leicht abweichen.

Laden Sie die Apple-Software iTunes kostenlos aus dem Internet und installieren Sie sie auf dem PC.

Ihre Mediendateien mit iTunes verwalten

Bevor Sie darangehen, Daten zwischen Ihrem iPhone und iTunes auszutauschen, machen Sie sich zunächst mit den wichtigsten iTunes-Funktionen vertraut. Mit iTunes lassen sich Mediendateien verwalten, aber auch wiedergeben. Auch der bereits auf dem iPhone kennengelernte iTunes Store ist enthalten, und Sie können darin noch komfortabler stöbern als auf dem iPhone.

Um in der Software iTunes den iTunes Store anzuzeigen, klicken Sie oben in iTunes auf *iTunes Store*. Welche Medieninhalte im iTunes Store angezeigt werden, bestimmen Sie mit den Symbolen links in der Leiste (♫ für Musik, 🎬 für Filme etc.). Wenn Sie den iTunes Store geöffnet haben, nutzen Sie das eingebaute Suchfeld, um den iTunes Store nach Medieninhalten aller Art zu durchsuchen.

Unter dem Symbol 👤⌄ oben in iTunes melden Sie sich mit Ihrer Apple-ID an, um Einkäufe tätigen zu können. Ein Einkauf im iTunes Store erfolgt genauso wie auf dem iPhone, d. h., Sie klicken auf den angezeigten Preis eines Songs, eines Albums, eines Films etc. und bestätigen anschließend wiederum per Mausklick den Kauf, um den Download der entsprechenden Datei zu starten.

Der iTunes Store auf dem PC funktioniert wie der auf dem iPhone, ist allerdings deutlich übersichtlicher.

Die gekauften Dateien finden Sie in Ihrer iTunes-Mediathek vor. Diese öffnen Sie, indem Sie in der Leiste oben in iTunes auf *Meine Musik*, *Meine Filme* etc. klicken – was in der Mediathek angezeigt wird, richtet sich erneut danach, welches

Symbol Sie in der Leiste oben ausgewählt haben (♪, ▯ etc.). Zu Beginn ist die Mediathek noch leer und iTunes bietet Ihnen an, diese per iTunes Store zu füllen bzw. gegebenenfalls auf dem Computer vorhandene Dateien zu importieren.

Hier lasse ich mir in der Mediathek meine Musik anzeigen, doch die Mediathek ist noch leer.

Um die Mediathek zu füllen, können Sie im iTunes Store einkaufen. Dabei stehen auch die Einkäufe zur Verfügung, die Sie bereits auf dem iPhone getätigt haben. Diese werden in der Mediathek automatisch angezeigt, wenn Sie sich unter dem Symbol ⓘ⌄ oben in iTunes mit Ihrer Apple-ID anmelden. Diese Einkäufe werden auch in iTunes am PC durch ein Wolkensymbol ☁ gekennzeichnet und lassen sich – wie schon auf dem iPhone kennengelernt – entweder herunterladen oder übers Internet streamen.

Nach der Anmeldung mit Ihrer Apple-ID stehen Ihnen in der iTunes-Mediathek die damit verknüpften Einkäufe zur Verfügung.

Datensicherung, Datenaustausch und Medienverwaltung mit iTunes

Sie möchten Dateien, die Sie auf anderen Geräten gekauft haben, automatisch auch in iTunes am PC laden? Dazu klicken Sie ganz links oben in iTunes auf das Symbol ▪▾ und wählen im sich öffnenden Menü den Eintrag *Einstellungen*. In den iTunes-Einstellungen klicken Sie oben auf *Store* und bestimmen anschließend im Abschnitt *Automatische Downloads* per Kontrollkästchen, welche Dateien automatisch heruntergeladen werden sollen. Beachten Sie zudem die weiteren Einstellungen unter *Store*, z. B. das bereits im Zusammenhang mit dem iPhone kennengelernte Deaktivieren von Ad-Tracking!

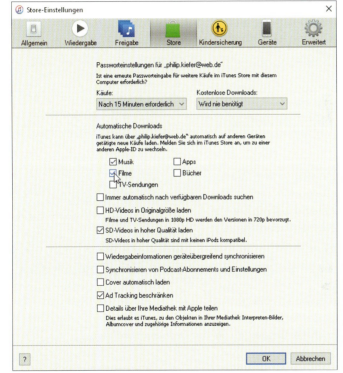

Automatische Downloads von Dateien, die Sie auf anderen Geräten gekauft haben, sind auch in iTunes am PC kein Problem.

> **Speicherort der iTunes-Mediathek**
>
> Ihre iTunes-Mediathek wird übrigens standardmäßig im Benutzerordner *Musik* gespeichert und dort im Unterordner *iTunes*. Doppelklicken Sie in diesem Unterordner wiederum auf *iTunes Media*, um auf die verfügbaren Mediendateien zuzugreifen. Sie können in iTunes übrigens auch mehrere Mediatheken anlegen, halten Sie dazu einfach beim Starten des Programms die ⇧-Taste (bzw. auf einem Mac die alt ⌥-Taste) gedrückt. Ihnen wird dann angeboten, eine neue Mediathek zu erstellen bzw. eine von mehreren iTunes-Mediatheken auszuwählen. Beim Starten ohne Taste wird jeweils die zuletzt verwendete Mediathek geladen.

Auf dem Computer befindliche Dateien in iTunes importieren

Der iTunes Store ist nicht die einzige Quelle, aus der Sie Mediendateien beziehen können. Wenn Sie bereits Mediendateien auf dem PC gespeichert haben, lassen sich diese – kompatible Formate vorausgesetzt – mit wenigen Handgriffen in iTunes importieren.

Beachten Sie: Wenn iTunes ein Format nicht unterstützt, ignoriert die Software die gewählten Dateien einfach. So gehen Sie zum Importieren eines ganzen Medienordners vor:

1. Klicken Sie links oben in iTunes auf das Symbol und entscheiden Sie sich zunächst für den Eintrag *Menüleiste einblenden*.

2. Entscheiden Sie sich in der daraufhin eingeblendeten Menüleiste für den Reiter *Datei* und wählen Sie im sich öffnenden Menü den Eintrag *Ordner zur Mediathek hinzufügen*.

3. Wählen Sie einen oder – bei gedrückter [Strg]-Taste (bzw. auf dem Mac die [cmd ⌘]-Taste) – mehrere Ordner aus, deren Inhalte Sie der Mediathek hinzufügen möchten. Bestätigen Sie mit *Ordner auswählen*.

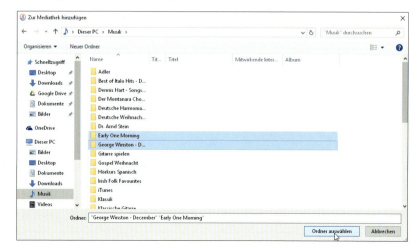

4. Die importierten Inhalte stehen anschließend in der iTunes-Mediathek zur Wiedergabe – sowie nachher auch zum Synchronisieren mit dem iPhone – zur Verfügung.

> **Andere Darstellung gewünscht?**
>
> Sie wünschen sich in der iTunes-Mediathek eine andere Darstellung? Rechts oberhalb der Mediathek finden Sie ein Ansichtsmenü. Klicken Sie es an, um sich z. B. statt der Alben einzelne Songs anzeigen zu lassen.

Audio-CDs in iTunes importieren

Sie verfügen über eine größere CD-Sammlung und möchten diese Musik ebenfalls auf dem iPhone verfügbar machen. Mit iTunes lassen sich Audio-CDs sehr einfach importieren. Voraussetzung ist natürlich, dass Ihr Computer über ein CD-Laufwerk verfügt. Bevor Sie eine Audio-CD in das Laufwerk einlegen, um diese zu importieren, nehmen Sie zunächst einige Importeinstellungen vor. Klicken Sie dazu links oben in iTunes auf das Symbol und wählen Sie *Einstellungen*.

In den *Einstellungen* unter *Allgemein* finden Sie das Menü *Beim Einlegen einer CD*. In diesem Menü können Sie auswählen, dass eine Audio-CD beim Einlegen – sofern iTunes geöffnet ist – automatisch importiert und ausgeworfen wird. Das wäre dann sinnvoll, wenn Sie vorhaben, eine größere CD-Sammlung zu importieren. Wichtiger ist aber die Schaltfläche *Importeinstellungen*, die Sie rechts neben dem Menü anklicken.

Lassen Sie sich in den iTunes-Einstellungen die Importeinstellungen anzeigen.

Standardmäßig werden Audio-CDs in hoher Qualität im AAC-Format importiert. Daran gibt es an sich nichts zu mäkeln, was die Wiedergabe auf dem iPhone betrifft. Für die Wiedergabe auch auf anderen Playern wäre jedoch das MP3-Format universeller. Meine Empfehlung ist deshalb die Importeinstellung *MP3-Codierer* und *Höhere Qualität*, die Sie über das Menü auswählen und mit *OK* bestätigen. Welche Importeinstellungen Sie selbst vornehmen, richtet sich aber ganz nach Ihren individuellen Bedürfnissen.

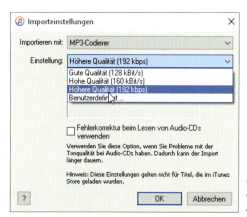

Hier entscheide ich mich für das Importieren von Audio-CDs im MP3-Format in höherer Qualität.

Nachdem Sie Ihre Importeinstellungen festgelegt haben, brauchen Sie nur noch die Audio-CD ins Laufwerk einzulegen und den Import zu starten.

Damit ein Hörbuch in iTunes als Hörbuch erkannt wird

Normalerweise kann iTunes die Titelinformationen zu importierten Audio-CDs automatisch aus dem Internet abrufen. Doch das klappt nicht immer. Ein krasser Fall ist es außerdem, wenn importierte Hörbücher der Musik-Mediathek hinzugefügt werden. Bevor Sie Ihre Mediendateien mit dem iPhone synchronisieren, sollten Sie in jedem Fall die Informationen anpassen, und zwar so:

1. Klicken Sie mit der rechten Maustaste auf ein Album (oder einen einzelnen Titel) und wählen Sie im Kontextmenü den Eintrag *Informationen*.

2. Wenn Sie, wie es bei einem Album der Fall ist, mehrere Titel gleichzeitig bearbeiten möchten, erscheint ein Hinweisfenster, das Sie mit *Objekte bearbeiten* bestätigen.

3. Im folgenden Informationsfenster können Sie unter *Details* Informationen zu Interpret, Album und Co. hinzufügen bzw. bearbeiten; unter *Cover* lässt sich entsprechend das Albumcover ändern bzw. überhaupt erst mal ein Cover einfügen. In meinem Fall soll ein Album statt der Musik-Mediathek der Hörbuch-Mediathek hinzugefügt werden, deshalb entscheide ich mich im Informationsfenster für *Optionen*.

4. Ich treffe unter *Medienart* folgerichtig die Auswahl *Hörbuch* und bestätige mit *OK*.

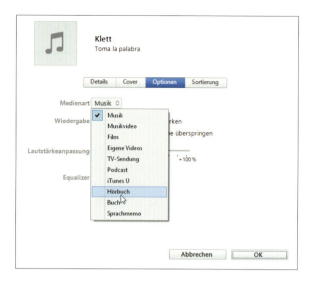

5. Das Hörbuch wird prompt in die entsprechende Mediathek verschoben. Das Abrufen derselben erfolgt in diesem Fall per Mausklick auf das Symbol ••• links oben in der Leiste und die anschließende Auswahl *Bücher* (Symbol 📖) und dann *Meine Hörbücher*.

Die Medienwiedergabe in iTunes am PC erfolgt ganz ähnlich wie die auf dem iPhone: Doppelklicken Sie auf eine Datei, um die Wiedergabe zu starten, verwenden Sie die Steuerelemente oben in iTunes, um die Wiedergabe zu steuern etc. Ich denke mal, dazu benötigen Sie nicht noch mal die entsprechenden Anleitungen, oder?

Das iPhone mit iTunes am PC verbinden

Nun geht's los! Nachdem Sie iTunes installiert und mit Mediendateien bestückt haben, können Sie endlich das iPhone anschließen. Beim ersten Mal verwenden Sie dazu in jedem Fall das dem iPhone beigelegte USB-Kabel. Später kann die Synchronisierung auch im WLAN erfolgen.

Wenn Sie das iPhone anschließen, wird dieses in iTunes automatisch erkannt, und es lässt sich in der Leiste oben unter dem Symbol ▢ auswählen. Ihnen wird nach dem Auswählen des iPhones in iTunes zunächst eine Übersicht angezeigt, die unterschiedliche Informationen und Optionen beinhaltet:

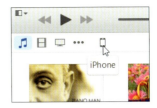

- *iPhone 6s* bzw. *iPhone 6s Plus*: In diesem Abschnitt finden Sie eine Angabe zur Speicherkapazität, Ihre Handynummer sowie die Seriennummer Ihres iPhones. Mit der Schaltfläche *Nach Updates suchen* können Sie Aktualisierungen am PC herunterladen und von dort auf das iPhone übertragen (alternativ zur Softwareaktualisierung, wie sie in Kapitel 15 beschrieben wird). Wenn Sie die Schaltfläche bei gedrückter ⇧-Taste (Mac: alt ⌥)- Taste) anklicken, können Sie aus dem Internet heruntergeladene Dateien manuell installieren. Mit der Schaltfläche *iPhone wiederherstellen* stellen Sie ein iPhone aus einem Backup wieder her.

Erhalten Sie Informationen zum iPhone sowie Optionen zum Aktualisieren oder Wiederherstellen über iTunes.

- *Backups*: In diesem Abschnitt legen Sie fest, ob Sie Ihre Backups in iCloud oder mithilfe von iTunes auf dem Computer sichern möchten. Sie können das iPhone-Backup verschlüsselt auf dem Computer speichern, indem Sie das entsprechende Kontrollkästchen aktivieren.

In diesem Fall habe ich mich für das iCloud-Backup entschieden, doch auch die Datensicherung auf dem Computer ist möglich.

- *Optionen*: In diesem Abschnitt bestimmen Sie per Kontrollkästchen insbesondere, ob die Synchronisierung mit dem verbundenen iPhone automatisch erfolgen soll oder nicht und ob die Verbindung auch im WLAN erfolgen darf, sodass Sie sich zukünftig das Verbinden mit dem USB-Kabel sparen.

Sie bestimmen selbst, wie verbunden und synchronisiert wird.

> **Den iPhone-Speicher im Blick**
>
> Wenn Sie Ihr iPhone in iTunes auswählen, wird ganz unten in der Bedienoberfläche eine bunte Leiste angezeigt, in der Sie – geordnet nach Themen – über die Speicherbelegung des iPhones in Kenntnis gesetzt werden.

Daten zwischen iPhone und PC synchronisieren

Links neben der Übersicht wird eine Leiste eingeblendet, in der Sie die Abschnitte *Einstellungen* sowie *Auf meinem Gerät* sehen. Unter *Auf meinem Gerät* lassen Sie sich später anzeigen, welche Dateien synchronisiert wurden. Unter *Einstellungen* bestimmen Sie aber zunächst mal, welche Dateien synchronisiert werden sollen. Wählen Sie hierzu jeweils eine Rubrik per Mausklick aus. Um eine Synchronisierung manuell vorzunehmen, finden Sie rechts unten in iTunes eine entsprechende Schaltfläche.

Wählen Sie in der Leiste links aus, welche Synchronisierungseinstellungen Sie vornehmen möchten.

Apps

Wählen Sie *Apps*, um Apps zwischen iTunes und iPhone zu synchronisieren. Das kann z. B. dann Sinn machen, wenn Sie nicht über ein WLAN verfügen und Apps deshalb lieber am Computer herunterladen, um Sie dann auf das iPhone zu übertragen. Wählen Sie einfach die zugehörige Schaltfläche *Installieren*, um eine App auf dem iPhone zu installieren.

Installieren Sie Apps, die Sie mit iTunes heruntergeladen haben, auf Ihrem iPhone.

Ebenfalls sehr praktisch für die App-Organisation: Doppelklicken Sie auf eine Seite des Home-Bildschirms, um Apps bei gedrückter Maustaste zu verschieben – auch auf eine andere Seite – oder um App-Ordner zu erstellen. Mithilfe der Maus gelingt dieses doch um einiges komfortabler als direkt auf dem iPhone.

Ordnen Sie Ihre Apps in iTunes am PC an.

14 ▪ Mit iCloud & iTunes Daten sichern und austauschen

Unterhalb der Ansicht mit den Apps und Seiten des Home-Bildschirms finden Sie den Abschnitt *Freigabe*. Hier findet der Dateiaustausch mit Apps statt, die diese Möglichkeit anbieten. Wählen Sie dazu links eine App aus. Rechts werden die verfügbaren Dateien angezeigt, die mit *Speichern als* auf den PC heruntergeladen werden können. Mit *Datei hinzufügen* lassen sich Dateien vom PC in eine App laden.

Der Dateiaustausch mit einzelnen Apps findet im Abschnitt »Freigabe« statt.

Musik, Filme, Bücher etc.

Die Synchronisierung von Musik, Filmen und weiteren Mediendateien erfolgt auf jeweils ähnliche Weise, d. h., Sie wählen die jeweilige Rubrik in der Leiste links aus und bestimmen rechts, welche Dateien synchronisiert werden sollen. Lassen Sie mich Ihnen die Vorgehensweise am Beispiel der Synchronisierung von Musikdateien vorstellen.

1. Entscheiden Sie sich – bei ausgewähltem iPhone – in der Leiste links für die Rubrik *Musik*.

Datensicherung, Datenaustausch und Medienverwaltung mit iTunes

2. Aktivieren Sie das Kontrollkästchen *Musik synchronisieren*.

3. Bestätigen Sie gegebenenfalls mit der Schaltfläche *Entfernen und Synchronisieren*.

4. Entscheiden Sie, ob die gesamte in iTunes verfügbare Musik synchronisiert werden soll oder lediglich eine von Ihnen getroffene Auswahl. Bestimmen Sie außerdem, ob Sprachmemos und Musikvideos in die Synchronisierung einbezogen werden sollen oder nicht.

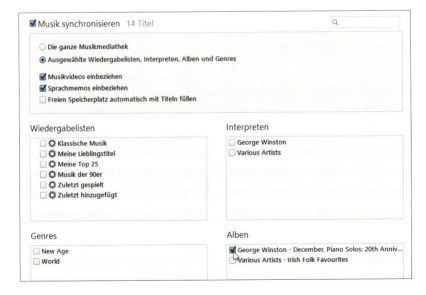

5. Bestätigen Sie rechts unten in iTunes mit *Anwenden*, um die Synchronisierung durchzuführen.

Auch Wiedergabelisten lassen sich synchronisieren – und diese lassen sich in iTunes am PC ebenfalls komfortabler anlegen als in iTunes auf dem iPhone. Zum Erstellen einer Wiedergabeliste klicken Sie links oben in iTunes auf das Symbol ▣▾, wählen *Neu* und dann *Neue Wiedergabeliste*. Der Zugriff auf Ihre Wiedergabelisten erfolgt bei eingeblendeter Musik-Mediathek über den Eintrag *Wiedergabelisten* in der Leiste oben in iTunes.

Fotos

Fotos synchronisieren Sie im Prinzip ebenso. Das Besondere hier: Bilderordner, die Sie für die Synchronisierung auswählen, werden auf dem iPhone als Alben angelegt – jeder Ordner wird zu einem Album. Bringen Sie deshalb zunächst auf Ihrem PC Ordnung in Ihre Bildersammlung, bevor Sie diese mit dem iPhone synchronisieren.

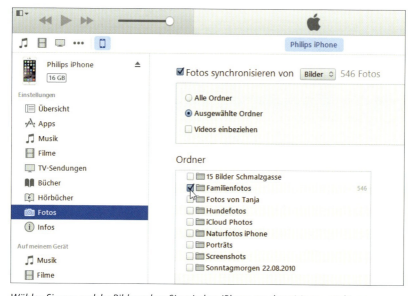

Wählen Sie aus, welche Bilderordner Sie mit dem iPhone synchronisieren möchten.

Eine weitere Besonderheit: Synchronisierte Alben lassen sich nicht direkt auf dem iPhone löschen. Sie müssen das entsprechende Häkchen wieder in iTunes entfernen und die Synchronisierung erneut starten, um das Album vom iPhone zu löschen.

Der synchronisierte Bilderordner wird auf dem iPhone automatisch zu einem Album.

Infos

Unter *Infos* lassen sich schließlich Infodaten synchronisieren: Kontakte, Termine, Mail-Accounts sowie Notizen und Lesezeichen. Das klappt aber nur dann, wenn Sie nicht die entsprechende iCloud-Synchronisierungsoption ausgewählt haben. Eine weitere Voraussetzung ist, dass auf Ihrem PC ein kompatibles Programm zur Verfügung steht, z. B. eine unterstützte Outlook-Version. Die Auswahl erfolgt ansonsten wie gehabt.

Auch Kontakte, Kalender, Mail-Accounts sowie Notizen und Lesezeichen lassen sich zwischen iPhone und iTunes synchronisieren.

iPhone-Klingeltöne mit iTunes erstellen

An dieser Stelle möchte ich ein in Kapitel 4 gemachtes Versprechen einlösen und Ihnen Schritt für Schritt zeigen, wie Sie aus einem in iTunes gespeicherten Musikstück einen iPhone-Klingelton zaubern und diesen anschließend auf Ihr iPhone übertragen. Das mag anfangs etwas kompliziert erscheinen, ist aber doch eine simple Sache.

1. Der erste Schritt ist nur notwendig, wenn Sie in iTunes, wie im Zusammenhang mit dem Importieren von Audio-CDs erwähnt, die Importeinstellungen verändert haben.

Wählen Sie unter dem Symbol ▭▾ den Eintrag *Einstellungen*, klicken Sie unter *Allgemein* auf die Schaltfläche *Importeinstellungen* und wählen Sie im Menü *Importieren mit* den Eintrag *AAC-Codierer*. Bestätigen Sie mit *OK*.

2. Klicken Sie das Musikstück, aus dem Sie einen Klingelton erstellen möchten, mit der rechten Maustaste an und wählen Sie *Informationen*.

3. Im Informationsfenster klicken Sie auf *Optionen* und bestimmen unter *Start* und *Stopp* die Dauer des Musikstücks so, dass diese maximal 40 Sekunden beträgt. In diesem Fall wähle ich einfach den Stopp bei der 40. Sekunde und bestätige die Einstellung mit *OK*.

4. Klicken Sie den Titel erneut mit der rechten Maustaste an. Wählen Sie im Kontextmenü den Eintrag *AAC Version erstellen*.

5. Klicken Sie die neu erstellte Datei mit 40 Sekunden Dauer mit der rechten Maustaste an und wählen Sie im Kontextmenü den Eintrag *In Windows Explorer zeigen*. Sie können auf die Datei auch direkt im Musikordner unter *iTunes\iTunes Media\Music* und dort im entsprechenden Album zugreifen.

6. Der Dateityp muss bei der Datei angezeigt werden. Im Windows-Explorer aktivieren Sie dazu einfach unter *Ansicht* das Kontrollkästchen *Dateinamenerweiterungen*.

7. Klicken Sie die Datei zweimal langsam hintereinander an und ändern Sie den Dateityp von .m4a in .m4r. Bestätigen Sie mit der ⏎-Taste und klicken Sie im folgenden Hinweisfenster auf *Ja*.

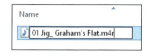

8. Importieren Sie die so erstellte Klingeltondatei in iTunes. Sie kann dann wie Musik, Filme und Co. mit dem iPhone synchronisiert werden.

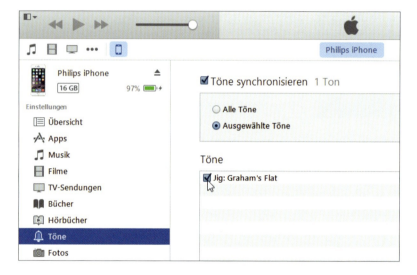

9. Auf dem iPhone lässt sich die so synchronisierte Datei nun als Klingelton auswählen. Klingeltonkäufe gehören der Vergangenheit an!

Ach ja: Vergessen Sie nicht, bei der Originaldatei wieder die Beschränkung auf eine Dauer von 40 Sekunden zu entfernen!

Auf Ihre iTunes-Mediathek per Privatfreigabe zugreifen

Sie können auf Ihre iTunes-Mediathek auch ohne Synchronisierung zugreifen. Dies erfolgt durch eine auf Ihrer Apple-ID basierenden Privatfreigabe. Die Privatfreigabe muss sowohl in iTunes am PC als auch auf dem iPhone aktiviert werden. So geht's:

- iTunes: Klicken Sie links oben in iTunes auf das Symbol ▭▾ und wählen Sie unter *Mediathek* den Eintrag *Privatfreigabe aktivieren*. Geben Sie anschließend Ihre Apple-ID ein und bestätigen Sie per Schaltfläche *Privatfreigabe aktivieren*. Klicken Sie zum Abschluss des Vorgangs auf *Fertig*.

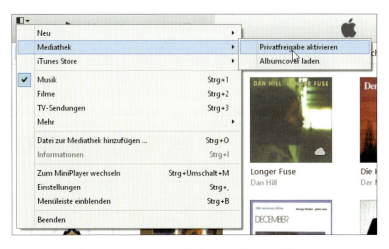

So aktivieren Sie die Privatfreigabe in iTunes am PC.

- iPhone: Auf dem iPhone erfolgt die Aktivierung der Privatfreigabe in den *Einstellungen* entweder unter *Musik* oder unter *Videos*, jeweils im Abschnitt *Privatfreigabe*. Geben Sie auch hier Ihre Apple-ID ein.

Auf dem iPhone erfolgt die Aktivierung der Privatfreigabe durch Eingabe der Apple-ID in den iPhone-Einstellungen.

Der Zugriff auf die iTunes-Mediathek erfolgt in der App *Musik* sowie in der App *Videos*. Tippen Sie in der Musik-App in der Rubrik *Meine Musik* auf das Auswahlmenü und dann auf *Privatfreigabe*, um die freigegebene Mediathek auswählen zu können. In der App *Videos* wählen Sie direkt die Rubrik *Freigegeben*.

 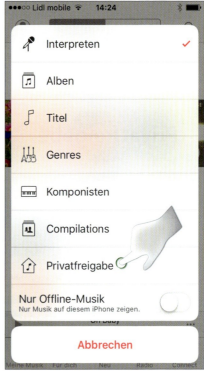

Musik und Videos vom PC auf das iPhone streamen – das geht per Privatfreigabe.

> **Das iPhone als Fernsteuerung verwenden**
>
> Um Ihr iPhone als Fernsteuerung für iTunes am PC, aber auch für ein Apple TV einzusetzen, holen Sie sich die kostenlose Apple-App *Remote* aus dem App Store. Aktivieren Sie auch in dieser App die Privatfreigabe, um auf eine freigegebene Mediathek bzw. das Apple TV zugreifen zu können.

Mit AirDrop Dateien mit anderen Apple-Nutzern austauschen

Eine weitere Option zum schnellen Austauschen von Dateien zwischen Ihrem iPhone und anderen Apple-Geräten (allerdings nur solchen neueren Datums) nennt sich AirDrop. Wählen Sie im Kontrollzentrum *AirDrop* und entscheiden Sie zunächst, wem Sie eine AirDrop-Verbindung erlauben möchten – jedem oder nur auf dem iPhone gespeicherten Kontakten?

Legen Sie im Kontrollzentrum fest, wem Sie eine AirDrop-Verbindung erlauben möchten.

Wenn AirDrop aktiviert ist, tippen Sie in einer App – z. B. in der App *Fotos* – auf das Symbol ⬆︎, um das ausgewählte Element mit AirDrop zu versenden. Wählen Sie den AirDrop-Nutzer aus, an den der Versand erfolgen soll. Der andere Nutzer sieht auf seinem Gerät, dass eine Datei übertragen wird, und muss lediglich die Annahme bestätigen.

Wählen Sie eine Person aus, um die Datei via AirDrop an diese zu versenden.

Kapitel 15

Von Akku bis Zurücksetzen: Wartung und Sicherheit

In diesem letzten Kapitel möchte ich Ihnen noch einige Hinweise zum Thema Wartung und Sicherheit des iPhones geben – damit Sie Schwierigkeiten von vornherein vermeiden können. Lesen Sie unter anderem, wie Sie die Akkulaufzeit Ihres iPhones erhöhen, wie Sie Ihr iPhone vor unbefugten Zugriffen schützen, wie Sie Speicher- und Datenfresser entlarven oder ein verloren geglaubtes iPhone orten. Sie werden sehen: Auch das ist mit dem iPhone alles ganz einfach!

So hält der Akku möglichst lange durch

Für das, was Sie mit dem iPhone alles anstellen, hält der Akku schon recht lange. Doch Sie werden sich, besonders dann, wenn Sie unterwegs sind, eine noch längere Akkulaufzeit wünschen. Beherzigen Sie in diesem Zusammenhang die folgenden Tipps:

- Aktivieren Sie, wenn Sie gerade nicht den vollen Funktionsumfang Ihres iPhones benötigen, den *Stromsparmodus*, und zwar in den *Einstellungen* unter *Batterie*. Der Stromsparmodus unterbindet oder reduziert das automatische Abrufen von E-Mails, die Dauerbereitschaft von Siri auf dem iPhone 6s und 6s Plus („Hey Siri"), Hintergrundaktualisierungen von Apps sowie automatische Downloads und unnötige visuelle Effekte. Den aktivierten Stromsparmodus erkennen Sie am gelben Batteriesymbol in der Statusleiste.

359

- Muss das Display wirklich so hell beleuchtet sein? Falls nicht, dimmen Sie es mithilfe des Schiebereglers im Kontrollzentrum. Deaktivieren Sie in den iPhone-Einstellungen unter *Anzeige & Helligkeit* die Option *Auto-Helligkeit*. Wenn Sie Ihr iPhone gerade nicht benötigen, warten Sie nicht, bis das Display sich von alleine abschaltet, sondern sperren Sie das iPhone per Ein-/Ausschalter.

- Sie benötigen die schnelle Internetverbindung übers Mobilfunknetz bzw. möchten gar keine mobilen Daten senden oder empfangen? Deaktivieren Sie in den *Einstellungen* unter *Mobiles Netz* die entsprechenden Optionen, um den Akku zu schonen.

- Deaktivieren Sie auch weitere nicht benötigte Funktionen, die Strom verbrauchen: Benötigen Sie Bluetooth im Moment? Falls nicht, deaktivieren Sie die Funktion im Kontrollzentrum. Brauchen Sie die Ortungsdienste in nächster Zeit? Wenn nicht, deaktivieren Sie diese in den *Einstellungen* unter *Datenschutz* und dort unter *Ortungsdienste*. Nutzen Sie die Push-Option zum automatischen Empfang neuer E-Mails? Sofern nicht benötigt, deaktivieren Sie auch diese Option, und zwar in den *Einstellungen* unter *Mail, Kontakte, Kalender* und dort unter *Datenabgleich*.

- Wie Sie bereits wissen, können zahlreiche Apps im Hintergrund weiterlaufen, während Sie eine andere App benutzen. Beenden Sie nicht mehr benötigte Hintergrund-Apps, indem Sie diese im App-Umschalter (Sie erinnern sich: zweimal schnell hintereinander die Home-Taste drücken, um den App-Umschalter zu öffnen) nach oben aus dem Display

schieben. Sie können außerdem in den *Einstellungen* unter *Allgemein* und dort unter dem Eintrag *Hintergrundaktualisierung* die Hintergrundaktualisierung für Apps insgesamt oder für einzelne Apps verbieten.

> **Den Akku perfekt im Griff**
>
> Für den schnellen Check, wie viel Akkukapazität für verschiedene Einsatzzwecke noch zur Verfügung steht, empfehle ich Ihnen die App *Battery Life Pro*, die bei Redaktionsschluss gratis erhältlich war. Verschaffen Sie sich mit dieser App außerdem einen Überblick über die laufenden Prozesse sowie die Speicherauslastung.

Um die größten Stromfresser zu ermitteln, schauen Sie sich regelmäßig an, welche Apps in den jeweils letzten Tagen am meisten am Akku gesaugt haben. Entscheiden Sie sich dazu in den iPhone-Einstellungen für *Batterie*. Scrollen Sie zum Abschnitt *Batterienutzung*. Warten Sie einen Moment, bis die Daten zur Batterienutzung geladen sind, um die gewünschte Statistik zu erhalten.

Ermitteln Sie in den iPhone-Einstellungen, welche Ihrer Apps besonders viel Strom verbrauchen.

Den iPhone-Speicher voll unter Kontrolle

Um den iPhone-Speicher zu verwalten, gehen Sie in den *Einstellungen* auf *Allgemein* und dann auf *Speicher- & iCloud-Nutzung*. Im Abschnitt *Speicher* wird Ihnen zunächst mal angezeigt, wie viel Speicher belegt und wie viel noch frei ist. Wundern Sie sich nicht, dass bei der Addition der Werte etwas fehlt – denn auch das Betriebssystem iOS und die Standard-Apps benötigen Speicherplatz – und das nicht zu knapp. Um eine Übersicht über die auf Ihrem iPhone installierten Apps zu erhalten, und zwar nach Speicherbedarf sortiert, tippen Sie auf den Eintrag *Speicher verwalten*.

Verwalten Sie den buchstäblich kostbaren iPhone-Speicher aktiv.

Sie erhalten die gewünschte Übersicht und können einen Speicherfresser direkt an Ort und Stelle löschen.

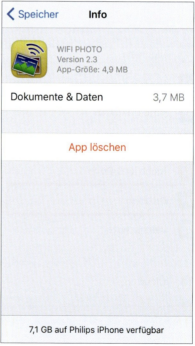

Entlarven Sie Speicherfresser und löschen Sie diese gegebenenfalls direkt vom iPhone.

Mit den mobilen Daten sparsam umgehen

Tippen Sie ihn dazu in der Übersicht an und wählen Sie *App löschen*. Diese Funktion kann übrigens auch weiterhelfen, wenn sich eine App einmal nicht direkt auf dem Home-Bildschirm löschen lässt, was bei mir in meiner langjährigen iPhone-Karriere aber erst ein- oder zweimal vorkam.

Mit den mobilen Daten sparsam umgehen

Sie wissen bereits, dass die mobilen Daten einen teils erheblichen Stromverbrauch verursachen können. Hinzu kommt, dass bei einem Vertrag meist das verfügbare schnelle Datenvolumen stark begrenzt ist. Legen Sie deshalb genau fest, welche Apps die mobilen Daten verwenden dürfen und welche nicht.

Tippen Sie dazu in den iPhone-Einstellungen auf *Mobiles Netz* und scrollen Sie nach unten zum Abschnitt *Mobile Daten verwenden*. Sie erhalten eine alphabetisch sortierte Übersicht über diejenigen Apps, die die mobilen Daten verwenden. Per Schalter können Sie die mobilen Daten hier für einzelne Apps deaktivieren. Unten finden Sie übrigens den Eintrag *Systemdienste*, der mit interessanten Infos aufwartet, welche iOS-Funktionen wie viel Datenvolumen beanspruchen.

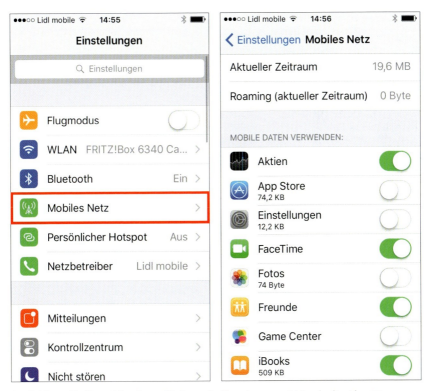

Deaktivieren Sie die mobilen Daten für Apps, die Sie unterwegs nicht unbedingt benötigen.

Schützen Sie Ihr iPhone vor unbefugten Zugriffen

Mit der Zeit werden Sie Ihr iPhone mit sehr vielen privaten Daten füllen: mit E-Mails, Kontakten, Fotos und mit noch vielem mehr. Zumindest dann, wenn Sie unterwegs sind, sollten Sie Ihr iPhone deshalb vor unbefugten Zugriffen schützen. Nicht zuletzt dank der schnellen Touch ID auf dem iPhone 6s und iPhone 6s Plus schränkt das den Bedienkomfort kaum ein. Werfen Sie einen näheren Blick auf die diesbezüglichen Funktionen.

Das iPhone mit einer Code-Sperre sichern

Sie werden bereits bei der Inbetriebnahme Ihres iPhone 6s oder iPhone 6s Plus dazu aufgefordert, einen sechsstelligen Code einzugeben, den Sie dann beim Entsperren Ihres iPhones eintippen müssen (früher war der Code nur vierstellig). Sie können den sechsstelligen Code durch einen einfacheren vierstelligen Code oder durch einen noch sichereren mehrstelligen Code ersetzen. Bestimmen Sie außerdem, auf welche Daten auch im Sperrzustand zugegriffen werden darf.

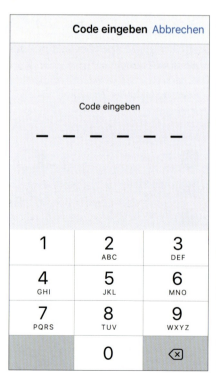 

Um die Einstellungen zu »Touch ID & Code« bearbeiten zu können, muss zunächst der bereits vorhandene Code eingegeben werden.

Entscheiden Sie sich in den iPhone-Einstellungen für den Eintrag *Touch ID & Code*. Diese Optionen bieten sich Ihnen:

- *Code aktivieren* bzw. *Code deaktivieren:* Wählen Sie diese Option, um einen Code anzulegen bzw. um einen bestehenden Code zu deaktivieren. Dazu ist jeweils die Eingabe des Codes erforderlich.

- *Code ändern:* Finden Sie das eigene Geburtsdatum als Code nicht mehr sicher genug? Dann tippen Sie auf *Code ändern*, um einen anderen Code zum Schutz Ihres iPhones einzugeben. Während der Eingabe lassen sich andere Codeoptionen aufrufen, die da lauten: *Eigener alphanumerischer Code* (Buchstaben und Ziffern), *Eigener numerischer Code* sowie *Vierstelliger numerischer Code*.

- *Code anfordern:* Hier ist die Voreinstellung, dass der Code sofort nach dem Sperren des iPhones angefordert wird, bereits aktiviert.

- *Sprachwahl:* Diese Option betrifft lediglich die Sprachsteuerung für die Musikwiedergabe. Da sie kein wirkliches Sicherheitsrisiko darstellt, kann sie in der Regel aktiviert bleiben.

- *Im Sperrzustand Zugriff erlauben:* In diesem Abschnitt können Sie verschiedenen Funktionen per Schalter den Zugriff auf dem Sperrbildschirm untersagen, etwa der Spracherkennung Siri oder der Mitteilungsansicht.

- *Daten löschen:* Wenn Sie diese Option aktivieren, dürfen Sie sich bei der Eingabe des Codes nicht zu oft vertippen – nach zehn Fehlversuchen werden alle Daten vom iPhone gelöscht.

Die Touch ID zum Entsperren und für Einkäufe verwenden

Sowohl das iPhone 6s als auch das iPhone 6s Plus verfügen über einen Fingerabdrucksensor, der in die Home-Taste integriert wurde. Er ermöglicht es, das iPhone mittels Touch ID zu entsperren oder den Fingerabdruck als Alternative zur Apple-ID bei Einkäufen im App Store, im Tunes Store oder im iBooks Store zu verwenden. Nach einem Neustart müssen sowohl der Code als auch das zur Apple-ID gehörende Passwort jeweils einmalig eingegeben werden – Sie müssen sich Ihre Zugangsdaten also trotz Touch ID merken.

Gut zu wissen: Bereits mit iOS 8 wurde die Touch ID auch für App-Anbieter geöffnet, d. h., diese kann also gegebenenfalls auch verwendet werden, um Zugriff auf eine App zu erhalten. Die Fingerabdrücke bleiben in jedem Fall auf Ihrem iPhone gespeichert und werden nicht übers Internet verschickt, so lautet das Versprechen von Apple.

15 ▪ Von Akku bis Zurücksetzen: Wartung und Sicherheit

Das Einrichten der Touch ID erfolgt wie das Einrichten des Codes in den *Einstellungen* unter *Touch ID & Code*. Bestimmen Sie im Abschnitt *Touch ID verwenden für* zunächst, für welche Zwecke Sie die Touch ID einsetzen möchten. Im Abschnitt *Fingerabdrücke* legen Sie dann bis zu fünf Finger an. Tippen Sie dazu auf *Fingerabdruck hinzufügen*.

So fügen Sie Fingerabdrücke für die Touch ID hinzu.

Folgen Sie zum Hinzufügen des Fingerabdrucks den Anweisungen auf dem Display. Sie müssen einfach den Finger mehrmals auf den Sensor legen und wieder hochheben – so lange, bis der gesamte Fingerabdruck erfasst wurde.

> **Fingerabdruckerkennung verbessern**
>
> Ihnen passiert es häufiger, dass Sie einen angelegten Finger auf die Home-Taste legen, aber das iPhone nicht prompt entsperrt wird? Dann versuchen Sie es mit folgendem Trick: Verbessern Sie die Fingerabdruckerkennung, indem Sie denselben Finger gleich mehrfach hinzufügen.

Die Nano-SIM-Karte durch eine SIM-Sperre schützen

Die SIM-Sperre haben Sie bereits im Zusammenhang mit dem Entsperren der Nano-SIM-Karte kennengelernt. Grundsätzlich ist die SIM-Sperre eine nützliche Einrichtung, denn damit schützen Sie die Funktionen der Nano-SIM-Karte, damit diese nicht einfach in einem anderen Mobiltelefon weiterverwendet werden kann.

Das Einrichten der SIM-Sperre erfolgt, Sie erinnern sich, in den *Einstellungen* unter *Telefon*, indem Sie sich dort für den Eintrag *SIM-PIN* entscheiden, die Option *SIM-PIN* aktivieren und die zugehörige Geheimzahl eintippen, die Sie zusammen mit der Nano-SIM-Karte erhalten haben.

Aktivieren Sie die Option »SIM-PIN«, um die Nano SIM-Karte vor unbefugter Benutzung zu schützen.

Wechseln Sie regelmäßig das zu Ihrer Apple-ID gehörende Passwort

Schließlich gehört zum Thema Sicherheit auch Ihre Apple-ID bzw. das zur Apple-ID gehörende Passwort. Auch im Zusammenhang mit Ihrer Apple-ID werden eine Menge Daten gespeichert, die es unbedingt zu schützen gilt. Ich empfehle Ihnen, das Passwort in regelmäßigen Abständen zu ändern.

Ein sicheres Passwort besteht aus einer willkürlichen Folge von Groß- und Kleinbuchstaben, Ziffern sowie Sonderzeichen. Verwenden Sie als Passwort nicht die Namen von Familienmitgliedern oder Haustieren oder sonstige einfach zu erratende Passwörter! Um das zu Ihrer Apple-ID gehörende Passwort zu ändern, gehen Sie folgendermaßen vor:

1. Öffnen Sie in Safari die Webseite *appleid.apple.com*. Auf dem iPhone ist die Darstellung ziemlich klein, Sie können die Passwortänderung alternativ auch im Browser am PC durchführen.

2. Tippen Sie auf der Webseite auf die Schaltfläche *Apple-ID verwalten*. Falls Sie Ihr Passwort vergessen haben und dieses zurücksetzen möchten, wählen Sie *Zurücksetzen Ihres Passworts*.

15 ▪ Von Akku bis Zurücksetzen: Wartung und Sicherheit

3. Geben Sie Ihre Apple-ID und das bisherige Passwort ein. Bestätigen Sie mit einem Fingertipp auf *Anmelden*.

4. Im nächsten Schritt tippen Sie links auf den Eintrag *Passwort und Sicherheit*. Geben Sie die Sicherheitsfragen ein, die Sie beim Anlegen der Apple-ID mit erstellt haben, und senden Sie diese an Apple.

5. Nachdem dies erfolgt ist, bietet sich Ihnen die Option *Passwort ändern*. Tippen Sie diese an.

6. Geben Sie zunächst einmal das bisherige und dann zweimal das neue Passwort ein. Die Passwortstärke wird Ihnen angezeigt. Achten Sie darauf, dass der Hinweis *sicher* ausgegeben wurde, bevor Sie mit *Passwort ändern* bestätigen.

Ein verloren geglaubtes iPhone übers Internet orten

Ihr iPhone ist Ihnen während einer Busfahrt aus der Tasche gerutscht oder Sie haben es beim Shoppen in der Umkleidekabine verloren? Kein Problem, denn Ihr iPhone lässt sich übers Internet orten. Voraussetzung ist, dass das iPhone eingeschaltet ist und dass Sie in den *Einstellungen* unter *iCloud* die Option *Mein iPhone suchen* festgelegt haben.

Aktivieren Sie hier ruhig auch die Option *Letzten Standort senden*, um den letzten Standort im Internet zu speichern, wenn der Akku schlapp macht.

Die Option *Mein iPhone suchen* empfehle ich in jedem Fall zu aktivieren, da sie den zusätzlichen Vorteil bietet, dass bei eingeschalteter Option ein iPhone nicht ohne Eingabe des zur Apple-ID gehörenden Passworts zurückgesetzt bzw. aktiviert werden kann. Ein potenzieller Dieb könnte mit dem Gerät also relativ wenig anfangen.

Das Orten des iPhones kann entweder in einem Webbrowser erfolgen oder alternativ mit der App *iPhone-Suche*, die unter iOS 9 standardmäßig im Ordner *Extras* zur Verfügung steht. Für die Ortung anderer Nutzer (sofern diese es wünschen) steht dort übrigens auch die App *Meine Freunde suchen* zur Verfügung.

Hier stelle ich die Ortung des iPhones Schritt für Schritt im Browser am PC dar:

1. Öffnen Sie die Webadresse *www.icloud.com* und melden Sie sich mit Ihrer Apple-ID an.

2. Klicken Sie im nächsten Schritt auf *Mein iPhone* und geben Sie – dies ist aus Sicherheitsgründen erforderlich – erneut das zu Ihrer Apple-ID gehörende Passwort ein.

Ein verloren geglaubtes iPhone übers Internet orten

3. Klicken Sie in der Leiste oben auf das dort angezeigte Menü *Alle Geräte*, um alle Geräte einzublenden, bei denen die Suchoption aktiviert ist.

4. Wählen Sie in der Geräteliste Ihr iPhone aus.

5. Der Standort des iPhones wird auf der Karte hervorgehoben. Gleichzeitig wird ein Menü mit verschiedenen Optionen eingeblendet.

371

Die eingeblendeten Optionen verwenden Sie, wenn Sie denken, dass es länger dauern wird, bis Sie wieder an Ihr iPhone gelangen – oder wenn Sie dies gar nicht mehr erhoffen. Dies sind die Optionen:

- *Ton abspielen:* Wenn Sie sich für diese Option entscheiden, wird auf dem iPhone ein lauter Signalton wiedergegeben und es erscheint ein Hinweis auf dem Display. Diese Option kann übrigens auch dann hilfreich werden, wenn Sie Ihr iPhone mal im Haus verlegt haben.

- *Modus „Verloren":* Mit dieser Option versehen Sie Ihr iPhone aus der Ferne mit einer Code-Sperre, falls Sie eine solche zuvor nicht schon eingerichtet hatten. Sie können außerdem Ihre Rufnummer für die Kontaktaufnahme durch den ehrlichen Finder auf dem iPhone anzeigen lassen.

- *iPhone löschen:* Nur im äußersten Notfall machen Sie von dieser Option Gebrauch, bei der das iPhone auf den ursprünglichen Zustand zurückgesetzt wird.

Ihr iPhone wurde geklaut? Dann löschen Sie sämtliche Daten, damit wenigstens diese nicht in unbefugte Hände fallen.

Versehentliche In-App-Käufe von vornherein ausschließen

Auf Ihrem iPhone steht auch eine Kindersicherung zur Verfügung, die es Ihnen ermöglicht, die Nutzung verschiedener Apps zu verbieten bzw. einzuschränken. Das ist nicht nur hilfreich, wenn ein Kind Ihr iPhone mitbenutzt. Sie können sich damit auch selbst vor der Nutzung ungewünschter Funktota schützen. Lassen Sie mich Ihnen als Beispiel zeigen, wie Sie versehentliche In-App-Käufe von vornherein ausschließen:

Versehentliche In-App-Käufe von vornherein ausschließen

1. Entscheiden Sie sich in den *Einstellungen* für den Eintrag *Allgemein* und wählen Sie anschließend *Einschränkungen*.

2. Tippen Sie auf *Einschränkungen aktivieren* und geben Sie zweimal einen vierstelligen Code ein, den Sie dann später zum Entsperren der Einschränkungen benötigen werden.

3. Sie können nun eine Vielzahl von Einstellungen vornehmen: Im Abschnitt *Erlauben* lassen sich einzelne Apps deaktivieren, die dann vom Home-Bildschirm entfernt werden, im Abschnitt *Zulässiger Inhalt* legen Sie Altersfreigaben fest oder sperren nicht jugendfreie Inhalte in der App *Safari*, im Abschnitt *Datenschutz* lassen sich Änderungen an datenschutzrelevanten Einstellungen untersagen, im Abschnitt *Änderungen zulassen* legen Sie fest, ob diverse Daten – etwa im Hinblick auf die Hintergrundaktualisierung von Apps – geändert werden dürfen oder nicht, im Abschnitt *Game Center* schließlich entscheiden Sie, in welchem Umfang das Game Center genutzt werden darf. Um In-App-Käufe zu verbieten, deaktivieren Sie im Abschnitt *Zulässiger Inhalt* die Option *In-App-Käufe*.

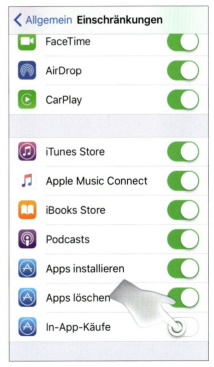

Für den Kinderschutz oder zum Selbstschutz: Definieren Sie diverse Einschränkungen, z. B. das Verbot von In-App-Käufen.

iOS jederzeit auf dem aktuellsten Stand halten

Für das iPhone-Betriebssystem iOS gab es in den letzten Jahren jedes Jahr ein großes Update. Es gibt aber auch immer wieder mal kleinere Aktualisierungen, die Fehler ausmerzen oder Funktionen verbessern. Wenn ein Update vorliegt, wird Ihnen dies auf Ihrem iPhone durch ein Kennzeichensymbol auf dem Symbol der Einstellungen angezeigt.

Sie können aber auch manuell überprüfen, ob ein iOS-Update vorliegt. Tippen Sie dazu in den *Einstellungen* auf *Allgemein* und wählen Sie den Eintrag *Softwareaktualisierung*. Es wird nach Updates gesucht. Falls ein solches vorliegt, wird es Ihnen zur Installation angeboten. Beachten Sie, dass bei größeren Updates ausreichend Speicherplatz auf dem iPhone zur Verfügung steht – falls der Speicherplatz nicht ausreicht, weist Ihr iPhone Sie darauf hin.

Die Softwareaktualisierung kann direkt auf dem iPhone durchgeführt werden.

> **Mit Updates lieber warten**
>
> Seien Sie bei den Updates nicht einer der ersten, sondern warten Sie mit der Installation einer Aktualisierung lieber einen oder zwei Tage ab. Als Apple beispielsweise die Betriebssystemversion iOS 8.0.1 veröffentlichte, war diese stark fehlerbehaftet, einige Nutzer konnten nicht mal mehr ihr iPhone entsperren. Lassen Sie ruhig andere erst mal das Update testen, bevor Sie es selbst auf das iPhone ziehen.

Für den Verkauf oder einen Neuanfang: das iPhone zurücksetzen

Wenn Sie Ihr iPhone irgendwann mal verkaufen oder an einen Verwandten weiterreichen sollten, z. B. weil Sie ein neueres Modell erworben haben, oder wenn Sie auf Ihrem iPhone mit den in diesem Buch gewonnenen Erkenntnissen einfach noch mal neu anfangen wollen, setzen Sie das iPhone auf die Werkseinstellungen zurück, wobei sowohl sämtliche Inhalte als auch alle Einstellungen gelöscht werden. Legen Sie zuvor, wie in Kapitel 14 beschrieben, ein Backup an! Zum Zurücksetzen auf die Werkseinstellungen gehen Sie nun folgendermaßen vor:

1. Entscheiden Sie sich in den *Einstellungen* für *Allgemein* und wählen Sie anschließend ganz unten den Eintrag *Zurücksetzen*.

2. Tippen Sie auf *Inhalte & Einstellungen löschen*.

3. Geben Sie den Code ein, mit dem Sie Ihr iPhone schützen.

4. Bestätigen Sie zweimal mit *iPhone löschen*, um das Zurücksetzen auf die Werkseinstellungen durchzuführen.

Sie müssen nicht gleich das ganze iPhone löschen, sondern es lassen sich auch einzelne Elemente zurücksetzen. Hier die weiteren Optionen:

- *Alle Einstellungen:* löscht sämtliche von Ihnen getätigte Einstellungen, jedoch nicht die auf dem iPhone vorhandenen Apps und Dateien.

- *Netzwerkeinstellungen:* löscht sämtliche WLAN-Verbindungsdaten, die entsprechenden Passwörter müssen für eine Verbindung neu eingegeben werden.

- *Tastaturwörterbuch:* löscht sämtliche Daten, die das Tastaturwörterbuch durch Ihre Eingaben mit der Zeit »gelernt« hat.

- *Home-Bildschirm:* richtet den Home-Bildschirm wieder im ursprünglichen Zustand ein, wobei aber keine von Ihnen installierten Apps gelöscht werden.

- *Standort & Datenschutz:* macht alle im Hinblick auf Standortzugriff und Datenschutz gemachten Freigaben rückgängig.

Sie sehen: Mit Ihrem iPhone können Sie gar nichts falsch machen bzw. Fehler aller Art lassen sich schnell wieder korrigieren. Haben Sie einfach eine Menge Spaß damit!

> **Seite für Fortgeschrittene**
>
> Sie möchten Kenntnisse darüber erlangen, wie Sie Ihr iPhone in den DFU-Modus versetzen (DFU steht für **D**evice **F**irmware **U**pdate) oder einen Jailbreak durchführen (einen »Gefängnisausbruch«, gemeint ist damit das Lösen der Bindung an App Store und iTunes Store)? Unter der Webadresse *iszene.com* finden Sie ein großes iPhone-Forum, in dem auch solche Themen rege zur Sprache kommen.

Stichwortverzeichnis

3D Touch 9, 42	erneut laden 81
4K 8	installieren 75
	löschen 83
A	Speichergröße 77
A9 Chip 8	verschieben 83
AAC 342	verwalten 83
Abmessungen 8	App Store 69
Adressen 284	App-Umschalter 11, 41
Ad-Tracking 61	App-Umschalter, App beenden 86
AirDrop 357	App-Vorschläge 72
AirPlay 240	AssistiveTouch 50
Air Playit 239	Audiobeschreibungen 53
AirPrint 265, 316	Audio-CDs importieren 341
Akku 22, 359	Aufgaben 138
Akkuladestand 63	Aufladen 22
Aktien 283	Auflösung 9
Aktivierung 29	Aufnahmeort 260
Aktualisierungen 87	Aufnahmeverzögerung 251
Alben 262	Ausland 277
Alben freigeben 272	Auslöser 247
Android 13	Ausrichtung 285
Anklopfen 98	Ausrichtungssperre 45
Anruf 93	Auswahl sprechen 49
ablehnen 93	Autofahrt 277
Mit SMS antworten 95	Auto-Helligkeit 360
Anrufaudioausgabe 51	Auto-Korrektur 64
Anrufbeantworter 97	Automatische Downloads 82
Anrufer-ID 99	Automatische Sperre 64
Anrufliste 97	Automatische Verbesserung 258
App-Einstellungen 88	
Apple-ID 30	**B**
für ein Kind erstellen ... 330	Backup 324
Passwort ändern 367	Banner 117
Apple Music 229	Batterieladung in % 63
Apple Store 25	Batterienutzung 361
Apple TV 241	Bcc 211
App-Ordner 85	Bearbeitungszustand 83
Apps 35, 69, 309	Bedienfunktionen 39
aktualisieren 87	Bedienungshilfen 47
beenden 86	Belichtung 250

377

Stichwortverzeichnis

Betriebssystem 7
Betrugswarnung 204
Bewegung reduzieren 50
Bewerten 74
Bildbearbeitung 255
    Farbe 258
    Helligkeit 258
    rote Augen entfernen 258
Bilder auf den PC übertragen 267
Bildschirminhalt sprechen 49
Bildschirmsynchronisierung 242
Bildstabilisierung 8
Blitz 251
Bluetooth 22
    Musik übertragen 240
    Tastatur verbinden 57
Bluetooth-Hotspot 65
Büro-Apps 314

C

Cc 211
ClickandBuy 80
Code 31
Code-Sperre 364
Cookies 204
Copy-and-paste 42, 212
CopyTrans Contacts 125

D

Dateianhang 215
Dateimanager 202
Datenabgleich 209
Datenroaming 277
Datenschutz 60
Datensicherung 323
DFU-Modus 376
Diagnose- und Nutzungsdaten 34
Diashow 266
Digitalkamera 247
Diktierfunktion 186
Display 9
Displayfoto 253
Displayschutz 24
Dock 35
Doppeltippen 42
Downloads 225
Drehen von Fotos 257
Dreifachklick 53
Dreifachtipp 52
Drucken 265
Duplikat 126

E

E-Books 299
Ein/Aus-Beschriftungen 50
Ein-/Ausschalter 20
Einfügen von Text 212
Einhandmodus 40, 52
Einrichten 27
Einschränkungen 373
E-Mail-Konto 205
E-Mails 205
    Aufnahmen einfügen 213
    beantworten 216
    erstellen 210
    formatieren 211
    Kopie 211
    markieren 218
    Postfächer 220
    suchen 219
    Vorschau 217
    weiterleiten 216
Emoticons 55
Entsperren 27, 36
EPUB 301
Equalizer 234
Erinnerungen 138
Etiketten 124
EU-Internet 277

F

Facebook 113
FaceTime 109
FaceTime-Kamera 8
Familienfreigabe 327
Family-Album 276
Farben umkehren 48
Favoriten 128, 198

Fernsehbildschirm 242
Fernsehen 245
Feststelltaste 42
Fetter Text 49
Files Pro 202
Filme 223
Filter 252, 257
Finanzen-Apps 311
Fingerabdrucksensor 19, 365
Flickr 270
Flugmodus 44
Fokus 250
Foto 248
    automatische Verbesserung 258
    bearbeiten 255
    drehen 257
    Favoriten 264
    Licht 258
    löschen 264
    teilen 270
    versenden 265
    verwalten 260
    Zwischenablage 265
Fotostream 243, 272
fps 255
Freigabe 348
Für alle 272

G

Game Center 318
GarageBand 241
Geführter Zugriff 53
Gehäuseschutz 23
Gelbe Seiten 130
Geotag 248
Geräuschunterdrückung 52
Geschäfte 288
Gesperrt 99
Gesundheitsdaten 277
Gewicht 8
Google Art Project 287
Google Drive 315
Google Maps 287
Google Music 227

GPlayer 238
GPS 22, 283
Gratis-Apps 70
Graustufen 49
Größerer Text 49
Grundeinstellungen 63
Guthabenkarte 77

H

HandBrake 238
Handoff 107
HDMI-Kabel 241
HDR (Hochkontrastbild) 251
HD-Videos 8, 249
Headset 51
Health 277
Helligkeit 360
Herunterladen von Daten 202
Heute-Ansicht 122
Hey Siri 152
Hintergrundaktualisierung 360
Hintergrundbild 59, 265
Hinweise 117
Home-Bildschirm 35
    Lesezeichen erstellen 201
Home-Taste 19
Home-Taste, Bedienfunktionen 39
Hörbücher 343
Hörgeräte 52
Hotspot 65
Hybridansicht 285

I

iBooks 299
iCloud 321
iCloud-Backup 324
iCloud Drive 11, 322
iCloud-Fotofreigabe 272
iCloud, Kalenderfreigabe 137
iCloud-Schlüsselbund 33, 323
iCloud-Speicher 325
iCloud-Systemsteuerung 333
iCloud-Tabs 194
iCloud-Website 330

Stichwortverzeichnis

Identifikationsnummer 21
IMAP 207
iMessage 105
iMovie 259
Importeinstellungen 341
In-App-Käufe 372
Inbetriebnahme 27
Intelligentes Suchfeld 189
Internet 189
iOS 7
iOS 9 10
iPhone 6s 19
iPhone 6s Plus 19
iPhone-Kamera 21, 247
iPhone-Name 63
iSight-Kamera 8
iTunes 336
    Audio-CDs importieren 341
    Fernsteuerung 357
    iPhone verbinden 344
    Klingeltöne selbst erstellen 351
    Ordner importieren 340
    Privatfreigabe 355
    Synchronisierung mit
        iPhone 346
iTunes Match 227
iTunes Store 223
iTunes U 237

J
Jailbreak 376
Junk-Mail 219

K
Kalender 130
    abonnieren 135
    freigeben 137
    hinzufügen 134
Kamera 247
    AE/AF-Sperre 250
    Filter 252
    Quadrat 248
    Slo-Mo 249
    Timer 251

Zeitraffer 249
Zoom 250
Karten 283
Karten, Favoriten 290
Käufe 225
Kennzeichensymbole 119
Keynote 314
Kindersicherung 372
Kleinbuchstaben 51
Klingeltöne 100
Klingeltöne selbst erstellen 351
Kommunikation 93
Kompass 298
Konfigurieren 30
Kontaktdaten übernehmen 124
Kontakte 123
    doppelt gelistet 126
    Foto zuweisen 265
    importieren 125
    übertragen 125
Kontrast erhöhen 49
Kontrollzentrum 37, 43
Kopfhöreranschluss 22
Kopieren von Text 212
Korrektur 64
Kratzer 24
Kreditkarte 78
Kurzbefehl 41, 53
Kurznachricht 103

L
Ladestand 63
Lautsprecher 22
Lautstärkebalance 52
LED-Blitz 21, 251
LED-Blitz, bei Hinweisen 52
Leseliste verwalten 200
Lesezeichen 197
    auf dem Home-Bildschirm 201
Lesezeichenordner 199
Lightninganschluss 22
Link 193
LinkedIn 116
Live Photos 8, 252

M

M9 Motion Coprozessor 8
Mail 205
Mail-Accounts 351
Mailbox 97
Makeln 98
Mediatheken 245
Mediendateien 223
Meine Freunde suchen 370
Mein iPhone suchen 323, 369
Microsoft Word 314
Mikrofon 22
Mitteilungen 120
Mitteilungszentrale 36, 117
Mitteilungszentrale einrichten 122
MMS 103
Mobile Daten 45, 363
Mobiles Netz 360
Mobilfunkanbieter 26
Mobilfunknetz 29
Mono-Audio 52
Motiv 249
MP3 342
Musik 223
Musikwiedergabe 227

N

Nachrichten 103
Nachrichten, Standort 108
Nachschlagen 196
Nano-SIM-Karte 26
Navigation 283
Netflix 231
Netzbetreiber 99
News 12
Nicht-stören-Modus 45
Nicht-stören-Modus einrichten 102
Notfallpass 280
Notizen 147
Notizen-App 10
Numbers 314

O

Öffentlicher Kalender 137
Ortsabhängige iAds 62
Ortung 369
Ortungsdienste 29
Outlook 351

P

Pages 314
Panoramafoto 249, 253
Passwörter 203
PDF 301
Peek und Pop 42
Persönlicher Hotspot 65
PIN 27
Podcasts 234
POP 207
Posten 115
Postfächer erstellen 220
Privater Modus 195
Privatfreigabe 243, 355
Probehören 224
Push 209
Push-Benachrichtigungen 117

R

radio.de 244
Raster 252
Reader 196
Receiver 19
Registerkarten 193
Reinigung 25
Reise 277
Reise-Apps 295
Reklamation 82
Remote 357
Reset 320
Retina-Display 19
Rezensionen 74
Rote Augen entfernen 258
Routenplaner 283, 289
Rufnummer 127
Rufnummer unterdrücken 99
Rufweiterleitung 98

Stichwortverzeichnis

S

Safari	189
Satellitenaufnahmen	285
Schaltersteuerung	50
Schrittzähler	277
Schütteln	41
Schutzfolie	24
Schwarz-Weiß-Bild	258
Seitenanzeige	35
Selfie	252
Serienaufnahmen	252
Shazam	171
Shopping-Apps	309
Sicherheit	203
Signatur	216
SIM-Karte	26
SIM-Kontakte importieren	125
SIM-Lade	20
SIM-PIN	27
SIM-Sperre	367
Siri	33, 40, 151
Siri, Musikerkennung	171
Siri-Vorschläge	68
Skype	113
Slo-Mo	249
Smileys	55
SMS	103
SMS, Zeichenanzahl	105
Softwareaktualisierung	374
Soziale Netzwerke	113
Spam	219
Speichergröße	77
Speicher verwalten	362
Sperrbildschirm	36
Sperren	20, 36
Spiele-Apps	316
Spotify	231
Spotlight	10, 66
Sprachausgabe	49
Sprache einstellen	28
Spracherkennung	151
Sprachmemos	148
Standort	108, 284
Standortfreigabe	323
Statusleiste	35
Stecknadel	288, 292
Steigungsmesser	298
Stoppuhr	145
Straßenpläne	283
Streaming	239
Street View	287
Streichen	42
Stromsparmodus	12, 359
Stummschalter	21
Suche	66
Suchfunktion	10
Suchmaschine	192
Symbole	55
Synchronisierung	346

T

Tabs	193
Taptic Engine	9
Tastatur	10, 54
Tastaturanschläge	101
Tastatur hinzufügen	55
Tastenformen	49
Telefon	93
Telefonkonferenz	95
Temperaturen	25
Termine verwalten	130
Textersetzung	213
Timer	145
Tippen	42
To-do-Liste	138
Ton beim Sperren	101
Touch-Anpassungen	51
Touch ID	19, 31, 39, 365
Tracking	204
Trailer	224
Trimmen von Videos	258
TV-Gerät	241
Twitter	113

U

Uhr	143
Untertitel	52
Updates	87
USB-Anschluss	22

V

vCard 125
Vergrößern 43
Verkehrshinweise 288
Verlauf löschen 195
Vibration 51
Vibrieren 100
Videobearbeitung 259
Videos 223, 249
    Konvertierung 238
    Streaming 239
    trimmen 258
Videotelefonate 109
Videowiedergabe 230
Vimeo 270
VIP-Liste 221
Voicemail 97
VoiceOver 48
VPN 66

W

Wallet 293
Wasserwaage 298, 318
Watchever 231
Webradio 244
Webseiten 189
Websuche 191
Web-TV 245
Wecker 144
Weltuhr 143
Werbung 61
Wetter 281
WhatsApp 107
Widerrufen 51

Wiedergabe

von Musik 227
von Videos 230
Wiedergabelisten 232
Wiederherstellung 30
WiFi Photo Transfer 270
Windows 333
WLAN 22, 29
WLAN-Hotspot 65
WLAN-Verbindung 37
Wörterbuch 196
Wunschliste 81

X

XING 116

Y

YouTube 231, 270

Z

Zahlungsmethoden 77
Zattoo 245
Zeitlupe 249
Zeitraffer 249
Zeitzonen 138
Ziffernblock 96
Zitatebene 212
Zoom 48
Zubehörprodukte 25
Zugehörig 75
Zu Kontakt hinzufügen 124
Zurücksetzen auf
    Werkseinstellungen 375
Zuschneiden von Fotos 257

Apple Watch optimal nutzen

Die Möglichkeiten, die Sie mit der Apple Watch in Kombination mit dem iPhone haben, sind nahezu unerschöpflich.

Entdecken Sie mit diesem Buch alle Geheimnisse der Apple Watch. Steuern Sie Ihre Anrufe, Mails, Nachrichten, Termine und Kontakte direkt vom Handgelenk aus.

Apple Watch optimal nutzen
Philip Kiefer
256 Seiten
ISBN 978-3-945384-50-3
€ 14,95(D) | € 15,40(A)
www.mut.de/8450

www.mut.de